乡村振兴背景下农村公共产品供给研究

杨海生 著

中国纺织出版社有限公司

图书在版编目（CIP）数据

乡村振兴背景下农村公共产品供给研究 / 杨海生著
. -- 北京：中国纺织出版社有限公司，2022.9
ISBN 978-7-5180-9779-1

Ⅰ. ①乡… Ⅱ. ①杨… Ⅲ. ①农村－公共物品－供给制－研究－中国 Ⅳ. ①F299.241

中国版本图书馆CIP数据核字（2022）第150017号

责任编辑：闫 星　　责任校对：高 涵　　责任印制：储志伟

中国纺织出版社有限公司出版发行
地址：北京市朝阳区百子湾东里A407号楼　邮政编码：100124
销售电话：010—67004422　传真：010—87155801
http://www.c-textilep.com
中国纺织出版社天猫旗舰店
官方微博 http://weibo.com/2119887771
三河市宏盛印务有限公司印刷　各地新华书店经销
2022年9月第1版第1次印刷
开本：787×1092　1/16　印张：12.25
字数：242千字　定价：99.90元

凡购本书，如有缺页、倒页、脱页，由本社图书营销中心调换

前　言

加快农村发展、缩小城乡差距是经济社会发展的重要目标和人类的价值追求，而完善农村公共产品供给是加快农村发展、缩小城乡差距，进而达成经济社会发展目标和实现人类价值追求的重要抓手。因此，加强对农村公共产品供给研究具有重要的理论与现实意义。同时，在实施乡村振兴战略过程中，农村公共产品供给研究具有鲜明的时代特征和中国特色。

农村公共产品是公共产品的重要组成部分，但与一般公共产品相比，其还具有多层次性、强外溢性、高依赖性和低效性等特征。由于农村公共产品的独特属性，客观上要求从解决农村公共产品供给过程中的问题和满足广大农民群众日益增长的对美好生活向往的需要入手，在乡村振兴战略、农村公共产品概述、农村公共产品供给的制度变迁、乡村振兴与农村公共产品供给、国外农村公共产品供给模式的借鉴、乡村振兴背景下农村公共产品供给现状、乡村振兴战略背景下完善农村公共产品供给的对策等体系框架下对农村公共产品供给进行分析。

要实施乡村振兴战略，必须加强和改善农村公共产品供给，从而有利于实现"产业兴旺、生态宜居、乡风文明、治理有效、生活富裕"的目标。在实施乡村振兴战略过程中，要从优化农村公共基础设施、加强农村公共教育和完善农村社保三个方面来加大投入力度，优化供给结构，不断促使农村公共产品供给进行完善和提高，进而助力"三农"问题的根本解决。

杨海生
2022 年 4 月

目 录

第一章 绪 言 ·· 1
  第一节 研究背景与意义 ·· 1
  第二节 国内外研究现状 ·· 3
  第三节 研究目标与内容 ·· 9
  第四节 研究方法与技术路线 ··· 10

第二章 背景解读：乡村振兴战略进行时 ·· 13
  第一节 乡村振兴战略的提出背景与理论渊源 ································· 13
  第二节 乡村振兴战略的主要内容 ·· 18
  第三节 乡村振兴战略的体系构成与实施过程 ································· 20
  第四节 乡村振兴战略的科学实践与时代价值 ································· 26

第三章 理论考察：农村公共产品概述 ··· 41
  第一节 农村公共产品的理论分析 ·· 41
  第二节 农村公共产品供给的需求分析 ·· 52
  第三节 农村公共产品供给的资源配置 ·· 61
  第四节 农村公共产品供给的模式分析 ·· 68
  第五节 农村公共产品供给的质量监管 ·· 75

第四章 历史演进：农村公共产品供给的制度变迁 ······························· 89
  第一节 中华人民共和国成立初期农村公共产品供给 ························ 89
  第二节 全面建设社会主义时期的农村公共产品供给 ······················· 94
  第三节 改革开放时期的农村公共产品供给 ···································· 97
  第四节 农村税费改革后农村公共产品供给 ·································· 101
  第五节 新农村建设时期农村公共产品供给 ·································· 106

第五章　作用机理：乡村振兴与农村公共产品供给······113

第一节　农村公共产品供给对乡村振兴的主要作用······113
第二节　乡村振兴中农村公共产品供给的重点内容······117
第三节　如何以农村公共产品有效供给促进乡村振兴······123

第六章　他山之石：国外农村公共产品供给模式的借鉴······127

第一节　发达国家的农村公共产品供应······127
第二节　发展中国家的农村公共产品供给······134
第三节　国外农村公共产品供给模式的启示······138

第七章　地方实证：乡村振兴背景下农村公共产品供给现状——以河南省为例······147

第一节　乡村振兴背景下农村公共产品供给现状······147
第二节　乡村振兴背景下农村公共产品供给困境······157
第三节　乡村振兴背景下农村公共产品供给问题成因······162

第八章　政策建议：乡村振兴战略背景下完善农村公共产品供给的对策······167

第一节　积极构建城乡一体化的公共产品供给体系······167
第二节　建立农民需求表达机制，实现需求导向的供给······168
第三节　凸显政府在农村公共产品供给中的主体作用······170
第四节　科学安排农村公共产品供给的优先顺序······175
第五节　加大财政投入力度，完善公共财政转移支付制度······181
第六节　完善我国农村公共产品有效供给的监督保障措施······183

参考文献······187

第一章 绪 言

第一节 研究背景与意义

一、研究背景

改革开放以来,我国经济社会发展取得了举世瞩目的成就。家庭联产承包责任制在农村的实施在很大程度上改变了我国农业生产的激励结构,释放了农村活力,极大地促进了农村私人产品供给,促进了农业增长。但农村公共产品供给在一个阶段的萎缩,使城乡发展的差距进一步扩大,农业基础设施脆弱,农村的教育问题、医疗卫生问题、社会保障问题等与农民利益息息相关的问题日益凸显,农民增收困难,农业、农村、农民"三农"问题严重。所有这些,暴露出阻碍国家整体可持续、和谐发展的弊端,严重影响了全面小康社会的建设与现代化的发展基础。因此,党的十六届五中全会提出了建设社会主义新农村的重大历史任务,党的十七大、十八大又分别提出了城乡统筹发展和城乡一体化的理念。

2017年,在全面考虑我国的经济形势、产业结构、农民需求、农村发展的基础上,党的第十九大报告中对我国农业及农村的未来发展作出指示,提出了农业农村优先发展,实现振兴乡村的宏伟目标。2018年,中共中央、国务院印发的《乡村振兴战略规划(2018—2022年)》明确指出,满足农村公共产品的供给需求,是实施乡村振兴战略的直接体现。在此背景下,党和政府要保障人民群众的生活,提升人民群众的生活质量,就需要在农村公共产品的供给方面做出调整和改善,而如何保障农村公共产品的供给,是我们党和政府面临的重大考验。

2021年,中央一号文件《中共中央 国务院关于全面推进乡村振兴加快农业农村现代化的意见》指出，加大农村基础公共产品供给力度，搭建城镇和乡村公用资源公平分配和安置体系，加强农村基础公共产品提供和给予到县级及以下行政区域整合统计，逐步实现标准统一、制度并轨。实施乡村振兴战略的关键在于加速推动公共产品向农村延伸、向农村覆盖。农村公共产品供给要着眼于乡村振兴战略的宏伟目标，要钉好农村公共产品供给这颗螺丝钉。面对当前"三农"发展存在的问题和乡村振兴战略大力推进的背景，打通农村公共产品供给的"最后一公里"。

二、研究意义

实施乡村振兴战略是我国实现现代化进程中的一个庞大的系统性工程，农村公共产品的供给是不可缺少的一个重要方面。研究、构建和解决农村公共产品的供给问题，对于提高农村公共产品供给的效率和水平，加快我国乡村振兴进程，促进经济发展和社会进步具有重大的理论意义和现实意义。

第一，有助于丰富、发展和完善我国的农村公共产品理论，为建设社会主义新农村、构建和谐社会提供理论支撑。本书依据政治经济学、西方经济学、公共经济学、公共财政学、制度经济学、公共管理学等多学科的已有成果，对农村公共产品理论进行全面、系统地梳理，结合我国农村公共产品供给问题的历史和现状，围绕农村公共产品的供给制度、供给主体、供给决策、供给结构、供给管理及供给评价等方面的内容展开阐述，厘清农村公共产品供给与乡村振兴的关系，以完善适合我国国情的农村公共产品理论，提高公众对农村公共产品供给问题的认识，推进我国农村公共产品供给制度的创新和农村综合改革向纵深发展。

第二，有助于合理调整国民收入分配格局，加速城乡一体化进程。当前，城乡在教育文化、医疗卫生、社会保障、农村基本社会保险等方面依然存在较大差距，做好农村公共产品供给，加大各级政府对农业和农村投入的力度，扩大公共财政覆盖农村的范围，强化政府对农村的公共服务，有助于构建新型的工农城乡关系，建立以工促农、以城带乡的长效机制，统筹城乡发展，提升农民生活质量，缩小城乡差距，构建和谐社会。

第三，有助于推进农业现代化建设，从而更好、更快地实现乡村振兴的目标。完善农村公共产品供给，有助于发展壮大农村的各项产业，强化乡村振兴的产业支撑；有助于促进农民增收，夯实社会主义新农村建设的经济基础；有助于加强农村基础设施建设，改善社会主义新农村建设的物质条件；有助于形成农村公共事业发展机制，加快发展农村社会事业，培养推进乡村振兴的新型农民；有助于全面深化农村改革，健全社会主义新农村建设的体制保障；有助于加强农村民主政治建设，完善社会主义新农村的乡村治理机制，从而在总体上加快社会主义农业现代化进程。

第二节 国内外研究现状

一、国内研究现状

近年来，我国许多学者日益关注公共产品的问题，并开始用西方的公共产品理论分析我国的经济现实，对中国农村的公共产品的供给现状、供给模式、供给制度、供给效率以及农村公共产品供给与农民的收入、农村公共产品与农民负担等方面都进行了研究，并取得了较为丰硕的成果。

（一）基于农村公共产品供给制度变迁的研究

许多学者对改革以后我国农村公共产品供给制度的演变进行了研究，已比较清晰地对中国农村公共产品的供给制度演变进行了回顾和梳理，划分了演变的阶段，并且在一定程度上揭示了制度变迁的成因，为该领域的研究奠定了良好的基础。但此方面的研究只是局限于我国农村改革前后，缺乏更为宽泛的视野，特别是对取消农业税后的制度变迁研究成果还较少。

（二）基于农村公共产品供给现状的研究

国内学者普遍认为当前农村公共产品的供给总量严重不足，并且存在结构失衡问题。一些学者从城乡差异、实现农业现代化等角度，指出了我国农村基础设施、农业基础科学研究、农产品供求市场信息等公共产品供给短缺，不能适应农业现代化建设的需要；通过专题调查，用大量的数据说明了我国农村文化教育、医疗卫生、社会保障等社会事业严重滞后；分析了在总体供给不足的同时存在部分公共产品供给过剩、不同地区农村公共产品供给不平衡等结构失衡的问题。应该说，这些学者对农村公共产品的供给现状的研究比较充分，但还需要从乡村振兴角度进一步进行梳理。

（三）基于农村公共产品供给主体的研究

谭春兰等以绩效指标体系为基准，以三个农村小镇为例证，分析了村民对农村公共产品的满意度以及不同供给主体、同类主体和同类公共产品、不同类公共产品之间的供给关系，有针对性地提出了提升农村公共产品绩效的对策[1]。娜严宏、田红宇、祝

---

[1] 谭春兰，张金鹏，姜旻燚，等：《农村公共产品不同供给主体的绩效比较研究——基于重庆市北碚区3镇26村520户的调查》，商讯，2019（10）：6-7。

志勇从乡村治理的角度,将公共产品的有效供给视为核心,主张在农村公共产品供应关系中协调主体利益和注重多主体参与机制的重要性,继而优化激励机制,提升农村公共产品供给绩效[1]。

李燕凌、王健、彭媛媛在调查的基础上,利用大量样本进行分析,从农村公共产品多方供给主体中分析供给机制,确立了中央政府在农村公共产品供给中的主导地位,基层政府发挥关键作用并决定农民和第三方的策略[2]。丰存斌和刘素仙认为在农村公共产品供给中第三部门的能力优势独特,如果政府能够加以引导,激发第三部门的参与热情,实现供给多元化,则利于构建多元化的公共产品供给体系[3]。崔俊敏认为第三部门作为社会重要的第三方力量而存在,在乡村振兴进程中,第三部门将会发挥越来越重要的作用,因此有关部门要进一步完善第三部门的法律法规等相关政策体系的建设,促进第三部门对农村公共产品的供给投入[4]。

陈俊和黎成强调只有明晰政府部门、企业和志愿组织的供给机制之间的关系,才能提高农村公共产品供给效率[5]。张要杰分析了政府作为农村公共产品供给主体的主要原因,呼吁第三方主体加入农村公共产品供给,在此基础上建立农村公共产品融资决策机制[6]。解建立、任广浩认为只有厘清农村公共产品的层次和特性,创设良好的制度环境,推进农村公共产品供给的多元化,才能构建多中心的合作网络,从而确定各个主体的职能[7]。

(四)基于农村公共产品供给效率的研究

陈东从供给制度和供给主体行为的视角分析了影响农村公共产品供给效率低下的因素,并在反思我国农村政策的基础上,提出了完善制度环境以提高农村公共产品供给效率的对策[8]。纪江明、陈心米通过DEA模型分析了农村公共产品的供给效率,对

---

[1] 严宏,田红宇,祝志勇:《农村公共产品供给主体多元化:一个新政治经济学的分析视角》,农村经济,2017(2):7。

[2] 李燕凌,王健,彭媛媛:《双层多方博弈视角下农村公共产品多元合作机制研究——基于5省93个样本村调查的实证分析》,农业经济问题,2017,38(6):45-55,2。

[3] 丰存斌,刘素仙:《论农村公共产品供给体系多元化与第三部门参与》,福建论坛(人文社会科学版),2011(5):160-163。

[4] 崔俊敏:《基于第三部门视角下的农村公共物品供给分析》,地方治理研究,2009(3):16-18。

[5] 陈俊,黎成:《浅谈基于三方合作供给机制下的我国农村公共物品供给体制》,安康学院学报,2008(3):35-37。

[6] 张要杰:《农村公共物品供给中政府要定好位》,农村工作通讯,2009(23):1。

[7] 解建立,任广浩:《改善农民民生的基本制度设计:多中心理论与农村公共物品供给主体多元化》,学术交流,2007(11):4。

[8] 陈东:《我国农村公共产品供给效率研究——基于制度比较和行为分析的视角》,北京,经济科学出版社,2008。

农村公共产品供给效率进行了实证研究,剖析了农村公共产品供给存在的问题,并从机制等方面提出了多项政策建议[1]。乐为、钟意也使用DEA模型分析了农民承受率与投入效率间的互动关系,提出了加大农村公共产品供给、改革供给模式的建议[2]。刘天军、唐娟莉分析了公共产品的供给效率对公共资源配置、公共产品供给结构的影响,根据调查数据对陕西省的农村公共产品供给效率进行了分析,找出了不同地区农村公共产品供给效率的差异[3]。涂圣伟对农民需求偏好的表达机制功能进行了阐释,分析了农民的主观行为对我国农村公共产品供给的影响,得出了农民需求偏好的表达与政治效能感和公共服务利益相关度的关系较大,受政治经济地位、政治信任感影响并不明显的结论[4]。岳海鹰和王秀珍从公共财政的角度出发,认为要规范财政收入和支出,并以等量齐观的态度对待财政收入和支出,来提高农村公共产品供给效率[5]。

(五)基于农村公共产品供给模式的研究

张金冲站在服务型政府的角度,从三个方面探讨了我国农村公共产品供给的路径选择[6]。曲延春从四维角度剖析了农村公共产品"多元协作供给"的模式,指出政府的供给责任,市场与第三部门参与供给,并逐渐建立"自下而上"的供给决策机制[7]。邓蒙芝采用数据论证的方式,分析了供给模式与需求关系,提出了农村公共产品供给模式建议[8]。

(六)基于农村公共产品供给制度创新的研究

目前,理论界关于农村公共产品供给制度创新的研究成果较多,专家、学者纷纷提出自己的观点,可谓仁者见仁,但还没有统一的认识。同时,制度、机制与配套措施等不同层面的东西往往相互交叉,专家、学者需要进一步进行系统研究。袁文全、

---

[1] 纪江明,陈心米:《基于DEA模型的农村公共产品供给效率研究——以浙江省15个县(市、区)为案例的实证研究》,华东经济管理,2019,33(12):42-48。

[2] 乐为,钟意:《农民负担率与农村公共物品供给效率失衡研究》,农业经济问题,2014(10):10。

[3] 刘天军,唐娟莉,霍学喜,等:《农村公共物品供给效率测度及影响因素研究——基于陕西省的面板数据》,农业技术经济,2012(2):11。

[4] 涂圣伟:《农民主动接触、需求偏好表达与农村公共产品供给效率改进》,农业技术经济,2010(3):32-41。

[5] 岳海鹰,王秀萍:《我国农村公共产品与公共服务供给问题研究综述》,郑州航空工业管理学院学报(社会科学版),2006(4):114-115。

[6] 张金冲:《服务型政府理论视角下农村公共产品供给路径探讨》,现代交际,2019(1):240-241。

[7] 曲延春:《变迁与重构:中国农村公共产品供给体制研究》,北京,人民出版社,2012:41-57。

[8] 邓蒙芝:《农村公共产品供给模式及其决定因素分析——基于100个行政村的跟踪调查数据》,农业技术经济,2014(3):16-25。

邵海认为，我国公共产品往往存在优先供给城市的现象，这种公共产品二元化的供给制度以及由此所造成的不平衡，很难在短期内发生根本性的改变。我国公共产品向城市倾斜的供给制度和状况，使农村公共产品的供给不能满足乡村振兴的需求，造成了农民收入提高困难，城市与乡村差距进一步扩大等问题[1]。武振荣则认为，我国农业税费的改革，使原本效率低下的农村公共产品供给制度失去了制度基础，同时为我国农村公共产品供给制度的创新发展开辟了道路[2]。张等文、呼连焦认为，自我供给是我国农村公共产品供给的最早形式，其后发展成了集体供给形式，再发展到当前的由政府、私人及其他机构共同参与的多元化供给模式[3]。杨志安、邱国庆从协同治理的角度入手，研究了农村公共产品的供给机制，提出政府要加强农村公共产品供给的顶层设计，通过市场的力量突破当前农村公共产品供给制度的困境[4]。彭正波、王凡凡两位学者从农村社会组织的角度探讨其在农村公共产品供给中的作用，分析了当前我国农村社会组织发展的困难，提出了政府应为农村社会组织提供有利条件、从制度层面引导和扶助农村社会组织发展、建立健全有利于农村社会组织发展的法规等建议，认为农村制度变迁是农村公共产品供给制度演变的推手，也能成为农村社会组织发展的助力[5]。因此，在农村公共产品供给方面，政府在制度层面对农村社会组织的帮助能够有效缓解矛盾。

（七）基于农村公共产品供给的国际比较研究

对农村公共产品供给的研究首先要立足于我国现实，从我国以往的做法中吸取经验教训；另外，借鉴国外的成功经验，能从中获取不少有益的启示。目前，我国学者对此问题已有一些研究成果，但大多还仅限于对国外先进农村公共产品供给制度的介绍，比较研究的成果还不多，特别是对与我国发展水平相似的其他国家的研究还不够，对发展中国家农村公共产品供给过程中的经验和教训的研究更少，还不能在更多方面和更深层次上为我国解决农村公共产品供给问题提供借鉴和启示以及避免重蹈覆辙的警示。

（八）基于农村公共产品供给责任的研究

郭熙保认为，我国家庭联产承包责任制的实施极大地促进了农业生产力的发展，但同时存在一定的内在弊端，其中之一就是削弱了农村公共基础设施的建设，特别是

---

[1] 曲延春：《变迁与重构：中国农村公共产品供给体制研究》，北京，人民出版社，2012：41-57。

[2] 武振荣：《我国农村公共产品供给制度创新的制度环境与规则选择》，经济研究参考，2012（6）：47-51。

[3] 张等文，呼连焦：《农村权力结构嬗变过程中乡村公共产品供给制度变迁》，天津行政学院学报，2014（3）：7。

[4] 杨志安，邱国庆：《农村公共产品供给碎片化与协同治理——以辽宁省为例》，长白学刊，2016（1）：9。

[5] 彭正波，王凡凡：《农村制度变迁、公共产品供给演变与农村社会组织发展》，农业经济，2018（2）：3。

农业水利设施长期得不到修建和维护,大大降低了我国农业抵御自然灾害和增产增收的能力❶。孙翠清、林万龙则提出了不同的意见,认为我国农村公共产品供给方面存在的问题并不是由家庭联产承包责任制的实施带来的,而是由于家庭联产承包责任制的实施,农村原有的公共产品供给制度已经不再适用,现有的供给制度也没有完全适应新的环境,因此有必要对农村社区公共产品的供给制度进行创新❷。中央及地方各级政府要进一步明确在农村公共产品供给中的责任,并在加大转移支付力度的同时,明晰中央与地方的事权。属于全国性的如义务教育等公共产品,其受益也是全国性的,应由中央政府决策并担负起供给的责任;属于地方性的由地方政府自行决策和承担,由此做到财权和事权相统一,使基层政府有能力为农民提供足额的公共产品;跨地区的公共项目和工程应以地方政府承担为主,中央政府在一定程度上参与和协调。

二、国外研究现状

农村公共产品供给问题总体上可归为公共经济学研究领域,公共产品理论是公共经济学的核心内容。一百多年来,西方经济学已从经济学、政治学、财政学、心理学等多学科角度对公共产品的性质、内容、供给主体、供给决策程序、资金来源等方面进行了大量深入、系统的研究,形成了独具特色的公共产品理论,并在此基础上形成了西方公共经济学。近几十年来,国外公共经济学发展较为迅速,在公共产品供给、财政集权与分权、公共选择等方面涉猎较多。

公共产品问题的提出,最初可以追溯到近代资产阶级社会契约论开创者英国资产阶级思想家霍布斯,我们在他对国家本质的定义中可以找到公共产品理论的重要思想源头。在他之后,英国著名哲学家、经济学家大卫·休谟对这一理论做出了贡献,在其著作《人性论》中,他用"草地排水"的例子指出了公共产品的性质,以及在公共产品供给中存在的"搭便车"行为。休谟认为,对每个人都有益的某些事情只能通过集体行动来完成。其后,威廉·配第在《赋税论》中集中讨论了公共经费问题和公共支出。亚当·斯密在《国民财富的性质和原因的研究》中也探讨了公共设施和公共工程的提供方式。斯密认为,安全与司法必须由政府来提供,而其他的公共设施和公共工程,在不同时期、不同的国家,可以采取不同的提供方式。斯密还认为,"一国商业的发达,全赖于良好的道路、桥梁、运河、港湾等公共工程。这类工程的建造和维持费用,显然,在社会不同发达时期极不相同"。

19世纪80年代,萨克斯、帕塔罗尼、马左拉、马尔科夫等奥意学派学者将边际效用理论运用到财政领域中,创造了较为系统的公共产品供给理论。瑞典经济学家威

---

❶ 郭熙保:《论土地制度的变革对农业发展的影响》,经济评论,1995(1):7。

❷ 孙翠清,林万龙:《农户对农村公共服务的需求意愿分析——基于一项全国范围农户调查的实证研究》,中国农业大学学报(社会科学版),2008(3):134-143。

克塞尔较早地发现了政治程序对公共产品供给效率的影响。他认为，随着政治程序的介入，人们能够获得有关个人对公共产品真实偏好的信息。提供公共产品的种类和规模主要是由各利益集团之间的协商决定的，个人的作用微不足道。同时，他将公平问题引入了公共产品理论中，明确提出了"搭便车"问题。瑞典经济学家林达尔继承了威克塞尔的思想，并做了进一步研究，建立了林达尔均衡模型，对公共产品供给的补偿问题做了研究。林达尔认为，公共产品价格并不是取决于政治选择机制和强制性税收。相反，每个人都面临着根据自己意愿确定的公共产品价格，并均可按照这种价格购买公共产品总量。处于均衡状态时，这些价格使每个人需要的公用产品量相同，并与应该提供的公用产品量保持一致。

此后，美国经济学家萨缪尔森不仅对公共产品概念做出了在其后被广泛接受的表述，于20世纪50年代还为纯公共产品下了定义："每个人对这种产品的消费，都不会导致他人对该产品消费的减少。"并提出了公共产品理论的一些核心问题，分析了公共产品的最佳配置的特征，建立了萨缪尔森模型。马斯格雷夫、科斯、阿特金森和斯蒂格利茨等分别从不同的角度对公共产品供给进行了分析，从而形成了丰富的公共产品供给理论。布坎南和图洛克等学者创立的公共选择理论为公共产品理论注入新的内容，从而丰富和完善了公共产品理论。布坎南还在1965年首次对非纯公共产品（准公共产品）进行了讨论，明确地在纯公共产品和私人产品之间架起一座桥梁，解释了非纯公共产品的特征、生产成本、成员性质三者之间的关系，提出了包括成员数与产品数在内的俱乐部均衡理论。

近几十年来，西方学者围绕公共产品的供给、需求以及搭便车等问题，对公共产品供给制度进一步展开了深入分析，并取得了一系列研究成果。其一，有关参与人数的增加对公共产品产生了有效影响的分析。美国经济学家曼瑟尔·奥尔森从"成本—收益"原则出发，分析了一个集团中公共产品提供量的多寡，得出了小集团比大集团更容易提供公共产品的结论，但由于存在"搭便车"现象，小集团的公共产品提供量低于最优水平，而大集团的提供量偏离最优水平很远，甚至有可能为零。其二，对公共产品自愿供给机制及如何化解公共产品"搭便车"难题的实验研究。研究证实，沟通促进合作的作用是由受试者的关键性感觉以及同组人员所认同的感觉、能被诱发的程度所决定的。其三，对公共产品自愿捐赠主体和原因的分析。其四，对不完全信息下公共产品需求和供给的分析。其五，关于合同有限承诺下的公共产品提供问题的探讨。其中，关于公共产品的供给方式争论颇多。以萨缪尔森为代表的福利经济学家们认为，由于公共产品非排他性和非竞争性的特征，政府提供公共产品比市场方式即通过私人提供具有更高的效率。20世纪60年代以来，随着福利国家危机的出现，一批主张经济自由的经济学家纷纷开始怀疑政府作为公共产品唯一供给者的合理性，布鲁贝克尔、史密兹、德姆塞茨和科斯等从理论和经验两方面论证了公共产品私人供给的可能性。

总之，在西方发达的资本主义国家，市场经济发展成熟、充分，专家学者对公共产品供给问题研究起步较早，且研究深入、系统，取得了一大批理论研究成果，形成了一整套比较完善的具有西方特色的公共产品理论，对于指导西方国家的公共产品投资和供给起到了良好有效的作用，对我国农村公共产品供给问题的研究也产生了较大影响。但由于西方发达国家城市化已达到较高水平，城乡二元经济结构已经基本解决，农村公共产品的供给与城市相差不大，因此专门对农村公共产品进行研究的较少，研究中国农村公共产品的就更为鲜见。

第三节 研究目标与内容

一、研究目标

本书的总体目标是在全面梳理西方较为成熟的公共产品理论基础上，将其应用于我国农村公共产品分析，完善具有中国特色的农村公共产品理论；立足于城乡公共产品供给不均衡的现实国情，分析公共产品供给对农村产业结构调整和发展的重要作用以及作用机制，并以乡村振兴为视角详细分析我国农村公共产品供给现状、存在的问题及原因，提出构建合理的中国农村公共产品供给的制度和配套措施，为我国农村公共产品供给制度改革及乡村振兴提供具有可操作性的政策建议。

二、研究内容

本书以乡村振兴战略视角下的农村公共产品有效供给为主题，按照发现问题、理论解释、实证检验和解决问题的逻辑思路展开研究，从乡村振兴与农村公共产品供给的作用机理出发，在对农村公共产品理论进行全面、系统梳理的基础上，进一步考察我国农村公共产品的供给效率，对我国农村公共产品供给存在的问题及原因进行深入的分析和研究，寻求乡村振兴视角下农村公共产品供给优化的路径。

基于以上思路，本书的研究内容主要包括以下八个方面：

第一章，绪言：主要介绍本书的研究背景与意义，从两个角度对国内外文献进行综述，并提出本书的研究目标与内容、研究方法与技术路线。

第二章，背景解读：乡村振兴战略进行时，主要分析乡村振兴战略的提出背景与理论渊源、主要内容、体系构成与实施进程科学实践与时代价值等。

第三章，理论考察：农村公共产品概述，主要对农村公共产品相关理论和研究成果进行梳理，从而界定出农村公共产品及其供给需求、资源配置、模式等相关内容，为后文实证分析提供了理论基础和条件。

第四章，历史演进：农村公共产品供给的制度变迁，主要介绍我国不同时期农村公共产品供给的发展历程及其演变。

第五章，作用机理：乡村振兴与农村公共产品供给，在前几章综合分析的基础上，进一步了解乡村振兴与农村公共产品供给的关系，为后期实证考察奠定基础。

第六章，他山之石：国外农村公共产品供给模式的借鉴，主要介绍发达国家和发展中国家农村公共产品供给情况，并从中获得有效的经验和启示。

第七章，地方实证：乡村振兴背景下农村公共产品供给现状——以河南省为例，实证分析该省农村公共产品供给现状、困境及问题成因。

第八章，政策建议：乡村振兴战略背景下完善农村公共产品供给的对策，通过对前文的综合分析，提出相应的解决对策。

第四节　研究方法与技术路线

一、研究方法

（一）文献研究方法

本论著在写作过程中参考了大量的文献资料、文献搜索和查阅范围包括历年的经济学、管理学、财政学等相关学科领域的学术期刊，如《经济研究》《经济学动态》《中国农村经济》《农业经济问题》《中国经贸导刊》《管理世界》《中国财政》《财政研究》等期刊的部分文章，阅读了关于农村公共产品研究及相关研究领域的几十部专著和教材，访问了相关网站，并参阅了部分硕、博论文的研究成果。

（二）规范研究方法

本论著以公共产品理论和乡村振兴战略为基础，对农村公共产品供给的制度变迁、乡村振兴与农村公共产品供给、国外农村公共产品供给模式、乡村振兴背景下农村公共产品供给现状等进行深入研究，运用规范分析的方法系统全面地探讨农村公共产品的供给问题，提出在乡村振兴战略背景下完善农村公共产品供给的思路和政策建议。

（三）实证研究法

本论著在对农村公共产品供给现状和存在的问题进行分析时，以农业大省河南省为例进行客观反映,并通过运用一些调查数据和统计年鉴资料进行实证研究。

二、技术路线

首先,围绕本论著的主题查阅大量的文献资料,对研究背景和意义进行阐释,确定研究的对象及主旨。其次,对本论著有关的概念进行系统完整的阐释,为研究奠定理论基础。再次,调查研究农村公共产品供给的现实状况,指出问题并分析造成问题的原因。最后,在分析现实状况、问题以及原因的基础上,提出具体的对策建议。技术路线如图1-1所示。

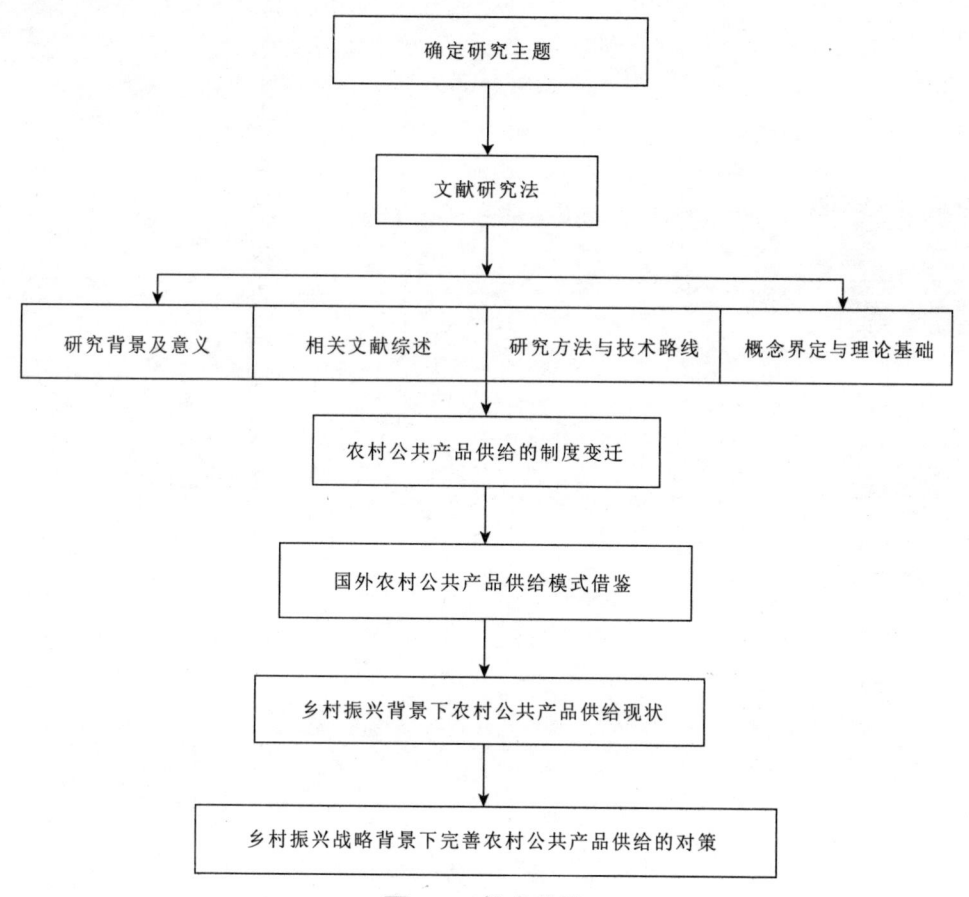

图1-1 技术路线

第二章　背景解读：乡村振兴战略进行时

我国是一个具有五千年悠久历史的农业文明古国，乡村一直在经济社会发展中占有非常重要的地位。历史上，中国社会是一个典型的乡土社会，中国文化本质上是乡土文化，故而振兴乡村显得尤为重要。在党的十九大报告中，乡村振兴战略作为国家战略被提到党和政府工作的重要议事日程，并明确了乡村振兴的目标任务，对乡村振兴行动提出了具体的工作要求，这对于更好更快地建设富强民主文明和谐美丽的社会主义现代化强国，实现中华民族伟大复兴的中国梦具有十分重大的现实意义和深远的历史意义。

第一节　乡村振兴战略的提出背景与理论渊源

一、乡村振兴战略的提出背景

乡村在《辞源》中的定义是："乡村是主要从事农业和人口分布分散的地方。"[1]以美国人类学家R.D.罗德非尔德为代表的一些外国专家认为："农村地广人稀，相对隔绝，以农业生产为主，生产生活单调，但与社会其他地区尤其是相对于城市的生活方式有所不同。"当前人们普遍认为，乡村（农村）是以农业为基本内容的一类聚落的总称，是生产力在初具规模后的表征，它是一个具有一定环境与物质的单独的区域综合体。农村人员不密集，居住范围小，靠农业赖以生存，社会关系不复杂。随着社会生产力水平的不断提高，乡村的内涵会随之不断丰富和发展，乡村与城市的界限也将不

---

[1] 王金龙：《觉醒与沉睡——乡村生活印象》，福建论坛（社科教育版），2004（9）：12-14。

断模糊。

中国是农业发达的文明古国,第一产业一直占有十分重要的地位。自古以来,中国都将"三农"问题视为治国安邦的大事,并在关注和研究"三农"发展中取得了丰硕的理论成果。乡村振兴战略是中国共产党人在新时代面临新挑战与新机遇时,以新的发展思路,秉承实事求是的态度,在实践中摸索总结出的理论结晶,是解决新时代"三农"问题的重大决策。

"三农"问题从中华人民共和国成立以来就是国家一直强调、重视的问题。筚路蓝缕中,中国共产党人始终没有停止对"三农"问题的理论探索。1947年,《中国土地法大纲》就提出了对个人土地的保证,然而实际作用不大。据统计,1949年,我国大部分地区仍然实行的是旧社会的土地制度,全国一半以上的土地被不到7%的地主与富农所有,而贫农、雇农虽然数量庞大,占到农业人口的一半以上,却占有不到15%的土地。

1982—1986年,中央一号文件始终将"三农"列为重点问题加以重视,大力推行家庭联产承包制并延续至今。2000年以来,尽管第二、三产业迅速发展,农业问题仍然被党和国家所重视。2004—2021年,连续18年发布以"三农"为主题的中央一号文件,强调"三农"问题在我国社会主义现代化时期"重中之重"的地位。党的十六大以后,全面建设小康社会成为重点任务,为了达成这一目标,"三农"问题是首先需要解决的问题。新时代的"三农"问题,要求党和政府用宏观统筹的思维,跳出局限,全盘布局。

2017年年底,中央农村工作会议提出,农村要全面协调发展,离不开政治建设、经济建设、文化建设、社会建设、生态文明建设的全面提高,实现乡村发展和乡村治理的现代化。而乡村发展现代化既是国家治理体系和治理能力现代化的重要内容,也是进一步深化农村改革的基础和动力❶。在党的十九大报告中,习近平总书记第一次提出了乡村振兴战略,并认为"三农"问题仍然是根本问题。在之前党的十七大和党的十八大上,虽然有城乡一体化等关于农村的议题,但是乡村始终还是城市的附庸。而党的十九大第一次将乡村放在了考虑问题的出发点上,把乡村振兴战略作为加快农村发展、改善农民生活、推动城乡一体化的重大战略,这是党和国家对待城乡关系及其发展思路的一次重大调整与转变。之后,在2018年中央一号文件《中共中央 国务院关于实施乡村振兴战略的意见》、2019年中央一号文件《中共中央 国务院关于坚持农业农村优先发展做好"三农"工作的若干意见》、2020年中央一号文件《中共中央 国务院关于抓好"三农"领域重点工作确保如期实现全面小康的意见》、2021年中央一号文件《中共中央国务院 关于全面推进乡村振兴加快农业农村现代化的意见》等重要文件中,"乡村振兴战略"更是成了高频词屡屡出现,乡村振兴战略进入实施过程。

---

❶ 何植民,陈齐铭:《中国乡村基层治理的演进及内在逻辑》,行政论坛,2017,24(3):25-30。

二、乡村振兴战略的理论渊源

（一）中国传统的重农思想

农业是人类生存和发展的基础和根本，中国自古以来就是一个重视农业的国家，中华文明的形成与农业的发达密不可分，历朝历代无不以农业为第一要务。远至上古时期，农业就显示出了对人们生活的重要性，重农思想开始萌芽，到春秋战国时代，中国农业的发达与人们对农业的重视使我国的重农思想得以形成，并成了一直支配历代统治者的主流思想。

《管子》明确提出了重农思想，呼吁君王要将农业作为基本国策。从秦始皇统一六国，中国正式进入大一统的封建王朝时代以后，我国古代重农思想随着农业的进步不断丰富和发展。重农思想认为，农业是国家的主要经济来源，为社会安定提供了必要的物质条件，是人们的衣食之需，也是国家赋税之源，更是关系战争胜负的物质基础和关键因素。因此，不管朝代如何更迭，农业在社会中一直占据着不可替代的支配地位，既是统治者的立国之本，更是巩固其地位之基。重农思想对我国古代社会影响巨大，在早期对于巩固生产关系、促进经济社会发展起到了积极作用，而到了封建社会后期，重农思想不仅"重农"而且"抑商"，阻碍商品经济发展，对社会进步起到了消极作用。

近代以来，重农思想在传统农本思想基础上开始了自我革新改造，1840年鸦片战争后，中国封闭的国门被打开，有识之士开始借鉴西方国家先进的农业思想，主张抛弃重农抑商的传统重农思想，兴办新式农业，强调在促进农业生产的基础上发展工商业的主张，近代重农思想得以兴起。

甲午战争惨败后，一些有识之士更加认识到发展新式农业的重要性，呼吁重视传统农业，提倡重农教育、振兴农务、科技兴农等改良农业的方案和举措，促进农业的发展和农业现代化。近代的重农思想立足于世界探讨农业走向，在强调重视农业地位的同时，主张批判地吸收西方先进的农业理论，突破传统农本思想的藩篱，顺应了近代农业发展的客观要求，对中国近代农业生产的发展起到了积极的促进作用，具有一定的历史进步意义。

中华人民共和国成立以来，重农思想更是得到了进一步的继承和发展。《中共中央国务院关于实施乡村振兴战略的意见》强调，农村土地承包制稳定长久不变，衔接落实好第二轮土地承包到期后再延长30年的政策，让农民吃上长效"定心丸"。土地三权分置制度的完善再一次印证了重农思想的重要影响。乡村振兴战略就是在吸收中国传统重农思想精华的基础上，将马克思主义同中国的具体实践相结合而做出的一项重大决策。

（二）马克思主义经典作家的"三农"思想

1. 农业是国民经济的基础

"农业劳动是其他一切劳动得以独立存在的自然基础和前提。"马克思一针见血地指出，人类文明的进步离不开农业的支撑，农业是一切产业的先决条件，只有农业振兴，社会才能正常运转。农业为先，百业方兴，如果农业的根本受到动摇，一切社会实践也就无从谈起。因此，"三农"问题理应受到重视。恩格斯也指出："一切工业劳动者都要靠农业、畜牧业、狩猎业和渔业的产品维持生活，这早已是尽人皆知的经济事实。"[1]

列宁对此也提出了相似的观点，在列宁面对战时经济落后、粮食不足的现象，提出了"农业是俄国国民经济的基础""粮食问题是一切问题的基础"[2]。他认为粮食在国民经济中起着重要的基础作用，尤其是粮食安全问题，是国家安全的首要问题。列宁将粮食问题上升到了国家战略的重要位置，并且认为要千方百计地保证粮食的生产，以达到政权的安稳。

2. 小农经济终要被社会化大生产所取代

马克思指出："在机器大工业的历史运动中，封闭落后的小农经济将被社会化的大生产所吞没。"[3]马克思敏锐地注意到，机器生产效率的提高会使很多农民失去土地，并最终流离失所走向贫困。由此，小农经济也将土崩瓦解，机器大生产将彻底取代小作坊式的小农经济。恩格斯在《法德农民问题》中指出："资本主义生产形式的发展，割断了农业小生产的命脉；这种小生产正在无法挽救地灭亡和衰落。"[4]

3. 城乡融合（一体化）是消除城乡差别的前提

马克思提出："要把农业和工业结合，促使城乡对立逐步消灭。"马克思指出了社会分工的出现是城乡对立并产生分化的根源，还强调了农村要开展工业的发展，这对于促进城乡结合有着显著意义，能使工人与农民之间的壁垒逐渐打破，并使城乡的经济差距得以缩小。城乡结合也会使整个社会层面得以进步，马克思认为这是"三农"问题的最终答案。在实现城乡融合发展的问题上，恩格斯曾经指出："大工业在全国的尽可能平衡的分布，是消灭城市和乡村的分离条件，所以从这方面来说，消灭城市和

---

[1] 恩格斯：《马克思恩格斯全集》第35卷，北京，人民出版社，1971：154。
[2] 中共中央马克思、恩格斯、列宁、斯大林著作编译局：列宁全集，北京，人民出版社，1959：75。
[3] 刘新春，米正华：《列宁对马恩小农经济理论的实践反思》，湖南社会科学，2011（5）：36。
[4] 恩格斯：《法德农民问题》，北京，人民出版社，1972。

乡村的分离，这也不是什么空想。"❶列宁主张通过发展农村工业，用电气化来实现城乡一体化，从而消除城乡、工农的对立。他在《科学技术工作草稿》中指出："合理地分布俄国工业，使工业接近原料产地，尽量减少原料加工、半成品加工一直到产出成品的各个阶段的劳动力的损耗。"❷

4. 工业必须反哺农业

马克思在《资本论》及其他著作中多次指出，由于社会历史原因，农业一般落后于整个国民经济尤其是工业的发展，为了提高农业的劳动生产率，工业就必须反哺农业。马克思指出："只有通过工业对农业的反作用，资本才能掌握农业，农业才能工业化。"❸

随着经济社会的发展和科学技术的进步，农业的资本有机构成将不断提高，正如列宁所说："机器大大提高了农业劳动生产率，而在这以前农业几乎是完全停留在社会发展进程之外。"❹

5. 国家必须支援农民建设

关于国家支援农民的问题，恩格斯在《法德农民问题》一文中指出："我们在这方面为了农民的利益而牺牲一些社会资金，这从资本主义经济的观点来看好像是白费金钱，然而这却是善于投资。"❺列宁的论述更加具体深刻，列宁指出："社会主义国家应当大力帮助农民，主要是供给农民城市工业品，特别是改良农具、种子和各种物资，以提高农业技术，保证农民的劳动和生活。"❻在《论粮食税》中列宁又进一步指出："支援为农业服务并帮助农业发展的小工业，支援它，在一定程度上甚至供给它以国家的原料……要善于用各种办法振兴农业，振兴工业，使农业和工业间的流转发展起来。"❼

---

❶ 恩格斯：《反杜林论》，北京，人民出版社，1972：336。

❷ 列宁：《科学技术工作草稿（1918）》，《中共中央马克思、恩格斯、列宁、斯大林著作编译局》，《列宁全集》第27卷，北京，人民出版社，1963：296。

❸ 《中共中央马克思、恩格斯、列宁、斯大林著作编译局》，《马克思恩格斯全集》第46卷，北京，人民出版社，1979：223。

❹ 列宁：《俄国资本主义的发展（1899）》，《中共中央马克思、恩格斯、列宁、斯大林著作编译局》，《列宁全集》第3卷，北京，人民出版社，1959：117。

❺ 恩格斯：《法德农民问题》，《中共中央马克思、恩格斯、列宁、斯大林著作编译局》，《马克思恩格斯选集》第4卷，北京，人民出版社，1972：312。

❻ 列宁：《俄共（布）第八次代表大会（1919）》，《列宁全集》第29卷，北京，人民出版社，1963：189-190。

❼ 列宁：《论粮食税（1921）》，北京，人民出版社，1972：539-540。

6. 必须保护农业的生态环境

马克思提出,"一定时期内提高土地肥力的任何进步,同时也是破坏土地肥力持久源泉的进步。"[1]恩格斯在《自然辩证法》中也表达了类似的观点:"我们不要过分陶醉于我们对自然界的胜利。对于每一次这样的胜利,自然界都报复了我们。"马克思和恩格斯都强调了人类的发展离不开大自然的庇护,自然界为人类发展所需要的物资给予了保证,因而作为回报以及对自身发展生存的考量,人类必须对保护自然生态环境加以重视。马克思主义强调事物发展的规律,保护自然同样是农业发展的重要规律之一,只有保证生态平衡,人类才能得以可持续发展。因此,在农业技术不断发展的同时,我们一定要秉承科学发展观,发展可持续农业,减少对环境的破坏。

第二节 乡村振兴战略的主要内容

乡村是一个包含自然要素、社会性要素和经济要素的区域复合体,它同时兼具生产、生活、文化、生态等多种功能,且与城市之间相互影响、相互联系、休戚与共,共同构成了人类生存和发展的空间。乡村振兴战略的内涵丰富,在党的十九大报告中把其概括为"产业兴旺、生态宜居、乡风文明、治理有效、生活富裕"20字的总方针,这五个方面的总要求既是新时期农村全面实施"五位一体"总体布局的具体体现,又是乡村振兴的五个关键的支撑点,它们既各自成篇,又相互联系、相互促进、相辅相成,共同构成了乡村振兴战略的有机整体。同时,它们也是对党的十六届五中全会提出的"生产发展、生活宽裕、乡风文明、村容整洁、管理民主"社会主义新农村建设要求的继承、发展和创新。

一、产业兴旺是基石

农村的生命力和农村的经济状况,主要依赖于农村的产业发展。如果没有一个良好的产业发展,就不可能有农民的富裕和乡村的兴旺,产业振兴是乡村振兴的物质基础。"产业兴旺"与以前的"生产发展"相比,虽然都是以提高农业生产力为目标,但"生产发展"主要解决农产品供给不足造成的农民温饱问题,而"产业兴旺"更加注重产品品质的提升。从"生产发展"到"产业兴旺",意味着对新时代农村经济提出了新的更高的要求,意味着由原来的注重增产向注重提质增效的转变,从低水平供应向高水平供应跃升,从粗放生产向精细化生产转变。而发展现代农业属于产业兴旺

---

[1] 马克思:《资本论(第一卷)》,北京,人民出版社,2004:28。

最重要的内容，重点是通过产品、技术、制度、组织与管理创新，提升良种化、机械化、科技化、信息化、标准化、制度化和组织化水平，推进农业、林业、牧业、渔业和农产品加工业转型升级。同时，乡村振兴的落脚点是农民生活富裕，而生活富裕的关键是农民增收，农民的增收只有靠发展，靠产业。因此，只有大力发展现代农业，使农村第一、第二、第三产业得到融合发展，构建乡村产业体系，推动农业产业链延伸，实现产业兴旺，促进农民就业和增收。只有这样，才能建立主要依靠产业支撑的可持续的农民稳定增收长效机制。

二、生态宜居是保证

生态宜居是提升乡村发展质量的重要保证，其内容既包括了新农村"村容整洁"的建设要求，农村用水、用电、道路等基础设施完善，也包括了保护自然、顺应自然、敬畏自然的生态文明理念指导下的保留乡土气息、保存乡村风貌、保护乡村生态系统、治理乡村环境污染，实现人和自然和谐共生。乡村振兴战略所倡导的"生态宜居"，是对"绿水青山就是金山银山"理念的具体实践，符合人们对生态环境不断增长的需要。用"生态宜居"取代"村容整洁"，更加突出了农村的绿色发展和可持续发展以及建设人与自然和谐共存的新时代美丽村庄的高要求。

三、乡风文明是灵魂

乡村文明是中国社会文明的重要组成部分，有乡风文明才能有文明的乡村。我国的社会主义新农村建设和现在的乡村振兴战略都提出了"乡风文明"的要求，可见其在农村发展中的重要性。从一般意义上说，"乡风文明"建设不仅包括农村基本公共服务、医疗卫生、文化教育等事业发展，还包括弘扬社会主义核心价值观，传承和发展乡村优秀传统文化，传承遵规守约、诚实守信等优良乡村习俗，培育良好家风、淳朴民风，建设邻里互助、勤俭节约的文明乡村，实现乡村传统文化与现代文明的结合，推动乡村文化振兴。

四、治理有效是核心

乡村社会的稳定和有序，关系到乡村振兴战略的成败和国家的长治久安。而乡村社会稳定和有序的关键在于乡村治理的成效。由"管理民主"向"治理有效"转变，不仅符合乡村治理发展的内在逻辑，也体现出我国对乡村治理要求的提高以及思路和政策的成熟。"管理民主"主要是为了保证农民的民主权利，使他们可以参与选举、决策、管理和监督等农村事务，是管理的方式和手段；而"治理有效"则注重治理绩效、治理手段的多元化和包容性，注重乡村社会秩序的有效整合，是管理的结果。党的十九大不仅确立了实施乡村振兴的战略，也提出了实施战略保障的"三治"相结合的乡村治理体系任务，即以"德治"作为基础和引领，加强农村思想道德建设，发掘和传承优秀传统文化；以"法治"作为保障，强化乡村法治建设，建立民间、司法、行政等多元纠纷调解机制；以"自治"作为目标，维护好村民的知情权、参与权和监督权，让村民当家做主，确保乡村社会充满活力、安定有序。

五、生活富裕是目标

乡村振兴的出发点与落脚点都是想让广大的农民生活得更美好，在共建共享中实现共同的生活富裕。乡村振兴战略的实施效果要用农民生活富裕的水平作为检验的标准，生活富裕体现了乡村振兴战略的目标导向。"生活富裕"不仅是指农村的经济富足，农民吃饱穿暖，而且要有完善的农村社会保障体系，农村水利、交通运输、通信设备等公共基础设施提档升级，能享受优质的、令人满意的教育，农民对健康生活的需求得到满足，能够获得更多的安全感、幸福感，过上有品质的、舒适的生活。

第三节 乡村振兴战略的体系构成与实施过程

一、乡村振兴战略的体系构成

（一）宏观层面上的乡村振兴战略体系构成

农村发展战略系统的宏观层次是农村发展的顶层规划与设计。从宏观层次上看，乡村振兴战略的系统组成要素包括战略背景、战略意义、战略目标、战略实施等。这些组成要素之间具有一种"顺序"的逻辑关系：从"战略背景"和"战略意义"，到"战略目标"和"总体要求"，再到"战略实施"。其逻辑关系是：首先以何种战略依据为基础，再决定何种战略目标与要求，最终决定战略的执行与实施。因此，战略背景与战略意义是其战略基础；战略目标与整体战略要求是战略的主体；战略的实施与执行，包含了宏观的战略部署和战略实施要求。

1. 战略背景

我国目前社会的主要矛盾，决定了乡村振兴战略的制定与实施。当前，我国社会的主要矛盾已经转化为人民日益增长的美好生活需要和不平衡不充分的发展之间的矛盾，这一矛盾主要是由城乡收入不平衡、地区发展不平衡所造成的。社会主要矛盾的变化要求我们必须逐步缩小居民收入差距、实现公共服务均等化，特别是要实现农村与城市融合的城乡一体化以及地区间的协调共同发展。

2. 战略意义

乡村振兴战略是我国的国家战略。实施乡村振兴战略，对于建设农业现代化和繁荣富强的新农村，从而全面建设社会主义现代化国家，实现第二个百年奋斗目标具有全局性和历史性意义；对于解决城乡之间发展的不平衡以及农业农村发展的不充分问题，从而根本上解决新时代社会主要矛盾具有重大理论和现实意义；对于探索乡村建设发展规律和符合中国国情的乡村振兴之路具有创新性的实践意义。

3. 战略目标

乡村振兴战略的总目标是实现农业农村现代化，具体包括五个方面的内容：使用先进的机械设备来代替人力劳动，实现农业生产手段的现代化；运用现代先进科学技术培育优良作物品种，合理使用化学技术保证作物产量最大化，改革耕作技术，加强科学管理，实现农业生产技术的现代化；改变传统的观念，加强农村教育体系建设，提高农民的文化素质和劳动技能，实现农业劳动者的现代化；采用公司或农民专业合作社+基地+农户等模式，开展适度规模化农业生产，实现农业组织管理的现代化；加强农村水利设施建设，提高农业资源的利用率，实现农业基础设施的现代化。

4. 战略实施

乡村振兴战略的实施主要分为三个阶段：

第一阶段是到2020年，在战略实施上要有重大突破，基本建立起适合乡村的制度和政策体系。目前，乡村振兴战略的第一阶段目标已基本完成。

第二阶段是到2035年，乡村振兴取得决定性进展，基本实现农业和农村的现代化。

第三阶段是到2050年，再用15年的时间，全面完成党的十九大提出的产业兴旺、生态宜居、乡风文明、治理有效、生活富裕的总体要求，真正实现农业强、农村美、农民富。

（二）微观层面上的乡村振兴战略体系构成

乡村振兴战略体系的微观层次是构成战略实施的各个因素，主要包括村级规划、项目、经费、技术、人才、利益机制等。

1. 村级规划

村级规划是乡村振兴战略体系一个重要组成要素。制定和实施一个能够突破目前制约农村发展"瓶颈"问题的科学、可行的村级规划，对于乡村振兴战略在乡村实施至关重要。村级规划既要符合国家乡村振兴战略的政策要求，又要结合当地的实际和资源状况来制定自己的发展目标和发展路径。然而，由于制定和实施村级规划牵涉乡村发展的方方面面，关系错综复杂，许多制约着农村发展的"瓶颈"与难点都亟待解决，同时要求我们制定的规划不能千篇一律，而且要能够适应新时期的市场经济发展，适合当地的情况。

  2. 项目

  目前，我国的农村项目投资普遍存在着投资大、回收周期长、市场利润少、产品价格不稳定、项目投资风险大的特点，农民作为市场的主体难以承受如此风险。所以，我们要慎重选择农村项目，避免低产、低效、高风险的传统农业项目，发展长期的、可持续的盈利项目；要积极发展符合国家产业政策的农业项目，努力实现农业项目的创新发展。

  3. 经费

  乡村要振兴，就需要资金的支持。当前，我国农村发展面临着资金短缺、投入不足等问题，实施乡村振兴战略就要全方位、多渠道筹措资金，这是一个非常现实的问题。我国农业发展资金的筹措渠道主要有：一是政府的财政投入。这是当前资金投入的主渠道，发挥着明显的导向作用。二是信贷投入。投资的重点主要集中在特色农业发展上，对农村经济发展和农民增收具有重要作用。三是社会投入。在国家支农政策导向作用下，帮扶、社会捐赠等各类社会资金投入乡村建设，有力助推了乡村振兴。其中社会投入包括：①省、市、镇直属部门通过结对帮扶形式，对新农村建设试点示范村和本部门联系驻点村给予资金、项目等帮扶，有力支持了新农村建设；②各村积极发动本村籍在外人士捐资支持家乡建设，为新农村建设募集了大量资金；③市场资金，即采用市场运作的办法，引入各类市场资本投入乡村建设；④集体投入。虽然大部分村级集体经济力量薄弱，但仍然是农村建设不可缺少的投入主体；⑤自主投入。在国家政策驱动和示范效应的带动下，农民自愿集资缓解资金的不足。

  4. 技术

  乡村振兴战略需要技术的支撑，但当前我国农村技术含量严重不足是不争的现实。因此，在实施乡村振兴战略进程中，相关部门要围绕解决制约乡村振兴的重大技术"瓶颈"问题，创新关键核心技术，集成应用先进实用科技成果，推广农业可持续发展模式，打造科技引领示范村（镇），培育壮大新型农业生产经营主体，建立健全科技支撑乡村振兴的制度政策，使农业生产力得到显著提高，科技支撑引领产业发展的水平显著提高，农村生活环境显著改善，农业农村人力资源充分开发，专业化、社会化科技服务水平明显提升。

  5. 人才

  乡村要振兴，人才是关键。长期以来，乡村人才存在总量不足、结构失衡、素质偏低、外流严重等问题，乡村人才与乡村振兴的要求存在较大差距。要加快乡村振兴战略实施进程，就必须解决乡村人才供求矛盾，完善乡村人才的培养、引进、管理、使用等系统完备的政策体系，加强对乡村人才工作的组织领导，建立统筹协调、各负其责的工作机制，把优秀人才吸引到农村来，全面推进乡村振兴的人才支撑。

6. 利益机制

构建利益的联结、驱动、激励与保护机制也是实施乡村振兴战略中非常重要的一个方面。其原因在于，乡村振兴的本质在于推进以村民自治为基本治理架构的乡村经济发展，进而达到农民的共同富裕目标，因此就要建立一个共同的利益关系，而这种利益关系不仅为村民自治奠定经济基础，而且是其内部的需求和持久的推动力。所谓利益联结，就是在村民之间建立紧密的利益关系。农户可以土地、林地、资金、劳动、技术入股，成立农村合作社、股份制企业等新型的农业经营组织，采取了农户占股、优先雇工、基本收入加股份分红的利益分配方式。所谓"利益驱动"，就是以利益为动力，推动有关企业、组织和个人积极投身乡村振兴，积极入股合作支持乡村振兴。所谓"利益激励"，则是以业绩和表现为基础，给予个人以相应的奖励。此外，上述的利益关系也要得到相应保障，以合同、协议、村规民约、公司章程及权利条款为依据，对其进行法律上的确认和规定，以保障利益机制的作用。

二、乡村振兴战略的实施进程

（一）中央：顶层设计

为推进乡村振兴战略的实施进程，促进农业农村发展，党的十九大从顶层设计开始把"三农"问题定位为"乡村振兴"，确立为国家重大战略，制定了一系列的专项政策和配套措施，主要包括以下两个方面：

1. 顶层设计方面

2017年10月，习近平总书记在党的十九大报告中高度重视"三农"工作，强调农业农村农民问题是关系国计民生的根本性问题，提出坚持农业农村优先发展，大力推进乡村振兴，实施乡村振兴战略，并将其提升到战略高度、写入党章，这是党中央着眼于全面建成小康社会、全面建设社会主义现代化国家做出的重大战略决策。2018年中央一号文件《中共中央国务院关于实施乡村振兴战略的意见》，是改革开放以来第20个、21世纪以来第15个指导我国"三农"工作的中央一号文件，对实施乡村振兴战略进行了全面部署。同年9月，中共中央、国务院印发了《国家乡村振兴战略规划（2018—2022年）》，明确了实施乡村振兴战略的具体部署，提出了"九大工程""三大计划"和"三大行动"，将乡村振兴的任务分解、落实落地，是指导各地区、各部门分类有序推进乡村振兴的重要依据。2019年中央一号《中共中央 国务院关于坚持农业农村优先发展做好"三农"工作的若干意见》、2020年中央一号文件《中共中央 国务院 关于抓好"三农"领域重点工作确保如期实现全面小康的意见》、2021年中央一号文件《中共中央国务院 关于全面推进乡村振兴加快农业农村现代化的意见》等持续聚焦"三农"问题，部署推进乡村振兴大计。《中共中央关于制定国民经济和社会发展第十四个五年规划和二〇三五年远景目标的建议》《中华人民共和国国民经济和社会发展第十四个五年规划和2035年远景目标纲要（草案）》《"十四五"推进农业农村现代化规划》等，都坚持优先发展农业农村的总体思路，突出战略性、方向性，坚持把解决好"三农"问题作为全党工作的重中之重，强化以工补农、以城带乡，推动形成工农互促、城乡互补、协调发展、共同繁荣的新型工农城乡关系，全面实施乡村振兴战略，加快农业农村现代化，推进乡村振兴。

2. 专门政策方面

为贯彻党中央、国务院关于农村发展的战略部署，国家有关部门根据各自的工作职责和现实需求，制订了一系列具体的指导意见和具体计划，以具体指导各地实现国家关于农村发展的主要目标。在此，笔者主要对有关资金、技术和人才、土地等方面的配套文件及其政策进行了梳理，见表2-1。

表2-1 国家有关乡村振兴的配套政策文件

序号	发布时间	牵头部委	政策文件名称
1	2017.10.31	国家发改委、农业农村部、原国家林业局	《特色农产品优势区建设规划纲要》
2	2017.12.07	农业农村部	《关于支持创建农村一二三产业融合发展先导区的意见》
3	2018.08.07	科技部	《中共科学技术部党组关于创新驱动乡村振兴发展的意见》
4	2018.09.27	财政部	《贯彻落实实施乡村振兴战略的意见》
5	2018.09.30	农业农村部	《乡村振兴科技支撑行动实施方案》
6	2019.01.04	中央农办、农业农村部、自然资源部等	《关于统筹推进村庄规划工作的意见》
7	2019.01.09	人力资源社会保障部	《新生代农民工职业技能提升计划》
8	2019.01.14	科技部	《创新驱动乡村振兴发展专项规划（2018—2022）》

续表

序号	发布时间	牵头部委	政策文件名称
9	2019.01.29	中国人民银行、银保监会等	《关于金融服务乡村振兴的指导意见》
10	2019.05.29	自然资源部	《关于加强村庄规划促进乡村振兴的通知》
11	2020.01.20	农业农村部中央网信办	《数字农业农村发展规划（2019—2025年）》
12	2020.07.3	中央农办、农业农村部等	《关于扩大农业农村有效投资加快补上"三农"领域突出短板的意见》
13	2020.06.13	农业农村部、发改委等	《关于深入实施农村创新创业带头人培育行动的意见》
14	2020.08.26	农业农村部、财政部	《关于开展农业产业强镇认定工作的通知》
15	2020.08.27	农业农村部、生态环境部	《农药包装废弃物回收处理管理办法》

（二）地方：因地制宜

根据中共中央、国务院《国家乡村振兴战略规划（2018—2022年）》等有关顶层设计，各省、直辖市、自治区将实施乡村振兴战略作为重中之重，把坚持农业农村优先发展的要求落到实处，相继制定了各自的乡村振兴战略规划，确定实施乡村振兴方案，出台了地方的财政、人才、产业扶持政策，积极推动乡村振兴战略的实施。例如，位于中原腹地的河南省，在国家实施乡村振兴战略的大背景下，先后出台了《关于坚持农业农村优先发展深入推进乡村振兴战略的意见》《关于全面推进乡村振兴加快农业农村现代化的实施意见》等文件，河南省委、省政府不仅出台了《河南省乡村振兴战略规划（2018—2022年）》，还配套发布了《河南省乡村振兴促进条例》《河南省乡村建设行动实施方案》《河南省乡村产业振兴五年行动计划》《河南省乡村人才振兴五年行动计划》《河南省乡村生态振兴五年行动计划》《河南省乡村文化振兴五年行动计划》和《河南省乡村组织振兴五年行动计划》等，分别从产业、人才、生态、文化和组织建设五个方面为河南省乡村振兴划定"路线图"。

在积极推进乡村振兴战略实施进程中，各省、直辖市、自治区根据各自的区位优势，创造和探索了适合自己的独特的发展模式。例如，浙江作为"两山"发展理念的发源地，坚持把做强农村产业作为乡村振兴的首要任务，进一步打开"绿水青山就是金山银山"的通道，把"美丽乡村"与"生态建设"作为重点付诸乡村振兴的实践中，营造生产、生态与生活相融合的发展模式，使美丽乡村的生态优势转化为发展优势。浙江省以一二三产业融合为基本途径，以乡村旅游为新的增长点，利用乡村田园风光、农耕文化等元素，发展乡村旅游，并借助旅游业的发展，带动乡村民宿等新兴业态的发展，靠着这种生态环境，让村民们不断地增加收入。又如，福建省在做到"四好"上做文章，即打好农业特色牌，围绕融入现代农业发展；扶好小农户；唱好"山海协作""城乡统筹""产业融合"这三台融合戏；组织好农村科技特派员、下派村支书工作队，不断为"三农"工作注入强大活力。

在各省、直辖市、自治区乡村振兴政策引领下，所属地市、乡镇及广大农村因地制宜，创造了不同的典型模式。例如，在浙江省的实践过程中，慈溪以产业园创建为抓手，聚集生产要素，打造国家科技兴农、产业兴旺制高点，创造了慈溪产业振兴典型模式；台州市黄岩区紧扣"三农"人才的"引、育、留"，多渠道发力，为乡村人才振兴工作开展提供了可借鉴的导向，创造了黄岩"1+3+3"人才振兴典型模式；天台县作为"和合文化"传承基地，注重将其融入自身发展，积极推动文化物化、产业化，助推乡村振兴，创造了天台文化振兴"和合文化"典型模式；余村作为习近平总书记"两山"理念的发源地和诞生地，积极践行"两山"理念，发展休闲旅游、生态农业、林下经济等，传承乡村文化，挖掘乡村文化，创造了余村生态振兴典型模式；还有以实现乡村治理体系和治理能力现代化为目标，坚持以党组织建设带动其他组织建设，激发乡村各类组织活力，凝聚乡村振兴的整体合力的武义"后陈经验"、象山"村民说事"等组织振兴的典型模式。乡村发展存在着多样性、差异性、区域性的特征，需要区别对待，因地制宜，分类推进，特别是在编制乡村规划时，要避免用城镇化的思路来谋划乡村布局，必须科学把握乡村振兴战略要求，综合考虑各地发展水平、村庄历史沿革、地域特色、资源条件等内容，分阶段制定符合实际、具有操作性、以农民为主体的乡村振兴规划。

第四节 乡村振兴战略的科学实践与时代价值

一、乡村振兴战略的科学实践

习近平总书记在党的十九大报告中提出乡村振兴战略以来，各地积极贯彻落实并在实践中取得了一些成果，但也有很多问题尚未解决。当前，我国尚处在社会主义初级阶段，农村建设依然受到经济、环境等多种因素的制约，大部分农村地区没有相应的产业支持，导致发展乏力；农村中有知识的人向大城市流动，造成乡村文化发展落后，农村创新人才严重短缺，乡村发展的内在动力不足，基层组织软弱涣散。

从国际上看，发达国家的农业已经实现了现代化，其农产品的国际竞争力较强，不同国家的农业保护政策也给我国的农业发展带来了很大的困扰，我国农村发展不平衡、不充分的现实国情也限制了乡村振兴战略的落实。因此，乡村振兴不可能一蹴而就，而是一个长期的过程，在乡村振兴实施过程中也必然会遇到诸多困难和挑战。但只要我们坚定乡村振兴的决心，保持清醒的头脑，把发展农业和农村放在优先的位置，坚持农民的主体地位，坚持城乡协调发展，坚持人与自然和谐相处，因地制宜，循序渐进，走中国特色的农业发展的道路，从文化、经济、环境和乡村治理等多个层面加强建设，乡村振兴的目标就一定能够实现。

（一）促进乡村产业发展

党的十九大报告提出了乡村振兴战略，并明确了20字的总要求。其中，"产业兴旺"是乡村振兴的基础，没有农村产业的兴旺，农民增收、农业发展、农村繁荣便无从谈起。习近平多次强调，振兴农村，最关键的是发展产业，只有发展农村产业，才能使农村更加富足。只有乡村的"产业兴旺"，才能吸引外来投资和更多人才，从而推动农村的经济发展。所以，乡村振兴必须首先从农村产业入手。

长期以来，我国注重农村产业的发展，但由于人们对农村产业的认识或理解存在一定的误区或偏差，把"产业兴旺"简单理解为农业现代化，甚至把实现乡村产业兴旺片面理解为乡村产业经济的快速增长，更有甚者，把乡村产业兴旺片面理解为发展旅游经济。

实际上，乡村产业兴旺是乡村多元经济相互渗透、融合发展的一种状态[1]，是各类生产活动协调发展所展现出来的充满生机与活力的繁荣景象。因此，需要从以下几个方面正确认识和把握"产业兴旺"的内涵：

第一，乡村产业结构优化。产业结构指产业间和产业内部的关系和比例。由于产业内容的多样性，乡村产业结构优化一方面是作为第一产业的农业与第二、第三产业之间的横向协调发展，另一方面也包含了农业产业内部种植业和其他产业的合理化配置，同时由农业产业纵向从低级向高级的转型升级。产业结构优化，有利于充分发挥自然资源和经济资源的优势，并能够与当地的生态环境相适应。乡村产业的多样性是乡村产业结构优化从而使乡村兴旺的前提，单一产业就谈不上兴旺。而乡村产业的多样性有助于资源的开发和利用，有助于村民不同需求的满足，有助于循环经济的实现，有助于风险的分散和化解。

第二，乡村产业布局合理。合理的乡村产业布局要求充分考虑其位置、资源、经济等各种因素，实现乡村产业的最优组合，并利用集群效应，促进产业的分工与协作。产业集群是乡村产业合理布局的一个显著表现，它能够共用公共基础设施、市场网络等，减少生产和运输成本，产生集聚的经济效益，从而为整个产业和区域带来巨大的竞争优势。近年来，山东寿光的蔬菜、河北迁安市的水果、宁夏中宁的枸杞、浙江安吉的竹业等产业集群的快速发展，使这些特色农业产业集群成了当地的支柱产业，具

---

[1] 朱启臻：《乡村振兴背景下的乡村产业——产业兴旺的一种社会学解释》，中国农业大学学报（社会科学版），2018，35（3），89-95。

有明显的竞争优势,形成了有鲜明特色的农业产业集群,这是我国大力推进"一乡一业""一村一品"的典型例证。

第三,乡村产业组织完善。产业组织是指产业内的主体间组织或者市场关系。产业内主体主要包括公司、合作社、农户等。完善的乡村产业组织应该是乡村产业主体具有多样性,能适应市场需求,具有规模效益,资源配置能满足消费者的需求。乡村产业组织完善,各主体就能够分工协作、协调发展,从而竞争力就强。同时,市场行为规范,小农户和新型经营主体能够共同发展,乡村产业各主体的利益共享、风险共担,营造了竞争有序的市场环境。

(二)丰富乡村文化生活

文化既是民族的血脉,也是民族的精神家园。历史告诉我们,文化代表着一个国家和民族的文明程度、发展水平,它既是综合国力的重要组成和体现,更是一个国家与民族赖以存在的基础和发展的根基,是一个民族凝聚力和创新力的不竭源泉。我国的乡村文化不仅是乡村发展、延续和振兴的基础,是乡村振兴的内容和手段,也是形成乡村发展的内生动力,能有效推动新时代乡村治理体系和治理能力现代化,是全面建设社会主义现代化国家的基础及先导。

改革开放以来,我国农村经济社会发生了巨大变化,但受西方文化及市场经济的影响,一些村民社会道德和法律意识淡薄,拜金主义、享乐主义、极端个人主义突出,见利忘义、造假欺诈、不讲信用现象依然存在。乡村文化的地位和作用受到了严重冲击和挑战。

乡村连着千家万户,乡村文化建设是社会文明建设的重要组成部分。加强乡村文化建设,实现乡村文化振兴,在传承中华优秀传统文化基因的基础上发展社会主义先进的乡村文化,能够打破农村经济与文化建设中存在的壁垒,改变农村封闭落后的思想文化状况,凝聚广大农民的精神力量,为全面助推乡村振兴发挥文化的功能,提供精神的动力。

第一,加强乡村思想文化建设。乡村文化建设首先就要加强新时代中国特色社会主义教育和社会主义核心价值观的教育,重视爱国主义、集体主义教育,开展农民职业道德教育,推进乡村社会公德建设,培育乡村家庭美德,提高农民的思想道德修养,并根据农民的思维习惯和喜闻乐见的形式,开展"送文化下乡""乡村大舞台"等各种各样的文化形式丰富群众文化生活,提高农民的文化意识;注重发挥农民在乡村文化建设中的主体作用,让农民积极自觉地参与其中,通过身边人讲好身边事,教育身边人;积极促进城乡文化交流,开展文化帮扶活动,引导社会各类人才投身于乡村文化建设。

第二,注重乡村文化的传承与培育。乡村文化建设要注重对尊老爱幼、扶危济困、诚实守信等中华优秀传统文化的传承,不断丰富优秀传统文化、红色文化、革命文化的时代内涵,创建中华人民共和国传统的"知行观""义利观""和合观";充分挖掘整合优化文物、遗址等乡村文化资源,注重剪纸、泥人等乡村非物质文化遗产的传承与"活化";加大乡村文化的传播交流,增强文化的活力,扩大乡村文化的影响;根据农村社会的新需要,创新乡村文化宣传内容和方式,积极培育具有时代特色的乡村新文化;积极培育优秀的乡村家风,培育良好家训、家教,营造人人参与乡风文明建设的良好氛围。

第三,改善乡村文化基础设施。乡村文化加强对农家书屋、图书阅览室的管理运行,建设互联网及电子阅览室,建设乡村文化服务中心(站)及文化广场(舞台),为广大农民提供丰富的精神文化生活;为广大农民配备体育运动健身设施,利用农闲时间组织开展群众文化、体育和娱乐活动,激发广大农民参加文体活动的积极性,培养他们的文化兴趣,培育他们的文化自信,形成他们的文化自觉。

第四,培育乡村文化人才队伍。乡村文化建设要优化政策舆论环境,加强对农村文化人才的投资与培养,加强培训,建立专业的文化工作人员队伍;通过制定相应的人才政策,吸引外来文化人才;通过对乡村文化团队和文化骨干的培养和指导,提升乡村文化的技术水平;加强对文化工作者的培训,使他们的文化素养和职业能力得到进一步的提升。

(三)改善乡村生态环境

在构建社会主义和谐社会的过程中,必须加强农村生态环境建设。近几年,随着我国新的发展思想的提出,人们越来越重视生态环境的建设。

1. 工业污染的预防

近年来,我国的工业发展速度很快,但也造成了一些环境问题,工业污染不仅会对农业的生态系统造成严重的破坏,也会对人类的健康造成很大的威胁,所以我们要加强对工业污染的控制。

我们要阻止"三高"(高污染、高耗能、高耗水)工业工程在乡村开工,阻止工业污染向农村转移。

一是要强化对农村企业的监管与管理,把好环境关,对企业的污染进行严格控制,新建工程要有相应的环保设施;二是要加大对工业污染企业的整治,将一批未达标的"五小"(小煤矿、小炼油、小水泥、小玻璃、小水电)企业强制淘汰;三是要设立工业园区,把分散的中小型企业转移到园区,加快园区内的污水处理和废水的处理,以达到环保的目的。

2. 生态村庄的建设

生态村庄要立足于当地的自然环境、地理特征,坚持发展和保护的有机统一,重点建设生态保护区、湿地保护区、旅游景点;以水乡园林、宜居、文明、优美为目标,创建具有鲜明特色的生态村镇;加强环保执法,严厉打击乱排乱放、焚烧秸秆等行为;要大力推进生态村镇的建设,推动乡村经济、社会、生态的可持续发展。

（四）完善乡村治理

1. 统筹乡村建设规划

目前，中国的农村发展模式，是以建立各级城市与乡镇相结合的方式，加强对农村的拉动作用。统筹乡村建设规划要结合当前城镇发展状况，科学规划产业发展模式，强化农村基层组织；合理利用能源，促进公共服务系统的建立，强化生态环境的保障和合理的规划设计；实事求是，因地制宜，发展自己的特色小镇；把新农村发展得更好，把乡村和城镇的发展有机地结合起来，做到共同富裕。因此，统筹乡村建设规划必须统筹城乡发展布局，提高资源利用率，提高村庄治理水平，统筹城乡布局与管理。

2. 健全乡村振兴的法律和政策

第一，要健全统筹城乡一体化的制度。城乡发展，必须始终保持一个稳定的发展方向，以确保城市的发展对农村的拉动和促进。

第二，促进自治、德治、法治有机统一，以自治为核心，以法治为保障，以德治为依托，健全与创新村民自治制度，加强法治，以德治发展促进法治与自治，使德治成为农村社会的整体管理模式。农村居民要提高自治意识，完善自我管理体系。相关部门要大力推动农村法制的发展，深化"法进农村"宣传，使广大农民的法治意识不断增强，将国家的农事管理工作融入法制轨道；提升农村的德政，顺应时代发展需要，加强德育功能，使农民成为善、孝、信、勤的新时代农民。

二、乡村振兴战略的时代价值

时代自身就是一个历史时期的代名词，而且每一个时期都是独一无二的。习近平在党的十九大报告中指出，"经过长期努力，中国特色社会主义进入了新时代，这是我国发展新的历史方位"，这是一个对时代的判断，是一个新的历史坐标，标志着中国特色社会主义事业步入了新的发展时期，中国的社会主义事业在长期发展的过程中不但有了历史性的成就，更有了新的内涵。新时代，农村的兴衰与国家的前途命运紧密相连，乡村兴则国家兴，乡村衰则国家衰。人民日益增长的美好生活需要和不平衡不充分的发展之间的矛盾在我国农村表现最为突出，中国仍处于并将长期处于社会主义初级阶段。全面建成小康社会，开启建设社会主义现代化强国的新征程，实现"两个一百年"奋斗目标和中华民族伟大复兴的中国梦，最艰巨、最繁重的任务在农村，最广泛、最深厚的基础在农村，最大的潜力和后劲也在农村。实施乡村振兴战略，是解决新时代我国社会主要矛盾的必然要求，是建设现代化经济体系的必由之路，也是建设美丽中国、传承中华优秀传统文化、健全现代社会治理格局的有效途径，更是实现全体人民共同富裕的必然选择。因此，实施乡村振兴战略具有重大现实意义和深远历史意义。

（一）解决新时代"三农"发展的行动指南

1. 加快农业农村现代化的战略部署

"三农"问题是制约我国实现现代化进程的一个重要因素，因此我们要根据国家的发展部署，借鉴以往的建设经验，做出推进"三农"事业发展的统筹安排，从根本上解决当前农村发展面临的问题。

（1）贯彻农业农村优先发展的思想，确保资源供应。

尽管我们一直将"三农"发展摆在首位，并将其作为国家战略，但还是缺乏统筹发展、协调发展等方面的措施，目前还停留在以工业、城镇为主，很难从根本上解决"三农"问题。为了加速我国的现代化进程，我国第一次在全国范围内明确了"以农为本""以农为中心"的思路，改变"以城镇为中心"的思路。发展观念的改变，就是要协调和转换各种资源，使资源的分配以优先的方式分配到农业、农村，这就是指在国家资源有限的条件下，在各个方面都有资源的需求时，把对农村资源的分配顺序和数目放在第一位。

2018年，习近平在主持十九届中共中央政治局第八次集体学习时强调：加快推进配置、资金、干部配备和公共服务，确保"三农"目标按时实现。分别来说，就是在干部配备上优先考虑，即在干部配备上要突出重点，要把农业农村工作的绩效加入干部考评体系中，制定人才政策吸引全社会优秀人才投身乡村振兴，凝聚乡村振兴工作队伍的战斗力；在要素配置上优先满足，即聚焦"人、地、钱"等核心要素供给，通过加强制度建设和创新体制实现农村发展的资源要素满足和利用，充分释放要素红利；在资金方面优先保障，即要构建财政优先保障、财政重点支持、社会积极参与的多元化投资模式，以适应国家发展的战略需要；在公共服务上优先安排，即在公共事业方面，要改善我国的社会福利制度，尤其是提高乡村的社会福利制度。"三农"是以"四个优先"的方式，从根本上改变发展思路，以"三农"为重点，着力于通过"四个优先"打开局面。

（2）打造现代农业体系，完成农业的现代化转变。

尽管我们在过去几年的努力下，在农业现代化方面已经取得了很大的成绩，如我们的粮食连续增长，农民的收入也在稳步增长，农业结构持续优化，物质和设备的技术水平明显提高，农业生产的蓬勃发展等。这些都为推动我国经济和社会发展提供了强大的支持。但是，从整体上来看，我国的农业产业规模较大却不够强壮，产品质量较差，产业结构不健全；我国的生产体制还存在着设备落后、技术革新不够的问题；我国农业产业规模不大，农民的生产经营模式已不能满足广大农民的大市场需求，农业生产和水平有待提高。为此，农村发展战略将农业产业体系、生产体系、经营体系作为"三农"工作的重点，并提出了具体的目标和要求。在现代农业产业体系方面，我们要通过构建产业链和价值链，推进产业整合，提高产业效益，解决产业链短、产品附加值低的问题,以提升产业竞争力,增加农民收入;在现代农业生产体制方面,要通过科技手段,不断地改善农业的生产状况,调整农业的产业结构,使其更好地满足市场的需要。同时要充分利用区域的资源优势,发展具有地域特色的农业主导产品;在现代农业经营体制方面,大力发展多种形式的适度规模经营,建立集约化、组织化、社会化的新型农业经营体制,大力培育新型农业经营主体,引导和支持种养大户、家庭农场等主体发展,健全农业社会化服务体系。乡村振兴战略是以农业产业体系、生产体系、经营体系为抓手,以加快农业现代化进程,促进农业现代化。

(3)全面加速农村系统化建设,推进农村现代化。

过去的农村现代化是以农村经济为基础的,基本途径是通过农民增收,迅速推进农村城市化。而乡村振兴则强调乡村主体性与乡村价值的延续,通过产业现代化来实现乡村经济社会的全面重构,从产业、生活、文化、治理四个方面进行现代化建设。因此,在推动农村现代化的过程中,我们必须从产业、治理、民生、环保等几个方面入手,特别是要通过深化农村体制改革来释放农村的活力。农村改革的核心,一是健全农村的产业体系和要素的市场化配置,实现主体、要素、市场的激活,促进工业的现代化;加强和改进农村基础设施建设和保障,推进农村土地制度、集体财产权制度的改革。二是加强农村民生建设,保障农民获得感、幸福感、安全感。通过完善公路、物流网络、信息网络等实现农村的现代化;推动产业融合发展,拓宽就业渠道,强化职工的职业能力培养,大力发展公共就业和社会保障;从整体上提高农村教育的质量,加大对各类学校和教师的支持力度,提高学校的信息化水平。三是以"乡村振兴"为目标,加速发展农村自然资本,促进"美丽乡村"的发展,主要是以生态环境和可持续利用为目标,发展绿色农业,改善农村人居环境,实施农村生态保护与修复重大工程。四是乡村振兴战略需要从强化基层组织、巩固基层政权、规范管理制度等几个方面来完善乡村治理。

2. 新时代"三农"工作的重心

在当前社会主要矛盾转变的大背景下,"三农"发展面临着突出的矛盾,如农民的需要没有得到充分的解决、农业产品的品牌效应不强等。以"三农"为核心的乡村振兴战略基础,是要实现"三农"发展,使农村美、农民富、农业旺,这就需要对新时期农业发展的具体任务进行清晰的规划,并围绕三个方面来推动新时期的"三农"工作:

(1)以农业结构调整为中心,促进农业高质量发展。

农业是农村发展和振兴的根本,农村要实现全面发展、产业繁荣,必须有强大的农业支持,但是目前我国农村的发展还存在着农村公共产品供给不足、农产品品质低下等问题,导致我国农业缺乏核心竞争力。为此,我国的乡村振兴战略提出,要把农业供给侧结构改革作为发展的主线,不断提升农业的质量和效益,完成从产量到质量的转变。在乡村振兴战略中,农业要适应市场的需要和变化,调整农产品结构,解决农产品的销路问题。我们可以通过科技投入，持续提升农业生产效益，实现降低成本、增加效益；通过发展信息化、智能化农业，不断优化农业服务，实现农业发展的各个环节，建立模式化、数字化的系统，以实现农业的减本增效；强化农业基础设施建设，为农业生产规范化、产业体系化奠定坚实的基础。以此为依据，我们要积极推进现代农业体系、生产体系和经营体系，以促进农业的高质量发展。

（2）要全面深化农业和农村的改革，为实现农村的全面振兴奠定制度基础。

我国目前面临的城乡发展差异主要依靠政府的政策扶持和外部力量的拉动，很难使乡村的发展动力得到全面的发挥。要促进农村发展，缩小城乡发展差距，就需要相关部门通过改革激发农村发展动力，打破循规蹈矩的思维，使农村全面振兴；完善"承包地三权分置"，稳定"三农"关系；加强农村集体产权制度改革，确保农民的财产性、工资收入，增强集体经济，适应市场化；保护和激发农民的生产积极性；建立健全农业支持和保障体系。

（3）要推进乡村治理，以实现长治久安。

农村要想成为农民的幸福家园，就必须进行科学、有效的管理。"治理有效"是实现乡村振兴的关键，因此，乡村振兴战略需要强化农村社会管理。我们必须创新乡村治理理念，积极完善"三治结合"的乡村治理体制，为农村发展创造有利条件；要重视"三农"工作队伍的建设，既要重视现有工作人员的培养，又要提高他们的综合素质和能力，还要加强"三农"工作队伍的管理，建立一套"三农"工作人员的职称体系；通过考核激励机制，优化乡村干部队伍结构，培养一支"一懂两爱"的"三农"工作队伍。我们要使农村社会治理更加有效、和谐、稳定，使农村的发展成果惠及更广大的农民群众。

（二）促进"两个一百年"愿景的快速达成

1. 对全面建成小康社会的问题查漏补缺

全面建成小康社会是国家发展的一个重大目标，"全面小康"指覆盖领域要做到全面、不遗漏。总体而言，当前我国全面小康的薄弱环节主要体现在：①城乡发展不均衡，特别是在公共服务领域；②在基础建设等方面，城乡之间存在着巨大差异；一些农村地区没有摆脱贫困；③农村生态环境的恶化问题还没有得到改善。我国化肥使用量的持续增加和农药的大量使用，以及农民环保意识低下、环境保护规划无序等问题，造成了农村生态环境的污染。作为新时期"三农"工作的总抓手，乡村振兴战略可以在加快农村建设和发展的同时，弥补贫困地区的不足，促进"两个一百年"愿景的早日实现。

（1）通过实施乡村振兴战略，帮助贫困地区人民实现全面富裕。

党的十八大以来，中国的扶贫工作虽已有成绩，但还没有完全摆脱贫困，而且面临着怎样才能真正全面脱贫的困境。如何确保实现全面脱贫，是实现"小康社会"目标的关键。2020年，我国处在脱贫攻坚和乡村振兴的重要历史节点，两者之间具有相关性和衔接性。乡村振兴战略不仅能够转变脱贫思路助力贫困地区成功脱贫，而且能够稳定脱贫攻坚成果。首先，乡村振兴战略的实施带动了农村工业发展，帮助了当地的经济发展。产业振兴是推动贫困人口转移的一个主要因素，它可以带动贫困人口区域的发展，从而带动当地的经济发展。农村劳动力转移是脱贫致富的主要途径。但是，农村缺少优质的产业基础，很难实现以产业带动区域发展，同时当地扶贫政策协调性不足，仅通过短期的扶贫政策难以实现区域产业的发展。乡村振兴是一个全面的布局，它可以促进"三农"全面发展，从而促进区域经济的全面发展。在农村发展的过程中，我们清楚地看到，要从结构上进行农业的优化和转变，以促进农村经济的发展。一方面，我们可以通过构建农业产业、生产、经营三大系统来解决贫困地区产业发展中产业竞争力低、附加值低、生产效率低等问题，同时，实施三位一体化发展，以提高产业附加值为重点，以发展一系列产业为核心，不断向第二、第三产业延伸，不断完善产业配套设施，逐渐发展壮大产业，带动产业发展。而实施乡村振兴则有利于巩固已脱贫区域的脱贫效果，是实现全面小康的重要保证。目前，我国绝大多数的贫困者已经成功地实现了脱贫，但脱贫并不等于完全脱离了贫困，依然有返贫的可能性。这是因为当地政府在脱贫工作中只想着实现脱贫目标，在一些区域存在着农户脱贫不积极、脱贫内生动力不足、村干部在攻坚脱贫工作中不落实和不积极等问题未能妥善解决，难以稳定脱贫成果。为此，农村发展需要加大农村发展要素、资金、人才等方面的投入，为巩固农村发展的成果，增强农村发展的动力，使农民稳定增收和提升自身的能力。另一方面，农村发展战略还在不断地完善和优化农村的人才队伍，提高农村的综合素质，培养一支"一懂两爱"（懂农业、爱农村、爱农民）的队伍，加强工作方法，提高工作水平，保证贫困地区的干部在扶贫和乡村振兴工作中发挥作用。

（2）通过实施乡村振兴战略来缩小城乡差距，促进农村地区全面小康，实现城乡一体化。

而在当前阶段，城乡发展差距太大，农村发展不够充分，农村发展动力不足是一个很大的问题。乡村振兴战略是化解农村社会主要矛盾的重要战略举措，是解决城乡发展不均衡的关键。一方面，乡村振兴战略从根本上扭转了优先发展的方向，将乡村发展放在了最重要的位置。另一方面，要加快城乡资源要素单向流动和不平等交换，必须建立制度机制，促进城乡一体化发展。而乡村振兴战略则是从整体上推动农村各个方面的建设。推动农村全面发展，使农村成为一个美好的、安定的家园，不断提高农民的幸福感、获得感。乡村振兴战略是在农村全面建设的基础上，着力弥补农村经济发展中的薄弱环节。

（3）实施乡村振兴战略，强化生态保护，解决全面小康中存在的生态缺陷。

生态文明是全面小康社会的一个重要问题，特别是在我国的快速发展过程中日益凸显。党的十八大以后，尽管我国的生态文明已经初见端倪，但问题仍然不容小视。在农业生产中，农民经常使用过量的化肥和杀虫剂。在乡村地区，农户对生态环境的认识不足，将大量的废弃物随意丢弃，有的直接排放到河流中，对农村的环境造成了严重的污染，严重地危害了饮水安全，还有一些农户为获取巨额利润而进行违法狩猎。当前，我国的野生动植物资源交易中，存在着生态环境治理体系不完善、监督不力等问题。造成这些问题的主要原因是，基层政府的权力下放，一些地方的环保部门的工作人员流动较大，很难适应日常的生态环保监管工作。为解决这些问题，农村发展重点在于发展生态农业，突出地域优势和特点，发展特色产业和品牌农产品，并通过"一村一品""一镇一业"，使特色农产品向规模化、集约化发展。另外，完善的农业体系是发展生态农业、挖掘农业生态效益的关键，农村的发展需要建立完善的农业产业体系、生产体系、经营体系，并将其作为我国农业发展的重点，这为减少农民滥用农药的行为、保证市场农产品有效供应和农业生产的生态化提供重要依据。同时，提出建立市场化、多元化的生态补偿制度。生态补偿制度是阻止农民对生态环境破坏、确保生态效益、减少生态农业生产投入的主要途径，着重从规范补偿范围、明确生态补偿主体责任、培育融资平台、健全标准化体系、健全监管控制、强化组织领导等方式建设多元化生态补偿机制，实现人民对美好生活的需求。乡村振兴政策的实施，推动了美丽村庄的创建，加大了对农村的污染治理力度，大力推进了农村人居环境治理，加强了农村生态保护，促进了农村生产、生活和生态系统的相融共生。

2. 为建设社会主义现代化强国提供重要保障

党的十九大提出的强国目标是以我国目前的经济和社会发展情况为依据的，提出了到2050年把我国建成富强民主文明和谐美丽的社会主义现代化国家的设想。社会主义国家在现代化的过程中，城市的发展和农村的现代化、城乡居民的共同富裕繁荣都是一个很大的考验。乡村振兴战略是解决"三农"问题的全面部署，关系到我国社会主义现代化建设全局，为建设社会主义现代化强国提供重要保障。

建设社会主义现代化国家是一个系统的、协调的、可持续的规划，推动着社会的文明进步和城市的发展。在建设社会主义现代化国家的过程中，我国必须实现农业、农村的现代化。

农民增收是一个重要的内容和功能，它是衡量一个国家能否全面实现社会主义现代化、全面建成小康社会的一个重要指标。在过去四个现代化的大背景下，农业现代化是指满足、服务于工业、城市发展需求的现代化。而当前的结果就是，我国农村人口基数大，发展基础薄弱，振兴困难。

党的十九大以"两个一百年"为中心，提出了"乡村振兴"的发展战略。为解决长期的工业倾向导致的农业农村发展滞后的问题，乡村振兴战略转变了优先发展的方向，提出了"以农业为主"，这意味着农业农村不再在国家发展中处于从属地位，将获得发展要素的累积。在政策扶持和帮助下，新的农业产业将大力发展，并激发乡村的内在生机，开辟新的致富空间。同时，为了促进农村经济的快速发展，实施"五位一体"规划，国家提出了"五个发展目标"，做到农村美、农业强、农民富。乡村振兴战略的实施，既可以为我国的农业现代化打下坚实的基础，又可以为我国的社会主义现代化建设提供有力的保证。

（三）为发展中国家乡村建设提供中国方案

目前，全球正在大力推动现代化进程，然而就总体发展状况而言，我国的发展水平存在着较大的城乡发展差异。另外，乡村的生态环境也遭到了破坏。在我国现代化建设过程中，我国的乡村发展面临着严峻的挑战。不只是中国，许多国家都出台了相关的对策应对相关问题。发达国家由于自身的经济力量雄厚，实行了全面的农业发展战略，而发展中国家则很难扭转这种状况。党的十九大从我国国情出发，借鉴外国的先进经验，制定了乡村振兴的新思路。在总结经验的基础上，乡村振兴战略对我国城乡发展不平衡、农村经济发展与生态环境矛盾、构建城镇化发展等方面都有自己独特的见解，可以为世界特别是发展中国家的农村问题提供中国特色方案和道路。

1. 为解决第一、第二产业与城乡发展问题提供重要借鉴

在我国现代化建设的进程中，第一、第二产业与城乡发展是一个需要关注和解决的问题，在世界范围内，各国都曾经因为管理不当而阻碍了现代化的发展。例如，韩国在1962—1971年，先后推行了两项五年计划，以支持工业发展、促进出口，因而迅速地推动了工业化与都市化，但也产生了第一、第二产业与城乡发展失衡的问题，导致大量农村人口流出，社会矛盾不断激化。在北美，美国和加拿大在20世纪后期和21世纪初大力发展城市和工业，忽略了农村建设和农业发展，造成了农村发展滞后、贫困率高、收入低、就业率低、受教育水平低等问题，而在长期失衡发展下形成的城乡发展差距导致农民生产积极性低迷、农业经济发展滞后、农村建设缓慢等问题，这在一定程度上阻碍了北美地区的现代化进程。

针对目前存在的工农业与农村发展不平衡问题，各国都提出了一些对策和措施。韩国是东亚农村的典型，20世纪70年代初期，为了弥合城乡之间的发展差异，开展了一场"新村运动"，并成立了一个中央委员会，领导"新村运动"，负责制定有关农村地区的方针，发展以农业生产为主体的农村产业，建立和完善农村社区运动的公民团体。尽管韩国的"新村运动"获得了极大的胜利，农村的生存环境有所提高，但是农村"空心化"、农业劳动力外流和农村人口老龄化依然严重，农村地区的贫富分化依然巨大。

另外，韩国"新村运动"是由中央政府领导、由上至下进行的，忽略了农村居民的主体性，造成了农村居民对当地政府的过分依赖，而中央的方针往往与当地的现实状况不符，出现了大量的"面子工程""形象工程"和"政绩工程"，造成了极大的浪费，也极大地限制了当地政府和农户的工作热情。而北美的美国和加拿大则是以小城镇为代表，推动乡村经济发展，缩小城乡差距。美国推出了乡村发展规划，并确立了两项发展目的：一是建立基于农村的自助乡村社区，提高农村的居住条件；二是以市场化为导向，引领农村经济发展。加拿大通过开展"新农村建设"活动，以寻找农村

社会资金的适当配置来弥补农村经济收入、社会福利、公共基础设施等差距，进而振兴农村，使农村社会发展与经济发展在功能上得到有效衔接。美国、加拿大等北美农村地区的"小城镇"建设方式，在某种程度上促进了农村的发展，但这种方式在世界各国特别是发展中国家并不具有借鉴作用。由于农村"小城镇"的发展方式强调了外来的资助，重视发展中的市场化，需要高度自治、农业发达、内生城镇化与外生城镇化的稳固关系，都对国家、乡村发展基础具有极高的要求。

从世界范围内其他国家启动乡村发展活动来看，大部分国家都是依靠发展乡村的基础设施来实现的。他们促进乡村产业发展，强调国家政策导向、外部融资支持等措施，在缓解各国农村发展的不平衡方面起到了很大的促进作用，但是也存在着一些缺陷，未能彻底改变各国目前存在的问题。在我国，党的十九大报告对我国的工农城乡发展问题提出了新的思路和方法，指出要以"以农为本""以农为中心"，建立"城乡一体化"的制度体系，为世界特别是发展中国家解决第一、第二产业与城乡发展问题提供了重要参考。

我国乡村振兴战略针对工农城乡发展不平衡问题，提出了一系列全面的措施和方针，有些创新措施可以为其他国家的发展提供借鉴。

第一，要改变观念，改变发展思路，以引导带动政策。其他国家在解决农村和农业发展的过程中，重点关注农村的发展。要想缩小城乡发展差距，必须从根本上解决问题，必须改变传统的"以工业为中心、以城市为中心"的发展思路。观念决定了行动，我国现代化建设与发展把农业作为第一要务，这就要求政府在政策、资源的分配上给予更多的关注，并给予更多的政策支持。从观念上改变农村发展的思维模式，是解决发展中国家农村城乡发展不平衡的主要途径和思想。

第二，以体制创新为切入点，解决深层次的结构性问题，为城乡发展的要素流动机制的建立提供借鉴。美国的农村发展规划，主要是通过国家的财政和社会的支持来推动农村的发展。我国经济社会发展长期不平衡，资源与要素不均衡流动是导致我国工农和城乡发展不平衡的主要因素，仅靠扶贫政策的实施，很难有效地解决制约资源、要素发展的问题。乡村振兴战略提出要建立城乡一体化的制度和机制，解决制约农村要素流动的深层结构问题，以"人、地、钱"为核心要素，推动城乡一体化发展；推进城乡统筹发展，促进城乡基本公共服务与社会保障体系的协调发展；突破当前我国城乡发展不平衡的制度和模式，促进城乡统筹协调，将更多的发展资源向农村辐射，为其他国家在解决工农城乡发展失衡中建立资源要素流动的体制机制提供了重要参考。

第三，强化农民主体意识，积极实现农村主体价值的实现。韩国"新村运动"在推动农村发展、解决工农、城乡发展等问题上，过分依靠中央的领导与决策，忽略了农村主体的角色，从而影响了建设的成效。在推动农村建设与发展的进程中，乡村振兴战略特别强调了农民作为主体的作用。乡村振兴战略的实施，既要深化户籍制度改革，巩固和完善农村基础设施建设，推动"三权分置"，充分调动农民的积极性，还要大力培育职业农民和"一懂两爱"的工作队伍,巩固农民主体地位,使农民参与到国家发展中。

2. 为农村可持续发展提供重要参考

如何协调好乡村经济与生态环境的关系,促进乡村社会的可持续发展,是我国农村现代化进程中必须解决的一个重大问题。在工业化道路上,很多国家都以牺牲农村生态为代价来推动工业化进程,走"边发展边污染"的道路,这种做法严重地阻碍了农村的可持续发展,给今后的经济发展留下了很大的隐患。尽管一些国家在后期的农村建设与发展过程中,提出了一些保护与完善的措施,但是,农村的生态环境还是受到了严重的甚至是不可逆的破坏。例如,20世纪50年代日本的工业化、城市化进程迅速,工业污水排放严重,农村生活污水和含有农药、氮素等化学物质的农业生产废水任意排放,严重损害了农村的生态环境。在此期间,日本尽管通过实施生态保护、优化农村基础设施,使农村环境得到了很大的改善,然而其本质上还是以发展经济为主、"边发展边治理"。"一村一品"是日本20世纪70年代末实施的一项以地域资源和优势为基础,发展具有地域特色的主导产品和主导产业,从而形成了一个产业集群。虽然农村的发展发生了很大的变化,但在实施的时候,为了发展区域工业,滥伐林木,破坏了当地的生态环境。资料表明,日本1960年的森林砍伐面积为65.62万公顷,到1980年为止,每年的砍伐量超过320 000公顷,而种植的土地也有下降的趋势,由1960年的540 000公顷降至1980年的250 000公顷。因此,在推动乡村建设与发展的过程中,仅靠一个特定、独立的措施是很难达到的,很难在促进农村经济发展的前提下,保护好农村的生态环境。

实施乡村振兴战略,既要着眼于发展农业,又要着眼于保护生态环境。我国在发展、管理等方面十分重视农村生态环境的建设,把生态宜居作为我国发展的主要目标,坚持绿色发展,从整体上推动农村可持续发展,这给其他国家走生态文明道路提供了重要参考。一是要树立"绿色发展"的思想,建立稳定的生态系统。日本"一村一品"建设中的环境生态问题,并非由国家推动农村发展而产生的个别问题,而是普遍存在的问题。要实现乡村可持续发展,不能只有一个具体的政策和规定,要自始至终遵循可持续发展的要求。实施"绿色发展"的乡村振兴战略,既要推动农村经济发展,又要转变传统的粗放生产方式,转变为以科技创新为主的绿色生产方式;树立低碳生产观念,降低农村生态环境污染;要注重建立健全制度体系,确保农村的生态环境;建立生态补偿制度、生态建设成效评估与监测制度,降低乡村生态建设中对生态环境的破坏,促进乡村生态建设,为其他国家的生态建设提供借鉴。二是要把"绿水青山"变成"金山银山",要注重生态效益。许多国家在推动乡村发展的过程中,往往存在着两种观点:一是对立;二是分离。这两种做法都失之偏颇。自然生态具有重要的意义,尊重自然价值,最大化地利用自然的价值,从而使其获得更多的自然资本。乡村振兴战略抛弃了传统的发展观,认识到生态环境具有巨大的生产力潜力,把农村生态环境变成生产力,充分发挥自然生态生产力,充分利用自然资源、人文资源，充分挖掘其内在的独特优势，通过文化与旅游业等农村产业的相互融合发展，实现绿水青山与金山银山的转换，使农民增收、农村可持续发展、留住乡愁。我国通过充分利用生态资源，使经济发展与生态环境达到均衡，为各国解决这一问题提供了借鉴。

第三章　理论考察：农村公共产品概述

第一节　农村公共产品的理论分析

一、农村公共产品内涵、特征和分类

（一）农村公共产品的内涵

公共产品的产生及发展与人类公共需要的满足、人类共同利益的维护密切相关。经济社会发展直接促成了人类社会共同需要的形成，由此形成了人类社会的公共利益问题。只有某种意义上的集体行为或由政府提供公共产品及服务，人类的公共利益才能得到维护，并满足人类的公共需要，由此产生了公共产品供给。随着市场经济的建立和深入发展，公共产品的供给显得越来越重要，它对消除外部影响、弥补市场调节失灵、缩小贫富差距及市场经济秩序的维持等方面的作用都十分突出。

托马斯·霍布斯在《利维坦》中对国家的论述就探讨了公共产品的内涵。在他看来，国家本身就是一种公共产品，国家公共权力来源于公民，公众性的社会契约保证了公共服务的提供[1]。大卫·休谟在《人性论》中对公共事务处理的理解，也是对公共产品内涵的有益探索。他认为，一些对每个人都有利的事情，即维护公共利益，只能通过集体来完成，而不是仅仅依靠个人的力量[2]。亚当·斯密在《国富论》中指出，君主或政府有义务提供对社会非常有益的公共事务，如国防、法律和公共服务。萨缪尔

---

[1] 霍布斯：《利维坦》，黎思复，黎廷弼译，北京，商务印书馆，1985。
[2] 大卫·休谟：《人性论》，张晕译，北京，北京出版社，2007。

森在《公共产品的纯理论》论文中,分析了公共产品的非竞争性和非排他性特征,并指出,所谓公共产品的特征是每一个消费者对公共产品的消费不会对其他消费者对该产品的消费产生影响,即公共产品是所有消费者都可以共享的集体消费品。他指出:"与来自纯粹的私有物品的效益不同,来自公共物品的效益牵涉到一个人以上的不可分割的外部消费效果。"[1]理查德·阿贝尔·马斯格雷夫在私有产品和公共产品的基础上提出了"有益产品"的概念。在《公共财政与公共选择》中,他指出,在市场机制下当权威机关对有益产品的消费水平不满意时,可以违背消费者的意愿对有益产品的消费进行干预。

但是,他没有进一步解释如何判断消费者对有益产品的满意度[2]。詹姆斯·布坎南提出了俱乐部产品的概念。他在《俱乐部的经济理论》中指出,大多数产品介于私人产品和纯公共产品之间。产品宣传与俱乐部规模呈正相关关系。俱乐部规模越大,产品的公共性就会越强[3]。曼瑟尔·奥尔森进一步扩展了俱乐部产品理论。他指出,公共产品不能独立存在,它的存在必须与特定的组织联系在一起。只有将公共产品与特定的组织联系起来,才能具有现实意义。在《集体行动的逻辑》中,他认为大多数公共产品都与集体有关,公共产品是某一个集团的公共产品,但是对于其他集团是私人产品。他指出,"任何物品,如果一个集团中的任何个人能够消费它,它就不能不被该集团中其他人消费"[4],这类产品就可以归类于公共产品。随着学者们对公共产品内涵的探讨和深入,理论界也对公共产品的定义可以概括为:公共产品是与私人产品相对应的一个概念范畴,它是为了满足公共需要和维护公共利益,它具有非竞争性和非排他性的效用以及不可分性等特点的产品和服务。

公共产品的基本属性之一就是地域性,这是因为公共产品的排他性与地域相关。由于受自然禀赋的限制,交通条件和社会经济条件提供的公共产品的排他性在不同地域中是不同的,主要表现在一些公共产品的非排他性只有在一定区域范围内。然而,如果它超过一定地域范围就会产生排他性。由此,根据地域范围对公共产品进行分类具有一定的理论意义。根据公共产品的地域性差异,可以将公共产品分为农村公共产品和城镇公共产品。农业在整个国民经济中占有重要地位,但是我国"三农"问题一直未被解决,而农村公共产品的供给是解决"三农"问题的重要起点。因此,学者们

---

[1] 保罗·A.萨缪尔森,威廉·D.诺德豪斯:《经济学》,第12版,北京,中国发展出版社,1992:147。

[2] [美]詹姆斯·M.布坎南,[美]里查德·A.马斯格雷夫:《公共财政与公共选择两种截然对立的国家观》,北京,中国财政经济出版社,2000:22。

[3] 林俊荣:《全国统筹分县区类别保障:农民工养老保险关系转入障碍的消除——基于俱乐部经济理论的分析》,人口与发展,2007(3):56-60。

[4] [美]曼瑟尔·奥尔森:《集体行动的逻辑》,陈郁,郭宇峰,李宗新译,上海,上海格致出版社,2014。

对中国农村公共产品的研究越来越多。他们主要从农村公共产品受益范围和特殊性等方面来界定农村公共产品的内涵，具有代表性的观点有：李秉龙从不同的地域角度来论述，他认为农村公共产品与城市公共产品是相对应的概念范畴❶。金峰峰则从产业的角度来阐述农村公共产品的独特性，他认为农业的独特性决定了农村公共产品的特殊性❷。刘小峰充分借鉴了公共产品的内涵，从公共产品的共性中推导出农村公共产品的特殊性，进而得出农村公共产品的内涵。他认为农村公共产品是指为了满足农村"三农"发展的公共需要而生产的某些非排他性和非竞争性的社会产品❸。上述学者的观点为我们准确理解和把握农村公共产品的内涵提供了思考角度。

要科学准确地把握农村公共产品的内涵，可以从以下四个维度入手：一是农村公共产品具备公共产品的非竞争性、非排他性、效用不可分割性及公益性等特征，它属于公共产品。二是农村公共产品是与城镇公共产品相对应的一个概念，它是指在农村地域范围之内的公共产品。农村与城镇的概念是相对应的，主要是从事农业生产和农业人口聚集的地方。农村具有独特的自然景观和社会经济条件，因此与城镇公共产品相比，农村公共产品具有自身鲜明的特色。三是农村公共产品供给对于解决"三农"问题以及增强农业发展内生动力都具有重要作用，因此对农村公共产品供给的研究是属于农村经济研究的重要领域。四是农村公共产品有公益的属性，它从解决"三农"问题出发，以满足农村公共需要为目标，目的是维护农民的共同利益。由此，农村公共产品的内涵可以概括为：在农村，为了满足农村发展的公共需要和维护农民的公共利益，需要发展具有非竞争性和非排他性特点的社会产品和服务，这对促进农业发展、农民富裕和农村进步有着举足轻重的意义。

要正确认识农村公共产品的内涵，就必须正确认识农村公共产品与城镇公共产品之间的相同点和不同之处，以及农村公共产品与农村私人产品之间的联系与区别。根据不同的地域属性，公共产品可以分为农村公共产品和城镇公共产品。农村公共产品是指在农村区域内服务于农村经济发展和农民生产生活的公共产品；城镇公共产品是位于城镇区域内，为城镇经济发展和市民生产生活服务的公共产品。根据农村地区产品和服务是否具有竞争性和排他性，可以把社会产品划分为农村公共产品和农村私人产品。

具有一定非竞争性和非排他性的产品和服务归于农村公共产品，具有完全竞争性和排他性的产品和服务则归于农村私人产品。农村公共产品与农村私人产品的区分不是完全绝对的，农村产品和服务在农村公共产品和私人产品之间是连续分布的，并且

---

❶ 李秉龙，张立承，曹暕：《中国贫困地区县乡财政不平衡对农村公共物品供给影响程度研究》，中国农村观察，2003（1）：9。

❷ 金峰峰：《从农产品及农业的特殊性看财政支农支出范围》，当代财经，2000（8）：4。

❸ 刘小锋：《基于农户视角的农村公共产品需求研究——以福建省为例》，浙江大学管理学院，2009：28。

农村公共产品与农村私人产品的区分不是不变的,而是一直变化着的。随着科学技术的进步和公共产品理论的完善,一些农村公共产品可以逐步消除非竞争性和非排他性,逐渐向着农村私人产品转化。

(二)农村公共产品的特征

1. 多层次性

我国农村地域辽阔,而且发展极不平衡,再加上农村的边缘性和农业的分散性,造成了我国农村公共产品的多层次性。一方面,我国农村地域面积广阔,发展不平衡,使农民收入水平和科学文化水平多层次,这就形成了不同农村地区对公共产品需求不同。经济发展相对落后的农村地区对于基础设施的需求比较迫切;已经脱贫和正在迈向全面小康的农村地区,对农村公共产品需求出现升级,农村基础设施等"硬件"需求基本上已经得到满足,农村公共产品的需求开始向基础教育、公共医疗和社会保障等农村基本公共服务转变;全面建成小康社会的农村地区则更多注重文化娱乐与自身价值实现等高层次的公共产品。另一方面,不同农村公共产品供给的影响覆盖面不同,使农村公共产品具有多层次性。虽然全国性农村公共产品和地方性农村公共产品供给都对农村生产和生活产生了重大影响,但是农村的边缘性和农业的分散性造成的这种影响是多层次的。一些农村公共产品仅限于局部地区和乡镇,影响不到全国。

2. 强外溢性

农村公共产品强外溢性具体体现在它有比较强的正外部性,这对推动经济社会健康发展具有积极作用。农村公共产品有效供给不只是推动了农村经济的快速发展和农民生活水平的提高,还对扩大国内需求、增强国民经济发展内生动力发挥着极其重要的作用。例如,农田水利和农村道路等农村基础设施的建设和完善,可以大大改善农业生产条件,促进农业发展、农村进步和农民富裕,还会扩大国内需求,增强经济发展内生动力。同时,农村生态环境优化和大型水利工程的建设,不仅对于农村地区环境保护和农业生产发展起着重要意义,而且还会涉及全国其他地区。由于农村公共产品的强外溢性,供给主体不应该局限于农村地区,而应动员全社会进行供给。

3. 低效性

从供给效率和经济效益上来看,农村公共产品供给效率低于其他公共产品的供给效率。我国农村地域广阔,农业生产和农民居住较为分散,导致农村公共产品供给缺乏规模效益,效率低下。城镇公共产品供给与农村公共产品供给相比,人口居住相对集中,城市公共产品供给的回报率要远远高于农村公共产品供给的回报率。例如,与城镇公共产品供给相比,农村电力、通信网络等基础设施投入大,但利用率低,导致农村公共产品供给效率低。由于农村公共产品具有强外溢性和高依赖性,农村公共产品供给对解决"三农"问题和促进整个国民经济健康发展具有重要作用，但是农村公共产品供给效率低下。因此，加强和改善农村公共产品供给显得尤为迫切。

4. 高依赖性

由于农业生产的特殊性和高风险性，再加上我国农业生产的分散性，使得我国农业是弱质产业的产物，这进一步导致了农业生产对农村公共产品的高依赖性。例如，农田水利建设、农业科技推广和农村道路等公共产品的供给情况，将直接影响农业发展水平和农民生活水平。社会主义市场经济的不断完善，使得农村经济市场化程度越来越高，对农村公共产品的依赖性也逐步提升。"三农"发展对农村公共产品的高依赖性，说明了农村公共产品在整个农村经济中发挥着举足轻重的作用，同样也说明了加强和改善农村公共产品的当务之急。

（三）农村公共产品的分类

对农村公共产品进行分类，可以更好地把握不同种类农村公共产品的异同，进而根据其不同的特点进行有效供给。农村公共产品可以按照以下几种不同的划分标准进行分类：

第一，根据农村公共产品非竞争性和非排他性的程度不同，可以分为农村纯公共产品和农村准公共产品。农村纯公共产品是指既具备完全非竞争性，又具备完全非排他性的特征，主要包括农村制度、农村公共管理、农村公共安全、农业科技基础研究、基础教育、行政服务、农技推广、生态保护、防灾减灾、公共卫生、社会保障、税费减免等。具有非竞争性且具有排他性的农村准公共产品，主要包括扶贫开发、社会救济、大江大河治理、耕地质量建设、医疗保健、农业生产资料补贴、粮食直补、人畜饮水等；具有非排他性且具有竞争性的农村准公共产品，主要包括农业保险、农村能源、电力、通信、职业培训与教育等。

第二，按照受益范围大小不同，可以将农村公共产品分为全国性农村公共产品和地方性农村公共产品。全国性农村公共产品主要指受益的区域广，影响面积大，它的影响可以遍布全国的农村公共产品，如农村基本制度、农村环境保护和大型水利工程等；地方性公共产品是指受益范围小，而且仅限于某个区域，如农田整治和农村道路等。

第三，根据受益对象的不同，可分为促进农村经济发展的公共产品（如农业水利）、促进农村社会进步的公共产品（如农村基本制度）、促进农村生态改善的公共产品（如农村环境保护）和促进农民福利水平提高的公共产品（如农村基本医疗）。

第四，根据表现形式的不同，可以将农村公共产品划分为有形公共产品（主要指农村公共基础设施）和无形公共产品（主要指农村基本公共服务）。有形公共产品主要包括农村通信网络基础设施、农村道路、农田水利工程等，无形公共产品主要包括农村公共医疗、社会保障、农村教育等。

总之，农村公共产品外延是非常广泛的，并且内容复杂多样。从广义上讲，农村基本经济制度、农村户籍制度、农村乡镇政权、乡村基层自治组织等都是广义农村公共产品的范畴。

本书不能把所有农村公共产品都作为研究对象。因此，本研究对农村公共产品的研究从狭义的角度进行界定，它是指依托农村形成的，对促进农业和农村发展以及改善农民生产生活有着重要意义的农村基础设施和基本公共服务。农村公共基础设施主要包括农村公共水利设施、公共交通设施、能源基础设施、通信基础设施和生态保护基础设施等，农村基本公共服务主要包括农村公共文化、科技推广、基础教育、公共医疗、公共卫生和基本社会保障等。

二、农村公共产品供给的理论维度

推动农村公共产品供给的完善是一个繁杂的系统工程，它涉及经济社会生活的方方面面。本书建立的农村公共产品供给理论维度模型是从需求分析、资源配置、多元博弈和效率评价等四个维度来对农村公共产品供给进行的研究和理论分析。

（一）理论维度模型的依据

农村公共产品供给的理论维度模型内容选择是坚持目标导向和问题导向相一致，即不断解决农村公共产品供给过程中的问题，最终达到广大农民日益增长的对美好生活向往需要的目标。

1. 对农村公共产品供给进行需求分析的依据

由经济学的基本理论可知，需求决定供给，供给满足需求。习近平曾指出，供给和需求是市场经济内在关系的两个基本方面，是既对立又统一的辩证关系。没有需求，供给就无从实现，新的需求可以催生新的供给；没有供给，需求就无法满足，新的供给可以创造新的需求。因此，没有农村公共产品需求，就无法实现农村公共产品的供给。对农村公共产品供给的研究只能从需求分析着手。同时，从问题定位出发，供给结构问题是我国农村公共产品供给过程中的突出问题，其具体表现为农村公共产品供求失衡，就是说农民急需的公共产品供给不足，而供给主体所提供的不是广大农民急需的公共产品。

因此，要改善农村公共产品供给，就要从满足农村公共产品的需求出发，从需求方面对农村公共产品供给进行研究，这是实现供需均衡的前提条件。

2. 对农村公共产品供给进行资源配置分析的依据

要满足农村公共产品需求，必须将资源投入供给和生产，采用什么样的资源配置方式能达到资源利用效率最大化就成为农村公共产品供给过程中必须解决的问题，因此就产生了怎么处理好政府机制、市场机制和社会机制的问题。

在我国农村公共产品供给的过程中，资源的分配形式是单一的，主要基于政府机制，市场机制和社会机制发挥的作用非常有限，这不利于实现农村公共产品供给过程中的资源有效配置。因此，通过对农村公共产品供给的资源配置分析，构建政府机制、市场机制和社会机制三方合作资源配置方式，则对于提高农村公共产品供给的资源配置效率具有重要作用。

3. 对农村公共产品供给进行多元博弈分析的依据

由于农村公共产品供给主体多元化、需求异质性以及多中心理论发展等，农村公共产品供给形成多元利益主体。不同的利益主体都是为了追求自身利益的最大化，造成了不同的行动策略，这些行动策略相互影响，共同在农村公共产品供给过程发挥作用，从而形成多元博弈。

在农村公共产品供给过程中，不同主体的博弈行为都会给农村公共产品有效供给带来显著的影响，而每个博弈主体由于博弈理念、信息、规则和机制等方面存在的问题，会产生零和博弈和非合作博弈，进而对实现农村公共产品有效供给造成不利影响。因此，有必要对农村公共产品供给过程中各个博弈主体的行为进行分析，从而促进各方实现非零和博弈和合作博弈的状态，达到共赢的目的。

4. 对农村公共产品供给进行效率评价分析的依据

农村公共产品供给的目标是满足广大农民日益增长的对美好生活向往的需要。要实现这个目标，不仅要提高对农村公共产品的投入，还要提高农村公共产品投入效率和农村公共产品供给效率。

对农村公共产品供给进行效率评价是对需求满足、资源配置和多元博弈等情况综合判定的需要。从问题源头出发，我国面临的重大难题之一就是农村公共产品供给效率低下，这也是公共经济学中的重大理论问题。因此，不仅要对农村公共产品供给进行有效率的研究和评价，还要正确处理好公平与效率两者之间的关系，这样才能实现农村公共产品的有效供给。

（二）理论维度模型的内容

完善对农村公共产品供给的研究要从问题导向和目标导向出发，需要构建一个全新的理论维度模型。

它主要包括需求分析、资源配置、多元博弈及效率评价四个方面的内容，如图3-1所示。

需求分析是实现农村公共产品有效供给的逻辑起点，资源配置和多元博弈是实现农村公共产品有效供给的重要抓手，效率评价是农村公共产品有效供给的衡量标准，这四个维度共同作用于农村公共产品供给。

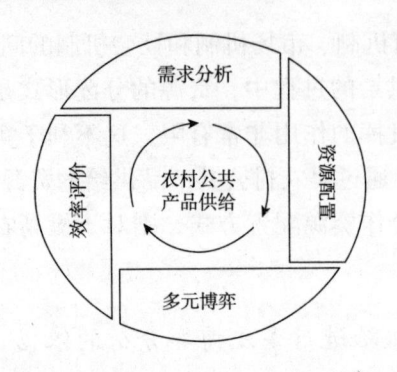

图 3-1　农村公共产品供给理论维度模型

1. 需求分析

供给与需求之间的动态平衡是经济运行的基本内容[1]。了解农村公共产品需求种类、数量和结构等问题是实现农村公共产品有效供给必须的首要问题。其原因在于农村公共产品需求的种类、数量和结构决定农村公共产品供给的种类、数量和结构。农村公共产品供给与需求的匹配情况会直接影响农村公共产品的供给的效率，进而影响农村公共产品的有效供给。影响农村公共产品需求的因素有很多，而最基本的影响因素是农村经济发展水平和农民收入水平。农村的公共产品成本分摊、农村社会特征及消费意愿等也是影响农村公共产品需求的重要因素。在农村公共产品供给中，面临最大的困难就是需求信息匮乏，导致供需与供需信息不对称，进而造成农村公共产品供需失衡。

2. 资源配置

从人类无限的欲望说起，不管资源有多么丰富，都存在稀缺性。资源的稀缺性是一切经济问题产生的根源，农村公共产品供给中就存在资源稀缺性问题。怎样提高农村公共产品供给的资源配置效率是具有重大理论意义的命题，也是具有重大现实意义的命题。在农村公共产品供给过程中有三种资源配置方式，主要包括政府机制、市场机制和社会机制。政府机制即通过政府强制力来规范社会主体行为，调节社会主体关系，配置社会资源的一种机制；市场机制就是通过竞争机制和价格机制来调节市场供求关系和调节市场主体行为，进而达到资源配置目的的资源配置方式；社会机制是资源配置的第三层次，它的资源配置的有效性主要表现在自己愿意提供的基础上，可以有选择地为少数有特殊需要的农民提供某些农村公共产品。与市场机制追求利益最大化相比，社会机制非营利性的特点比较明显；与政府机制的强制性相比，社会机制更注重自愿性。在农村公共产品供给的实践过程中，资源配置的单一性会导致政府失

---

[1] 洪银兴：《新编社会主义政治经济学教程》，北京，人民出版社，2018。

效、市场失效和社会失效等,所以建立一个"政府有为、市场有位、社会有效"三方合作的资源配置机制显得尤为重要。

3. 多元博弈

在利益主体比较多的情况下,博弈方会根据从其他博弈方行动中获得的信息,从而做出对自己最有利的举动。但由于博弈各方信息不对称等,博弈结果往往会形成一种冲突状态。在农村公共产品供给过程中存在多重利益主体,这些利益主体会根据外部环境、成本—收益、获得信息及对方行动,经过不断竞争、协调和合作,形成不同的博弈行为,产生多对博弈关系。在这些关系中最重要的博弈关系是中央政府与地方政府的博弈、政府与农民的博弈和农民与农民的博弈。在上述几对博弈关系中,每个利益主体都以实现自身利益最大化为目标进行理性决策,导致博弈行为的非合作性,进而出现个人的理性决策,而决策结果的非理性使得农村公共产品供给效率低下。加强博弈分析和实现多方博弈共赢是实现农村公共产品有效供给的重要因素。

4. 效率评价

经济社会发展实现可持续发展首先要解决的两个重要问题就是公平和效率,社会主义市场经济的运行需要兼顾公平与效率。因此,正确处理好公平与效率的关系是实现农村公共产品有效供给的关键。我们要建立一个包括投入产出、需求供给、效果目标为内容的效率评价体系。从投入产出来看,农村公共产品供给效率是指以最低的投入或充分利用现有资源而实现的农村公共产品供给最大化;从需求供给来看,农村公共产品供给效率就是农村公共产品需求与供给之间的对比关系,即衡量农村公共产品需求的满足程度;从效果目标来看,农村公共供给效率即以农村公共产品供给效率与供给目标之间的对比关系。同时,在农村公共产品供给过程中不仅要处理好公平与效率的关系,还要做到坚持"公平优先,兼顾效率"。

(三)理论维度模型的特征

农村公共产品理论维度模型是以满足广大农民日益增长的对美好生活向往的需要为目标,以解决农村公共产品供给中存在的问题为导向建立起来的,具有系统性、实践性和开放性等特点。

1. 系统性

农村公共产品理论维度模型具有系统性,主要表现在以下两个方面:一方面是农村公共产品理论维度模型的逻辑起点、构成内容和最终目标是一个系统的有机整体。逻辑起点是农村公共产品中存在的问题,是选择构成内容的主要依据;最终目的是实现广大农民对美好生活的向往,也是选择组成内容的重要标准和构成农村公共产品理论维度模型的出发点和落脚点。另一方面是理论维度模型的需求分析、资源配置、多元博弈和效率评价等构成内容是一个统一的有机整体。农村公共产品供给的出发点是需求分析，农村公共产品供给的两个重要抓手是资源配置和多元博弈，而效率评价是农村公共产品供给的判断标准。

2. 实践性

农村公共产品理论维度模型具有实践性特点，它主要表现在理论维度模型来源于实践，并服务于实践。理论维度模型来源于实践主要是指该模型来自农村公共产品供给的实践过程，这是对农村公共产品实践经验的总结提升和理论的升华；理论维度模型服务于实践，主要是指该理论维度模型具有实践导向，能够推动和指导实践的发展，对于加强和改善农村公共产品供给具有重要的理论指导意义，进而可以实现农村公共产品有效供给。

3. 开放性

农村公共产品理论维度模型具有开放性的特点，即该模型可以根据经济社会发展的情况和农村公共产品供给所面临的问题进行调整变化，将关于农村公共产品供给的重大命题加入模型中，成为构成内容。

正是因为理论维度模型的开放性，所以可以不断地修正构成的内容，进而推动理论维度模型与时俱进、不断丰富和发展。

三、农村公共产品供给的基本原则

（一）满足农村基本公共需要

农村公共产品供给要坚持以人民为中心的发展理念，满足农民最基本的公共需要。习近平曾指出："人民对美好生活的向往，就是我们的奋斗目标。"农村公共产品供给要以满足广大农民的基本公共需要为目标，以广大农民的基本需要为出发点，把实现好、发展好、维护好和落实好广大农民的利益作为出发点和落脚点，不断加强和改善农村公共产品的供给。我国农村人口相对较多，农业发展相比之下极其滞后，农村公共产品供给方面存在很大短板。同时，随着社会经济的快速发展和农民生活水平的不断提高，农民对农村公共产品供给的需求也越来越高。这就要求相关部门在保障农村基本公共服务的过程中，既要统筹兼顾，又要突出重点：一方面要统筹兼顾，按照"广覆盖、保基本"的原则不断改善农业生产条件，不断提高农民生活水平和不断优化农村的生态环境，从而满足广大农民的基本公共需求；另一方面要突出重点，按照"多层次、保重点"的原则，把重心放在着力解决农民最关心、最紧迫的问题上，防止"胡子眉毛一把抓"的情况发生，优先保障最重要的农村公共产品供给，满足广大农民的迫切需求。

（二）处理好政府与市场关系

怎么处理好政府和市场的关系是经济学研究的一个重大命题。要努力实现农村公共产品供给中社会资源的有效配置，就要正确处理好政府和市场的关系。随着我国社会主义市场经济体制的不断完善和发展，政府与市场关系的处理取得了重大成就。但在农村公共产品供给方面依然存在市场机制发挥不充分，政府越位、缺位和错位的现象。因此，要完善农村公共产品供给就必须处理好政府与市场关系这一重要问题，不仅要合理地划分好政府与市场的边界，还要积极转变政府职能，建立起公共财政制度和充分发挥市场在农村公共产品供给中的积极作用，提高供给效率。在农村公共产品供给的过程中，政府机制和市场机制要共同发挥各自的作用，紧密配合、相互协调、互相补位；农村纯公共产品，则完全属于政府供给的职权范围内，政府应积极发挥自身作用全力供给；对于农村准公共产品，要合理地划分市场与政府的边界，充分调动政府和市场二者的积极性；就农村私人产品而言，则应完全交给市场去供给。

（三）处理好公平与效率关系

不同学者对公平有不同的解释，福利经济学学者认为的公平是社会所有成员总效用最大化；罗尔斯主义公平观认为，最公平的配置是处于不利地位的人效用的最大化；市场主导公平观认为，竞争性的市场结果就是最公平的。广义地说，公平主要包括以下几个方面：权利公平、机会公平、过程公平和结果公平等，也就是指有关经济活动权利、机会、过程和结果等方面的公正性，其中人们最关注的就是分配的公平性。效率可以定义为在资源和技术既定的条件下尽可能地去满足人们的需要。在经济学中，效率定义公认的就是帕累托效率，即一种资源的重新配置，它不会让一个人的效益增加，也不会让另一个人的效益减少。帕累托效率是在完全竞争市场中产生的，而农村公共产品供给是非完全竞争市场，"卡尔多－希克斯"的效率标准更符合农村公共产品供给效率的调查，也就是说，资源重新在社会上配置的过程中，只要增加利益就可以弥补同一资源在配置过程中所受到损失的人的利益，那么这种资源配置就是有效率的。

农村公共产品供给要兼顾公平和效率。我们要坚持公平，维护广大农民的基本公共利益，确保农民享有基本平等的公共产品。同时，我们应兼顾到效率，积极推动农村公共产品供给和需求之间的平衡；应努力提高农村公共产品资金的使用效率，以最低的成本提供尽可能多的回报来满足广大农民所需要的公共产品。

（四）适应农村经济社会发展

生产关系要适应一定水平的生产力发展，农村公共产品供给要与相对应的农村经济社会文化发展水平相适应。首先，农村公共产品要和农村的经济发展水平相适应。随着经济社会的发展，广大人民对农村公共产品需求的种类和数量发生了很大变化，因此农村公共产品的供给种类和数量也会随之改变。马克思曾深刻地指出:"随着经济基础的变更,全部庞大的上层建筑也或快或慢地发生变革。"农村公共产品的供给适应经济基础的发展,超越或者滞后于经济社会发展水平的农村公共产品供给,这些都不利于农民生活水平提高和经济快速发展。其次,农村公共产品的供给适应农业生产的特点。我国农业生产的显著特点是规模化程度相对较低,抵御自然风险和市场风险的能力不强,农业方面的科技手段运用和推广也相对滞后等,这就要求农村公共产品供给在促进农业规模化经营、提高农业抗风险能力、促进农业科技运用和推广等方面做出积极贡献。最后,农村公共产品的供给要适应农村文化的特点。农村文化是影响农村公共产品供给的重要因素,它将对农村公共产品供给产生重大影响。"不同的文化影响了不同国家的价值取向,从而形成对公共产品不同的供应原则。"我国农民自古骨子里就有"不患寡而患不均"的思想,这就告诉我们在农村公共产品供给方面要更加注重公平;我国农民还具有"精打细算"的思想,这让我们在农村公共产品供给过程中还要多加关注成本方面的问题,控制及预防"搭便车"的现象出现;我国农民是在"有问题找政府"的思想灌输下生活的,这说明政府在农村公共产品供给中发挥着极大作用;我国农民还被友好的邻里互助思想所熏陶,这就说明在农村公共产品供给中社会机制起着主要作用。

第二节 农村公共产品供给的需求分析

一、农村公共产品需求的全面分析

(一)农村公共产品需求的内涵

需要和需求是经济学研究的两个范畴,两者存在差异。通常情况下,需要就是人对某种东西的要求,这便需要一定的资源来保障。满足了一种层次的需要之后,更高层次的需要就会产生。马斯洛在需要层次理论中提到,生理需要、安全需要、情感需要、受尊重需要、自我实现需要是五种人类的需要。长远地看,由于人欲望的无限性,人类的需要也是永无止境的,而由于社会资源的有限性,资源的稀缺问题便会由此产生。在社会资源有限性的制约下,要想最大限度地满足人的需要,就必须对各种产品做出选择,这就是需求的概念。需求的内涵是在一定的价格条件下,消费者愿意并能够购买的某种产品和服务的数量。由此可知,愿意购买和能够购买是构成需求的两大基本要素。"愿意购买"就是消费者对某商品的购买愿望,而"能够购买"就是指消费者对某商品的购买能力,即有能力为某种商品支付足够的货币。所以说,支付能力是需要和需求的最大区别,需要是指人们的欲望需要得到满足,而需求则仅仅包括一定的价格水平下有支付能力的需要。

从产品需求中,我们可以得到农村公共产品需求的定义,即在一定的价格水平之下,每个社会主体都有能力支付农村公共产品部分的需要。农村公共产品需求的定义是农村私人产品需求的一个重要方面。农村地区私人产品的消费取决于农民自己的劳动收入或其他收入所产生的支付能力,这种支付能力的特点是灵活性和分散性,可以通过市场机制有效分配。不同于农村私人产品的需求,农村公共产品的特殊性意味着其支付能力不仅限于农民,还包括政府、企业和社会组织等其他行为者,他们主要通过社会(集体)消费基金提供农村公共产品。尽管农村公共产品的需求来源和支付能力是多元化的,但农村公共产品的最终消费行为是由特定农村区域的农民实现的。

我们要从以下三个方面去理解农村公共产品需求的内涵:①农村公共产品需求是具体的现实的需求,而非抽象的需求;②农村公共产品需求不是由简单的个人需求叠加起来的,也不是所有人的一致需求,而是作为一个整体共同的需求;③农村公共产品需求是许多人的共同需求,即对农村公共产品的需求不是少数人的需求,也不是全体人民的需求,而是特定区域里大多数人的需求。

(二)农村公共产品需求的特征

农村公共产品需求特征主要包括异质性、重叠性和动态性。

1. 异质性

农村公共产品需求的异质性,主要是指农民因自身条件和外部环境的影响,导致大量农民对乡村公共品的需求存在差异。农村公共产品的供给主体是一个多层次的体系,其供给模式的构建应当遵循公平性、合理性及科学性的原则。从农民自身情况来看,农民的消费意愿、收入水平、生产经营范围、文化水平、生产生活意愿存在差异,会导致农村公共产品需求存在差异。从外部环境看,经济发展水平的不同、消费环境的不同、配套政策的不同,都会影响农民对农村公共产品的需求,导致农民对农村公共产品的需求存在较大差异,从而形成需求的异质性。

2. 重叠性

尽管农村公共产品的需求存在很大差异,且存在明显异质性,但大多数农村公共产品消费者对大多数农村公共产品的需求仍然是相同的,即对部分农村公共产品的需求存在重叠。这种重叠性,既包括对农村公共产品的一般需求,也包括特殊需求。例如,农村公共医疗和生态环境的需求相互重叠。农村公共产品需求的重叠性使得整合农村公共产品需求成为可能,这也是农村公共产品需求理论研究的前提。

3. 动态性

动态性体现在以下两个方面：

第一，农村公共产品需求的增加有收入效应。根据赫向和白德的研究，公共反出具有收入弹性。农民存在着公共产品消费的极强的弹性，农民对公共产品消费的弹性远高于对基本生活消费的支出。随着农民生活水平的不断提高，农民对公共产品的需求量会不断增加，需求层次也会大幅提高。

第二，农民经营结构的变化导致公共需求相应也发生变化。如黑龙江省提出的"农转牧"战略，在实现农业经营结构转型中，对农村公共产品需求必然实现从与种植业相关的公共产品向畜禽防疫等与牧业相配套的公共产品转移。

（三）农村公共产品需求的影响因素

影响农村公共产品需求的因素有经济、政治、社会、文化和生态等方面。其中，经济因素对于农村公共产品需求有着重大影响。一般来说，影响农村经济发展水平和农民收入水平的最重要、最关键的因素，是农村公共产品的成本分担、农村社会特征和消费意愿，这也是影响农村公共产品需求的主要因素。

1. 经济发展水平

农村经济的发展水平是影响农村公共产品需求最深刻、最基本的因素，农村公共产品需求受农村经济的发展水平影响。马斯格雷夫指出，经济发展初期对道路交通等基础设施需求量很大。在农村经济发展水平较低的情况下，农村居民对农村公共产品的需求水平相对较低，主要集中在保障农民基本生活和农业基本生产需要上，如道路交通、水电气设施、灌溉设施等。农村公共产品需求层次与农村经济发展水平间接反映出我国农村经济发展水平低于发达国家，农村公共产品供给不足。随着我国经济发展水平的提高，农村对公共产品的需求不断升级，对改善农村生活条件和生态环境保护的要求也越来越高，如环境卫生、社会保障、教育、医疗等。

2. 农民收入水平

随着农民收入的提高，农村公共产品的需求总量和结构也在发生变化，见表3-1。就农村公共产品的需求总量而言，根据经济学理论，收入与需求是成正比的，即收入水平越高，需求越大。农民收入水平的增加，将带动农民对农村公共产品的需求。随着农民收入水平的提高，农民个人消费产品的数量将进一步增加。例如，摩托车和汽车消费的增加将增加对道路交通的需求，计算机消费的增加将增加对网络通信基础设施的需求，洗衣机消费的增加将增加对自来水设施的需求。从农村公共产品需求结构上看，农村居民收入水平的提高，使得农村公共产品的消费结构发生变化。例如，农村居民收入水平越高，农村公共产品消费水平就会越高。同时，根据马斯洛的需求层次理论，随着人们基本生理需要的满足，人们的需求水平也越来越高。因此，虽然农村公共产品收入的需求弹性不如私人产品，但农民收入的增长仍将带动农村公共产品需求的升级。

表 3-1　不同收入水平的农民对农村公共产品需求的差异

不同收入水平的农民	比较关注的消费需求	配套的农村公共产品
较高收入	医疗保健、文教娱乐、食品安全、环境卫生等	文化设施建设、农村生态保护、公共卫生安全等
中等收入	交通通信、家庭设备、信息技术等	交通道路设施、电信网络设施、农技推广等
低等收入	生产投入、子女就学、居住条件等	农田水利、义务教育、危房改造等

3. 使用成本

因为农村公共产品是公益属性的，消费者有时不需要为农村公共产品的使用和消费直接付费。但是，为了提高农村公共产品的使用效率，农村公共产品的使用者有时仍然需要承担一定的费用。因此，农村公共产品的分摊成本是约束农村公共产品需求的重要因素。在市场经济条件下，农村公共产品成本包括生产成本、销售成本、运输成本和环境成本。农民作为"理性的人"，必须考虑到成本的影响，并在一定的成本约束下，决定自己的农村公共产品需求。在一定的农村公共产品的成本分担中，如果农民的成本负担过高，他们就会放弃对公共产品的要求，导致需求下降。

4. 农村社会特征

农村社会特征主要是指农村人口规模、受教育程度和年龄结构等因素将对农村公共产品需求产生的影响。首先，农村人口规模是决定公共产品供给成本的重要因素，成本的高低将直接影响农村公共产品的需求。在使用"拥挤"之前，人口越多，农村公共产品的供给成本就越低，需求就越大，供给的效率就越高。在使用"拥挤"之后，人口规模越小，农村公共产品供给的成本就越高，需求也就越小，供给也就不能有效地满足农村公共产品的需求。其次，农民的受教育程度会影响他们的综合素质，从而影响农村公共产品的供给。受过教育的农民普遍注重公共事业，能够从全局和长远的角度要求农村公共产品供给，注重农村文化、教育、环保等领域的农村公共产品供给。受教育程度低的农民注重农村公共产品供给，这直接关系到农村的生产生活。最后，年龄结构也将影响农村公共产品供给。年龄偏大的农民对公共服务等公共产品供给比较关注，而年龄偏小的农民对社会医疗卫生服务机构和医疗卫生机构等公共产品的需求较为迫切。年龄较低的农民更注重农村义务教育等公共产品的供给，年龄较高的农民更注重社会保障等公共产品的供给。

二、农村公共产品的供需均衡分析

均衡的概念最初主要应用于物理学领域,指的是力的平衡。在物理学中,均衡是指在一定条件下,物体之间的相互作用达到一种相对静止状态,物体的数量、质量等保持不变。后来,经济学家将物理学概念引入经济学,在经济学领域中得到了广泛的应用。在经济学中,均衡是指在一定的经济条件下,经济变量相互作用、相互制约,达到相对静止不变的状态。农村公共产品供需平衡,是指在一定经济条件下,农村公共产品需求的数量和类型能够基本满足,农村公共产品的供求关系相对平衡,并在一定时期内保持不变。

20世纪以来,经济学家运用微观经济学中的市场供需理论对公共产品的供需均衡进行分析,并取得了重要的成果,其中较为典型的模型有林达尔均衡模型、庇古均衡模型、萨缪尔森局部均衡模型和萨缪尔森一般均衡模型。萨缪尔森局部均衡模型的运用可以使我们更加清晰地了解农村公共产品供给存在的问题和矛盾之处在于这些经济模型都是以个体消费者为研究对象的。这些经济模型都是从消费者个人偏好出发,形成消费者对公共产品的需求整合,为我们研究农村公共产品的供给提供了重要的参考依据,即要满足农村公共产品的需求,实现农村公共产品的有效供给,就必须实现农村公共产品的供需均衡。借鉴萨缪尔森局部均衡模型,结合其他经济学家对农村公共产品供求关系的研究,我们可以构建农村公共产品供需均衡模型,如图3-2所示,进而有效地分析农村公共产品的供需平衡。

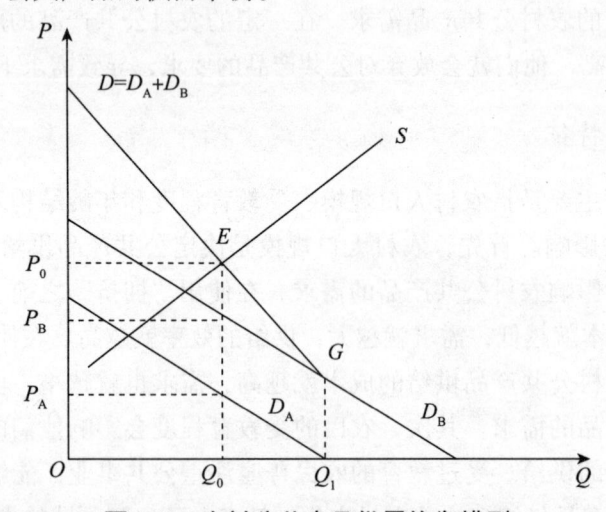

图 3-2 农村公共产品供需均衡模型

假设农村公共产品需求曲线为 D,是市场上每个农民对农村公共产品需求量的加总,D_A 线和 D_B 线代表着农民 A 和农民 B 对某一农村公共产品的需求曲线,即 $D = D_A + D_B$。D 线在 G 点会出现拐点,这是因为当供给量大于 Q_1 时,农民 A 将不愿支付任何价格来消费农村公共产品,市场上仅剩农民 B 一个消费者,因此在供应量大于

Q_1的情况下，$D = D_B$。

假设农村公共产品供给曲线为S，那么需求曲线与供给曲线相交的点E就是农村公共产品供需均衡的点，形成均衡量和均衡价格。其中，均衡量为Q_0，即所有消费者必须接受的农村公共产品消费的总量；均衡价格为P_0，即所有消费者愿意为农村公共产品供给支付的价格总和，即$Q_1 = P_A + P_B$。

在农村公共产品供需平衡的条件下，达到帕累托最优状态，即消费者为农村公共产品愿意支付的边际成本等于农村公共产品消费的边际效用。农村公共产品的需求者是完全理性的，农村公共产品的供给者是有限理性的。农村公共产品到达帕累托的最佳条件可归纳如下：

$$MSR = \Sigma MR = MSC$$

农村公共产品供需均衡模型为实现农村公共产品供需均衡提供了重要的理论参考，为提高农村公共产品的供给效率提供了重要的理论依据。农村公共产品供需均衡模型的基础是农村公共产品需求曲线，即农村公共产品需求函数，它表示农村公共产品的供给与农村公共产品需求之间的关系。但在农村公共产品供需均衡模型中，公共产品需求曲线D在现实生活中不易获得，因此被萨缪尔森称为"虚假的需求曲线"，这是因为农民往往掩盖了农村公共产品需求的数量和类型等因素，无法形成农村公共产品供需均衡曲线。

三、农村公共产品供给需求信息缺失

（一）需求信息缺失导致信息不对称现象

信息是经济学中的重要概念，是分析经济现象和行为的有效工具。因此，在经济学中引入信息不对称理论对信息不对称现象进行分析。然而，在经济生活中，每个人掌握的信息既不平等，也不充分，这种现象影响着人们的经济决策。

信息不对称理论产生于20世纪70年代，并得到了越来越广泛的应用。它主要表明，在信息不匹配的情况下，交易双方的经济行为将对经济效率产生影响，信息不对称是指交易的一方比另一方拥有更多的信息。例如，在商品交换市场上，卖方比买方拥有更多的关于商品质量、商品价格和商品属性的信息。在劳动力市场，劳动者比雇主更了解健康情况、科学和文化水平以及对工作强度的适应能力；在保险市场上，由于信息不对称，承保方也会慢慢退出保险市场，即使是一流客户的成本负担增加。在金融市场，借款方比贷款人更了解自己的经营状况、还款能力和发展前景。由于市场交易中的信息不对称，往往会出现所谓的"逆向选择""道德风险"等。例如，保险行业通常有优质客户（风险相对较低的客户）和一般客户（风险相对较高的客户），由于信息不对称，承保方无法准确区分优质客户和一般客户，只能根据市场平均风险确定保费率，这增加了优质客户的成本负担，客观上造成了优质客户的不公平。客户购买保险后，由于有保险作为后盾，客户可能会改变自己的行为习惯，从事相对高风险的行为，增加自己的风险，进而导致承保人失去兴趣，这就是所谓的"道德风险"。"逆向选择""道德风险"等会扭曲市场交易行为，导致市场失衡，影响经济效率和社会福利提高。

自20世纪80年代以来，信息不对称理论被应用于公共经济学，并被用于分析公共产品问题。农村公共产品需求信息的缺乏会导致信息不对称现象产生。农村公共产品供需信息不对称，主要是指农村公共产品的供需不匹配。农村公共产品需求方知道自己的需求信息，而供给方没有充分掌握这些信息，或者获取这些信息的成本太高，导致农村公共产品供需信息不对称。在信息不对称的情况下，农村公共产品的供需关系无法达到均衡状态。需求信息缺失导致了农村公共产品供给的低效率。农村公共产品要实现有效供给，必须解决需求信息不足的问题，消除信息不对称。

（二）农村公共产品需求信息缺失的原因

1. 农村公共产品非排他性和消费共同性造成需求信息缺失

农村公共产品具有非排他性和消费共同性两个特有属性，是造成需求信息缺乏的重要原因之一。

非排他性主要是指有益的非排他性，即技术上不可能将无报酬的消费者排除在消费范围之外，但在经济上是不可行的。农村公共产品的非排他性导致消费者购买农村公共产品，并不排除不付费的人受益农村公共产品。例如，农业气象服务的非排他性并不排除不付费的消费者享受公共产品或一个消费者获得公共产品的高昂成本。消费共同性是指一个消费者不能排斥另一个消费者消费一种产品，主要是指具有消费的共同性，即农村公共产品消费者可以享受农村公共产品，并且消费的数量和质量不变。农村公共产品消费共同性主要是指农村全体成员共同消费或共同消费的特征，不能分割和归属于单个消费者，不能明确划分每个消费者的消费。也就是说，一个以上的人可以分享同样的农村公共产品并消费同样的数量和质量。

由于农村公共产品具有非排他性和消费共同性，导致农村公共产品的需求方对农村公共产品的消费没有选择权，农村公共产品的消费、使用和支付不能分割。如果人们可以在不花钱的情况下消费某种产品，他们就会尽一切可能"保持沉默"，并期待其他人承担该产品的成本。

如果某种产品的供给方能够及时了解到消费者的需求，就会提高该产品的供给效率。反之则会降低供给效率。简而言之，农村公共产品的非排他性和消费共同性会导致供求信息不对称，从而导致农村公共产品的供需矛盾。

2. 农村公共产品需求异质性造成农村公共产品需求信息缺失

（1）农民职业差异造成需求信息表达和整合困难，引起需求信息缺失。

虽然大多数农村人口从事农业生产，但在农业生产中，农民之间在农业、林业、畜牧、副业和渔业等各种专门领域也有专门的分工。同时，随着农民流动性的增加，进城务工的农民越来越多，从事的行业也越来越多元化。农村公共产品需求的多样性决定了农村共同富裕目标，使得农民从事职业的多样性更加明显。农民职业的异质性决定了农民对农村公共产品的需求。例如，从事种植业的农民更注重农村农田水利等农村公共产品，从事运输行业的农民更注重道路交通等基础设施，外出务工的农民更注重农村社会保障等农村公共产品。

（2）农民收入差异造成需求信息表达和整合困难，引起需求信息缺失。

如果大多数农民温饱问题还没解决，农民对于农村公共产品需求会主要集中在解决温饱的公共产品上，如生产性公共产品，而有关农民发展和权益保障等方面的公共产品需求相对较少。随着农民收入水平差距的扩大，农村公共产品需求会出现分化，呈现多元化趋势。例如，收入较高的农民倾向于如何提升生活品质，对文教卫生、交通通信等农村公共产品需求较多；而中低收入的农民更倾向于提高收入水平、改善生产条件，对农村生产性基础设施建设、农业技术普及与推广等需求较多。

（3）农民教育差异造成需求信息表达和整合困难，引起需求信息缺失。

改革开放后，农民受到职业、收入等因素的影响，受教育程度开始分化，导致农村对公共产品的需求不同。

文化程度较高的农民倾向于选择农业科技、农村生态环境、大型水利设施等有长期效益的农村公共产品，受教育程度较低的农民倾向于选择交通道路、农田水利等可以直接受益的农村公共产品。

（4）农村地域差异造成需求信息表达和整合困难，引起需求信息缺失。

我国地域辽阔，不同地区的农村区位差距较大，有的在东部发达地区，有的在中西部经济比较落后的地区；有的位于自然地理条件相对较好的平原地区，有的位于自然地理条件相对较差的地区；有的位于商贸发达的城镇边缘，有的则远离以农业生产为主的城镇。

因此，对农村公共产品需求的关注点也存在一定的差异。例如，距离城镇较近、贸易较发达区域的农民更加注重交通、通信等基础设施需求，距离城镇较远地域的农民更加注重农业生产基础设施、农业科技普及和推广等农村公共产品需求。

（5）农村发展阶段差异造成需求信息表达和整合困难，引起需求信息缺失。

农村公共产品需求有异质性，具体表现在农村公共产品需求将随农村经济社会发展而发生变化。由于党和政府不断增加对农村基础设施建设（如农田水利、道路等）的投资，并且已经取得了比较大的成效，这方面的供给现在基本上可以满足农民需求。然而，由于我国农业的特殊性、高风险和弱质性，对农村基础设施的依赖程度较高，对农村基础设施的需求将长期存在。同时，随着农村生产和生活水平的不断提高，农村地区的基本公共服务需求将继续增加。例如，农民对农村医疗、教育和农业科技的需求将继续增加。

3. 农村公共产品需求表达不完善造成需求信息缺失

农村公共产品诉求表达机制存在一事一议制度、村级"民主集中制"、农民精英表达、上级政府调查研究等问题。一是对农村公共产品的概念和特性没有准确把握，二是缺乏科学的分析方法，三是忽视了农村公共产品需求表达的意义所在。这主要体现在以下三个方面：

（1）农民作为农村公共产品的主要需求主体，缺乏表达需求的意愿和能力。

为了准确表达农村地区对公共产品的需求，农民必须充分表达自己的意愿。农民作为"理性人"，会有"搭便车"的心理和行为，有农村公共产品需求的动机，但是没有表达真实需求的动机。因为个人所谓的"理性"决策，会导致集体决策的不合理，使农村公共产品需求表现出扭曲。同时，由于农民的科学文化水平较低，行使民主权利的能力亟待加强，农民对公共产品的需求很难准确表达，导致需求信息缺乏。

（2）农民组织化水平低，导致农村公共产品的需求表达不足。

村委会公共服务职能弱化以及反映和汇总社情民意的功能弱化，导致农村公共产品需求的整合不足，不利于需求表达；农村社区组织的发展滞后，造成农村公共产品供给的结构性矛盾；农业合作化组织发展缓慢，难以更好地维护农民利益；农民组织化水平低，使农民在需求表达上处于弱势，影响了农民需求信息的表达和整合。

（3）乡镇政府职能"缺位""错位"导致农村公共产品需求表达失效。

从主观上看，由于"官本位"的影响，乡镇政府在农村公共产品供给中不能坚持"以人为本"的发展理念，热衷于所谓的"政绩工程"和面子工程，忽视了农民的实际需求，忽视了反映农民需要的农村公共产品供给；从能力上看，有的农村基层工作人员有为群众办实事的热情，但由于自身工作能力不足、工作方法不正确，无法很好地整合农村公共产品的需求信息，导致需求信息不足。

4. 农村公共产品供需双方偏好不一致造成需求信息缺失

在农村公共产品的供求关系中，供需方是两个不同的利益主体，有着不同的目标追求，他们会从各自的立场出发采取行动，导致偏好不一致，进而导致需求信息缺失和信息不对称。

农村公共产品供需双方的偏好主要体现在以下几个方面：

（1）数量上的矛盾。

由于资源和技术等的制约，农村公共产品供给方能够提供或愿意提供的农村公共产品有限，而农村公共产品需求方却希望以低成本或零成本获得尽可能多的产品，导致农村公共产品供需矛盾。

（2）评价上的矛盾。

由于双方的地位不同，农村公共产品供需的关系具有不同的评价标准和结果。供需双方在评价农村公共产品供给的过程中，要注意区分供给方和需求方的不同特点。

供给方一般从供给成本的角度来评价农村公共产品的供给,而农村公共产品的需求方除了考虑成本因素外,更注重商品供给的效益。

(3)种类上的矛盾。

农村公共产品需求方总是希望获得其迫切需要的公共产品,但个人对农村公共产品的偏好不同,需求类型不同,使得供给方难以满足所有需求方的不同需求,这就造成了现有农村公共产品类型的矛盾。

第三节 农村公共产品供给的资源配置

一、农村公共产品供给的政府机制资源配置

(一)农村公共产品供给中政府机制资源配置的优势

在农村公共产品供给中,政府机制资源配置通过发挥自身的优势,可以弥补市场机制在资源配置中的不足,节约交易成本,促进社会公平,解决农村公共产品供给中的市场失效的相关问题。

1. 农村公共产品供给的政府机制资源配置可以节约交易成本

利用政府机制对农村公共产品供给中的资源进行配置,可以让交易内部化,减少交易成本,实现资源的有效配置。科斯说过,政府有能力以低于私人组织的成本进行某些活动。政府可以从以下两方面资源配置,从而达到节约交易成本的目的。

(1)节约决策环节成本。

运用市场机制或社会机制进行资源配置,需要各方达成共识来确定农村公共产品供给数量、质量和成本分担等,这种协商决策不仅成本高,而且有时这些协商决策无法达成一致的意见。而政府机制可以利用少数服从多数的原则做出决策,还可以利用政府的强制力进行供给,这样可以节约决策成本,实现社会利益最大化。

(2)节约生产成本。

利润最大化不是政府机制在农村公共产品中资源配置的目标,所以在农村公共产品供给中,政府机制资源配置的成本要比其他机制低。

2. 农村公共产品供给的政府机制资源配置可以促进社会公平

农村公共产品的供给与农民的幸福指数息息相关,农村公共产品既是一种满足农民生存发展的产品,也是一种满足农业生产需要的产品,这些产品会改善农民的社会

福利。因此，为全体农民提供相对平等的农村公共服务，有利于促进社会公平。政府作为一个为人民服务的机关，满足社会公共需要、促进社会公平是政府的重要职责。在农村公共产品供给中，政府发挥其职能，可以有效地促进社会公平。从市场机制的消极作用来看，市场机制对资源的完全配置可能会导致"马太效应"，即农村公共产品供给和消费大部分集中在富人手中，而有些基本的公共产品对农村的弱势群体来说是无法享受的。

如果政府在农村公共产品供给中运用政府机制资源配置，通过"看得见的手"让农村公共产品得到公平分配，那么社会可以出现相对公平的局面。

3. 农村公共产品供给的政府机制资源配置可以解决市场失效问题

在农村公共产品供给过程中，市场机制资源配置的低效率是因为农村公共产品的特性，这种低效率会导致市场失效。可以说，市场失效拉开了政府机制资源配置在农村公共产品供给中的序幕。美国经济学家弗里德曼曾指出："某些东西的供给市场无能为力，所以需要避开市场，如市场不能提供国防。"在农村公共产品供给过程中，市场失效主要体现在三个方面：

第一，农民的"搭便车"行为。农村公共产品消费不能在技术上实现排他性，或者实现排他性成本太高，这会导致供给主体收不回成本，其带来的后果就是供给主体逐渐退出市场，在农村公共产品供给中市场资源配置就会失效。

第二，供给方无法确定农村公共产品需求的数量。正是因为农村公共产品特性，广大农民不会表露出对农村公共产品的真实需求，这样供给方就没有办法得到准确的需求信息，进而造成了在农村公共产品供给中资源配置低效的后果。

第三，正外部性问题。农村公共产品可以促进农业发展、农村进步以及让农民致富，这具有明显的正外部性，也就是说，农村公共产品供给会给农民和整个社会都带来利益。为了让农村公共产品供给的正外部性作用得到有效发挥，我们不仅要运用市场机制资源配置，而且要运用政府机制资源配置，这样才能让资源得到优化配置，从而达到农村公共产品有效供给的目标。

（二）农村公共产品供给中政府机制资源配置的缺陷

在农村公共产品供给中，政府机制资源配置既有优点也有缺点。农村公共产品供给会出现供需脱节、价高质低、供给数量不足等问题，这些都会导致资源配置不平衡的问题，因此会使政府机制资源配置不合理而不能实现农村公共产品的有效供给的目标。政府机制在农村公共产品供给中资源配置造成政府失效的主要原因有以下几个方面。

1. 政府机制资源配置并不能真正克服非竞争性和非排他性造成的低效

因为农村公共产品具有非竞争性和非排他性，在农村公共产品供给过程中，农民会隐瞒自己真实的需求，导致"搭便车"现象的发生。在农村公共产品供给过程中，政府机制资源配置并不能真正克服非竞争性和非排他性造成的低效。一方面，政府这只"看得见的手"也不是全能的，因为在产品供给的过程中会有特殊性，政府不能掌握整体、全面的信息。另一方面，政府有时也没有办法去掌握农民的真实偏好，即使政府能掌握大多数农民的真实偏好，也没有办法对个人的特殊偏好进行整合，所以面对供给的各种情况，政府有时也不能做出科学的决策。因此，农村公共产品的特点使其需求数量、交易价格难以把握，而运用政府机制资源配置也不能从根本上解决这些问题，这恰恰说明了政府机制资源配置的缺陷。

2. 政府机制资源配置可能造成垄断从而导致供给低效

政府机构垄断供给的主要原因是运用政府机制在农村公共产品供给中进行资源配置。而农村公共产品又具有非竞争性，这就造成了垄断供给低效的局面，主要表现在以下两个方面：

第一，农村公共产品供给之所以没有竞争，是受政府机构和公职人员的工作特点的影响，在农村公共产品的供给中，如果缺乏竞争，供给的效率就不高。从政府机构的工作特点来看，通常情况下，政府机构所提供的公共产品是根据自己的情况而特定的，这就造成了政府机构之间的工作没有可比性。因此，政府机构之间不能制定一套统一的标准进行对比，同时他们很难设计出科学、有效的竞争体系去促进政府各机构间的有效竞争。从公职人员的工作特点来看，一方面，公职人员都是按照规章制度办事，他们在工作过程中缺乏灵活性；另一方面，大部分公职人员都害怕犯错，在农村公共产品供给中公职人员会忽略一些特殊情况。因此，从以上两方面来看，政府在农村公共产品供给中的效率不高。

第二，政府机构对农村公共产品的垄断供给，造成供给效率损失。效率损失主要是垄断导致供需双方信息不准确而造成的。一方面，因为政府机构有垄断权，所以在农村公共产品供给中，政府会隐瞒供给信息，这就导致了供需双方的信息不匹配，需求方因此不能有效地监督供给方，最后的结果就是农村公共产品供给低效。另一方面，政府机构在进行经济活动时，没有成本机制的约束，甚至为了政绩而不计成本，同时政府机构因为其垄断地位，在农村公共产品供给中不注重创新，导致其创新不足，这些都会导致政府机制资源配置在农村公共产品供给中的低效。

3. 委托—代理关系造成农村公共产品供给低效

政府在农村公共产品供给中运用政府机制资源配置，会形成多重委托代理关系，如上级政府与下级政府、政府机构与政府工作人员、政府机构与生产农村公共产品企业。在委托—代理关系中，委托方和代理方都有自己的立场与目标追求，并且他们双方存在信息不对称的问题，这就会导致双方关系扭曲，因此资源的配置也会失效。具体来说包括以下两个方面：

第一，在农村公共产品供给过程中，政府机构和政府工作人员的关系可以概括为委托—代理关系，在这一对关系中，政府工作人员扮演着"经济人"的角色，他们会为自己争取更多的利益，而政府机构所追求的是获得更多的社会利益，这说明政府机构和政府工作人员所追求的价值目标是不一致的，这种价值目标的不一致会造成资源浪费和农村公共产品供给效率不高。政府工作人员有时会组织寻租活动，这会使供给过程中的交易成本增加，从而导致腐败情况的出现。

第二，政府机构与代理生产机构信息不对称会造成供给低效。运用政府机制去配置农村公共产品供给的资源，政府作为供给主体，它不会直接生产产品而是会选择代理机构生产。代理机构为了获取更多的利益，有时会对政府机构隐瞒相关农村公共产品供给的信息。政府想要资源配置得到合理分配，必须对代理机构进行监管，但因为技术的限制以及成本太高，政府难以对这些代理机构进行有效监督，所以农村公共产品供给效率就会逐渐变得低效。

二、农村公共产品供给的市场机制资源配置

（一）农村公共产品供给中市场机制资源配置的必要性

农村公共产品供给中运用市场机制资源配置能够解决政府失效的问题，这既可以满足广大农民对农村公共产品日益增长的需求，又可以缓解政府财政压力。

1. 市场机制资源配置可以弥补政府失效

在农村公共产品供给中，政府机制资源配置有三种优势，即解决市场失效、节约交易成本和促进社会公平，但因为缺乏相关激励约束机制，政府机制资源配置难以解决低效问题，导致政府不能发挥其作用，而市场机制资源配置可以在一定程度上发挥政府的作用。因此，市场机制可以利用竞争去推动供给成本降低，从而可以提高供给效率，最终让资源得到有效配置，进而促进社会福利不断满足人民群众的需求。

2. 市场机制资源配置可以满足异质性需求

随着经济的快速发展以及社会主义市场经济体制的不断完善，农村公共产品供给关系也会随之改变，如果只运用单一的政府机制资源配置，那么农村公共产品的异质性需求就不能得到满足，其资源也不能够有效配置。为了解决农村公共产品的异质性需求和资源配置的问题，在遵守客观规律的前提下，我们可以引入市场机制，让市场去合理资源配置，从而满足农村公共产品异质性需求。

3. 市场机制资源配置可以缓解财政压力

在农村公共产品供给过程中，政府机制资源配置和市场机制资源配置的财政投资

对象是不同的，运用政府机制资源配置，其投资对象主要是政府；运用市场机制资源配置，更多的是私人资本的引入。如果只运用政府机制资源配置，那么农村公共产品供给带来的财政压力会不断加大，这会导致农村公共产品的需求不能得到满足。如果引入市场机制去资源配置，可以让个人、企业把资金投入到农村公共产品供给中，这样既满足了农村公共产品的需求，也缓解了政府的财政压力。

（二）农村公共产品供给中市场机制资源配置的可行性

市场机制资源配置在农村公共产品供给中发挥的作用，不仅是提高资源配置效率的必然选择，而且从理论、技术和成本等方面来看是可行的。

1. 从理论上看市场机制的可行性

在农村公共产品供给中，由于消费者想要获得更多的利益，他们通常不会展示自身的真实消费需求，从而导致消费者给市场传递的需求信息不准确，这是市场机制资源配置低效的主要原因。但是，影响需求信息不准确的因素有很多，人口规模是重要因素之一。农村公共产品的需求人群处在一个人数少、同质性强的集体中，在这样的集体中可以通过隐瞒自身真实需求而获得短期利益，但这样做会失去集体成员的信任，进而丧失长期利益。在这样的集体氛围中，广大农民应该表达自身的真实需求，杜绝为了利益而"搭便车"的行为，让市场机制资源配置的举措能够更好地发挥作用。

2. 从技术上看市场机制的可行性

农村公共产品供给可以分为决策、融资、生产、分配、消费等不同性质的环节。在各个环节上，政府机制和市场机制有不同的优势。农村公共产品供给可以拆分为提供和供给两个环节，这样的拆分使得政府机制和市场机制的优势得到充分发挥。农村公共产品供给的环节仍然划归政府，而生产的环节，既可以划归政府，也可以划归企业，通过这些供给环节的划分，有利于把市场机制引入到农村公共产品的供给中，也有利于明确政府机制和市场机制在供给中的分工。

3. 从成本上看市场机制的可行性

市场机制资源配置要在农村公共产品供给中发挥作用，低成本实现排他性是一个重要条件。而农村公共产品基本上是准公共产品，无论是其需求规模还是范围都很小，且大部分都是在农村地区。因此，农村消费者可以了解相关制度与协议，争取用较低的代价实现排他性，这样有利于把市场机制引入农村公共产品供给中。

三、农村公共产品供给的社会机制资源配置

（一）农村公共产品供给中社会机制资源配置的作用

社会机制配置农村公共产品供给的资源，具有灵活、能够聚集社会资源、动员社会力量的优势，这些优势可以使供需信息相对准确以及促进社会公平。

1. 社会机制资源配置有利于需求准确表达

我们可以运用市场机制中的价格机制了解市场供求关系，从而达到私人产品有效供给的目的。但是对于农村公共产品，因为"搭便车"现象，会造成需求信息不准确以至于传导机制不能发挥其作用。

因此，我们要达到农村公共产品有效供给的目的，要掌握全面、准确的需求信息。而社会机制资源配置可以调动人民群众参与供给决策的积极性，政府和市场就会了解到人民群众真实的需求信息，这样就可以做到科学决策、提高供给效率，农村公共产品就会得到有效供给。

2. 社会机制资源配置有利于促进社会公平

随着社会不断发展以及政府的治理水平不断提高，人民大众也会参与社会事务的管理与监督，公共事务也由政府"一元管理"逐渐向"多元共治"转变。农村的各个方面，如生产、生活都是农村公共产品供给中所涉及的，广大农民作为农村的主体，他们在农村公共产品供给过程中应该有发言权、决策权和执行权。社会机制资源配置既顺应了时代发展的要求，也可以反映广大农民的意愿。让公众积极参与供给决策，了解农民的真实需求，注重保护农民的利益，这些可以保证在农村公共产品的供给中保持公平，进而可以促进整个社会的公平。

同时，相比市场机制，社会机制具有非营利性，所以运用社会机制去促进社会公平更具有优势。

3. 社会机制资源配置有利于供给决策执行

通常情况下，社会机制资源配置会综合考虑社会各界的利益诉求后才会做出供给决策，这种决策方式既可以了解农民对农村公共产品的真实需求，也可以贯彻民主的原则，从而推动决策的顺利执行，最终广大农民才会真正觉得政策是为他们好。政府机制具有稳定性，但是缺乏灵活性，而社会机制就比较灵活，当农村的情况出现变化时，社会机制可以随时调整政策，这样就保证了政策的有效性和针对性，同时政策会有效地实施与执行，农村公共产品供给中的资源配置效率就会提高。

（二）农村公共产品供给中社会机制资源配置的特点

社会机制在资源配置的过程中，主要有三个特点，即依赖性、分散性和有限性。这些特点有利于发挥社会机制资源配置的优势，可以让资源得到有效配置，但这些特点也可能导致资源配置失效。

1. 社会机制的分散性

在农村公共产品供给中，社会机制资源配置具有分散性，主要表现在以下几个方面：

（1）供给主体的多元性。

社会机制供给主体主要包括公益性机构、企业、个人、农民合作组织。

（2）供给产品的多样性。

社会机制供给的产品，从供给上的非排他性来看，可以分为农村纯公共产品和农村准公共产品；从供给发展对象来看，可以分为事关农村发展的公共产品和使小部分人受益的公共产品；从社会与生活的角度看，可以分为改善农村社会面貌的公共产品和提高农民生活的公共产品。

（3）决策机制的分散性。

社会机制在资源配置时会面临供给主体多元性和供给产品多样性的情况，这两种情况导致了社会机制在资源配置时出现供给决策的分散性。正是因为这种分散性，传统的市场监管手段就不能对社会机制进行有效的监管。因此，一般情况下，决策机制的分散性会导致社会机制资源配置失效。

2. 社会机制的有限性

社会机制的主要目标是非营利性，其资金大部分源自社会捐款和公众筹资，这两种筹资方式决定了社会机制没有稳定或者充分的资金来源。同时，这两种筹资方式容易受供给主体经济和心理条件的影响。如果经济不稳定，供给主体经济的条件也会随之变化，直接影响农村公共产品的供给；如果社会条件发生变化，供给主体的心理会受到影响，农村公共产品的供给平衡关系可能会被打破。社会机制在资源配置时，其资金来源具有有限性和不稳定的局限性，这使得社会机制在农村公共产品供给中不能够发挥它的作用，因此社会机制不能成为资源配置的主要方式，只能作为政府机制和市场机制的补充。

3. 社会机制的依赖性

在农村公共产品供给中，社会机制资源配置具有依赖性，这主要是因为在资源配置的过程中社会机制会受政治法律制度、经济社会环境以及人文历史条件的影响。社会机制发挥的作用跟人与社会的关系密切相关。例如，英美社会崇尚"小政府、大社会"理念，他们运用社会机制在农村公共产品供给中资源配置的效果比较理想。同时，政府的行为会影响社会机制发挥的作用，政府不仅是农村公共产品的供给主体，还是社会公共利益的代表者。因此，政府的供给行为应该是其他供给主体的榜样。社会机制资源配置的作用还会受到政府的收入分配政策、税收政策和公共产品供给政策等因素的影响。例如，在农村公共产品供给的过程中，政府可以对供给行为进行税收抵扣，以此调动各个社会供给主体的积极性与主动性。

第四节　农村公共产品供给的模式分析

一、政府供给模式

政府供给模式是指政府部门根据自身具备的法定权利，一般采用行政手段对公共产品进行合理配置和供应的模式。公共产品的特性决定了其供给主体必须是政府，也正因为公共产品不具有竞争性的特点，所以公众会选用免费产品，而不会选自费产品。公众的这种行为并不会影响其他人选用该产品，因此大部分人都不会反对选用免费产品的行为。然而，公共产品的存在，可能会损害某些私人组织的利益，因为有些公共产品是免费的，这就使得私人组织所提供的同类产品无法获得利益。除此之外，公共产品的消费量是没有办法确定的，这就直接导致了价格机制不能正常运行，市场也无法供给该产品。所以，政府部门需要供给这些产品，利用向公众征税的方式获取资金。

一般情况下，政府供给的公共产品都是像国防、消防这类规模大、成本较高的纯公共产品。政府作为公共产品的主要供应方有很多优点：

第一，政府在供应公共产品的过程中，会始终以社会利益和公众为中心；而私人企业在供应公共产品时会考虑成本，他们只会追求自己的利益。

第二，政府部门作为一个机构，它可以运用其较强的组织能力让资源得到合理配置。

第三，在公共产品的供给过程中如果遇到问题，政府机构可以运用其较强的执行力解决所遇问题。

政府供给模式还存在一个问题，政府对公共产品的供应一般采用的是强制的方式，那为什么公民会自愿接受这种强制呢？因为这是每个人考虑成本收益之后的结果，如图3-3所示。

图3-3中，横轴表示制定供给策略时需要的人数，总人数假设为N，纵轴表示个人在接纳强制时预期的成本和可获得的利益。B代表个人接纳强制所能获得的利益，它不会受到参加决策人数的影响。我们假设每个人在接纳强制时的成本有决策成本C_0

和外部成本 C_1，C_0 与参加决策的人数成正比关系，即参与决策的人数越多决策成本 C_0 越高；C_0 则与参加人数呈反向变动关系，即参与决策的人越多外部成本越低。我们将个人承受强制获得的利益与其承担的成本进行对比，不难发现，在决策人数大于 N_0 小于 N_1 时，人们会自愿接纳强制，这时个人获得的利益大于其成本。

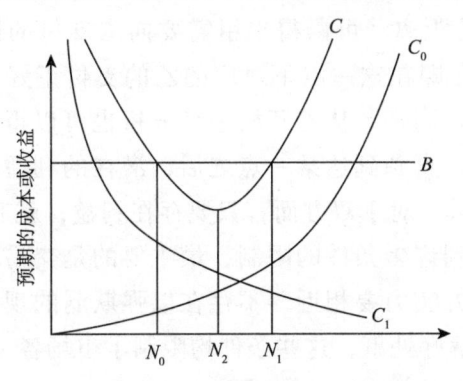

图 3-3　个人预期的成本或收益

二、市场供给模式

市场供给模式是指各个市场主体（如私有企业、集团等）在符合经济学原则的条件下对公共产品进行供应的模式。市场供给模式需要对各市场主体供应公共产品的可行性进行分析。私有企业等市场主体之所以能够供应公共产品是因为在公共产品的实际生产过程中，有些公共产品的生产能够进行分割。公众知道一些公共产品的价格外延边界，所以对使用这些公共产品的人要收取一定的费用，这就给私有产品成为公共产品的供给者提供了机会。从理论上来说，如果公共产品在生产的过程中进行了分割，通过相关的价格机制，私有企业就可以在最优的资源配置条件下完成生产，并进行市场交易，这样的话，市场是可以供给公共产品的。同时，私有企业如果得到技术条件的支持，就可以采用市场定价的方法去规避逃票乘车的现象。根据科斯定理，如果利用一些制度，可以消除公共产品消费的外部影响，生产的成本也可以收回，那么私有企业就有机会供给公共产品。

（一）布坎南自愿解—集团提供

我们不仅要研究公共产品在单一市场主体中的供给，还要研究各市场主体之间的合作供给。布坎南曾在其著作《公共物品的需求与供给》中指出公共产品的需求和合作供应公共产品的需求几乎是相同的，并且提出合作提供公共产品也是可能的。这给市场中各市场主体合作供应公共产品提供了理论依据。布坎南指出，假设有两个主体，如果增加公共产品的供给，就可以提高双方的收益，那么两者就会交易，一直到双方无法从中获取利益时才会终止。

如图 3-4 所示,假设甲、乙是交易双方,则图中 D_1 和 D_2 是甲乙双方对公共产品的需求曲线,MC 表示的是公共产品的边际成本,D_1 到横轴的距离表示甲乐意为该公共产品数量付出的最大代价。我们从图中可以看出甲一个人无法承受公共产品的成本,只有当乙同时提供 $MC-D_1$ 时,甲的提供才具有意义。我们将 MC 到横轴的距离减去 D_1 到横轴的距离,可以得出甲需要向乙支付的最低价格线 S_1,S_1 与乙的需求线 D_2 交于 M 点,即在这一点下对应的乙的支付正好是乙在该公共产品数量下愿意提供的最高支付。同理,从乙开始进行分析也可以得出相同的结果,即总会有对双方都有利的区间,直到到达某一点之后,潜在的利益才会穷尽。所以,我们根据上述的分析可以知道,对于双方而言只要存在利益,就有双方谈判合作的空间。但是相互受益的合作受到许多条件的限制,最主要的是交易是有成本的,交易的各方要相互遇到,并且各方实力要相近,不存在以强欺弱的现象,还要各方展示出自己真实的偏好,并依据偏好处事,这些条件均限制了市场各主体之间的合作。

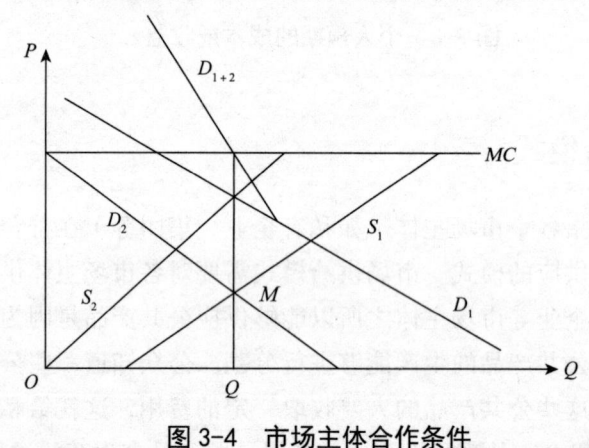

图 3-4 市场主体合作条件

(二)市场供给的囚徒困境

当公共产品供给采取市场供给的方式时,社会资源会得到合理的配置,并发挥更好的效用。但在采取市场供给的方式实现公共产品供应的过程中会出现一个问题——囚徒困境。1950 年,梅里尔·费勒德和梅尔文·德雷希尔提出这一理论,后来由区伯特·塔克用囚徒加以阐述。囚徒困境的基本内容为:警方逮捕了两个嫌疑犯 A 和 B,但警方掌握的证据不足以证明两人有罪,于是警察将 A 和 B 分别囚禁审问,并给他们各自提供了两个选择,认罪与不认罪,同时告知两人,若两人均拒不认罪则两人均判刑 2 年;若两人均认罪两人均判刑 5 年;若两人中有一人认罪一人不认罪则认罪的人只判刑 1 年,而不认罪的人判罚 10 年,见表 3-2。可见,无论对方认罪与否,认罪都是各自的最佳选择,所以最终两人都会选择认罪。这一模型阐述了当群体成员无法相互传递信息时,通常个体为了实现自身利益的最大化做出的选择,无法实现整体利益最大化。

表 3-2　囚徒困境的支付矩阵

矩阵类型	判刑时间
A 坦白，B 坦白	-5，-5
A 坦白，B 不坦白	-1，-10
A 不坦白，B 坦白	-10，-1
A 不坦白，B 不坦白	-2，-2

我们把囚徒困境理论运用到公共产品供给的过程中，见表 3-3。假设有两个市场主体甲和乙，第一种情况是甲和乙在供给公共产品时，甲和乙都可以获得公共产品带来的效益，两者都会获得 8 的效益。第二种情况是甲和乙都不供给公共产品，双方就享受不到公共产品带来的益处，甲和乙都是零效益。第三种情况是一方参加另一方不参加，则不参加的一方不用付出较大代价就可以享受另一方提供的公共产品，并获得 10 的效益；参加的一方由于要承担供给的成本并且只能享受自己供给公共产品所带来的好处，所以只能获得 2 的效益。如果信息存在不对称的问题，市场供给主体会为了自身利益不会选择供给公共产品。这一理论说明市场供给公共产品虽然能使整体利益最大化，但理性的市场主体通常不会选择对公共产品进行供应。

表 3-3　公共产品供给囚徒困境的支付矩阵

参与类型	效益获得
乙不参加，甲不参加	0，0
乙参加，甲不参加	2，10
乙不参加，甲参加	10，2
乙参加，甲参加	8，8

根据上文的分析可知，市场供给公共产品具备相关的现实条件，但市场单独供给公共产品具有一定的难度。另外，市场主体为了自身的利益，一般情况下不会选择供给公共产品，并且市场主体有时会受到市场的自主调控，可能会遇到市场失灵的情况。

三、自愿供给模式

公益彩票和社会捐赠是指在大众的监督下，将从社会筹措来的资源直接或间接用于社会教育、救济等公益活动中，这是公共产品自愿供给模式的主要表现形式。自愿供给模式主要是指个人或组织在社会道德、社会责任感等高尚情怀的驱使下，主动将个人或团体的资源献出用于社会公共产品的供应，推动社会公益事业建设。自愿提供模式可以按照供给主体的规模大小分成两种：个体自愿和团体自愿。个体自愿主要是指个人出于自身的价值情感追求，为公益事业提供相应的私有资源，采取修建福利院、学校等方式对公共产品进行供应；而团体自愿主要是指社会中的公益组织（如中国红十字基金会、中国青少年发展基金会、中国宋庆龄基金会等）对公共产品的供应。公共产品团体自愿供给模式，主要以举办公益活动服务大众为主的各种社会团体，以及隶属于这些社会团体的公益团体，具体实施公益活动的志愿者均属于其典型。但是自愿供给模式在制度、体系等诸多方面均存在缺陷，目前发展并不乐观，需要进一步改革完善。

四、多元化供给模式

据上述分析，政府供给、市场供给和自愿供给三种供给模式均存在各自的弊端。在现实生活中，农村公共产品供给多采用三者结合的方式，即多元化的供给模式。多元化的供给模式能够实现对各个供给主体的扬长避短，实现供给效率更高、供给数量更多的公共产品供给模式。

在提供公共产品时，政府可以采取制定相应的激励政策或合约安排的措施，激励私有企业或非营利组织加入公共产品生产的行列，同时制定相应市场规则或以合约的形式对市场供给进行管理。通过采取以上方式，政府在提高公共产品的供给效率、减少劳动成本的同时，能实现对公共产品供应更好的管理。其中合约提供是主要的实现形式，合约提供的含义为：政府部门以合约的形式将其垄断的公共产品的生产权移交给私有企业等，私有企业依照合约生产提供公共产品。具体而言，政府部门事先制定公共产品的质量与数量的合约，再以招标的形式将公共产品的生产权面向市场开放，中标的承包商按照合约生产提供公共产品。在合约订立前政府机制起主导作用，而合约订立后，公共产品的供给进入市场经济过程，市场机制起主导作用。西方国家广泛运用合约提供的方式供给公共产品，如美国对废弃物的处理、图书馆建设、街道环境维护等公共产品供给均采用政府部门与私有企业签订合约的方式。政府可以采取多种方式促进公共产品的供给，一方面通过采取给予补贴或优惠征税的措施，促进一些准公共产品的供应；另一方面通过采取将部分生产公共产品的国有企业的股份对私有企业售卖的方式，吸纳私有资本或者非营利组织资本参与公共产品供给。政府通过采取以上方式，在降低政府开支的同时，可以完善公共产品供给的管理结构，推动生产技术革新，降低生产成本，提高公共产品的供应效率。私有企业、社区、民间组织等单位均会随着经济发展和社会进步逐步成为公共产品的供给者，最终公共产品的供应会呈现多中心趋势。

五、最优供给模式

部分学者对公共产品供给的最优供给条件进行的分析显示，当公共产品满足最优供给条件时即可实现其最优供给。我们根据公共产品本质特点可知，消费者对公共产品的需求完全不同于对私人物品的需求。对于纯私人物品，个人的需求曲线可以表示为消费者个体在某一时间上对该产品在不同的价格下的需求的汇总；而对于公共产品，可以将消费该商品的全部消费者的个人需求曲线汇总表示市场需求曲线。公共产品具有不可分割的特点，因此消费者都将面对相同的产品数量，而他们对该产品有不同的意愿支付价格，因此将某产品的全部消费者的需求曲线纵向汇总即为公共产品的需求总量。当配置在每种产品上的社会边际效益都与其社会边际成本相等（$MSB = MSC$）时，即可实现社会资源配置的最大化，纯公共产品同样符合该规律。

（一）鲍恩模型

在市场上，消费者消费私人产品时，产品价格不可变，购买数量可变；而在消费公共产品时，产品数量不可变，消费者的意愿支付价格可变。将个人的需求曲线水平汇总得到私人产品的社会需求曲线，而将个人消费者的需求曲线纵向汇总得到公共产品的需求总量曲线。假设社会中只有 A 和 B 两个人，D_A 和 D_B 分别为各自的需求曲线，如图 3-5 所示。由于消费者对产品的消费是同时进行的，而公共产品的数量在同一时间点上不变，故所有人愿为消费该产品支付的价格为对个人愿意支付的价格汇总。图中表现为总的需求曲线 D_{A+B} 等于 D_A 和 D_B 的纵向相加，MC 为公共产品供给的边际成本曲线，与总需求曲线 D_{A+B} 交于点 E，公共产品供应的最优数量即为点 E 所代表的公共产品数量，在该点上其社会边际效益等于社会边际成本。

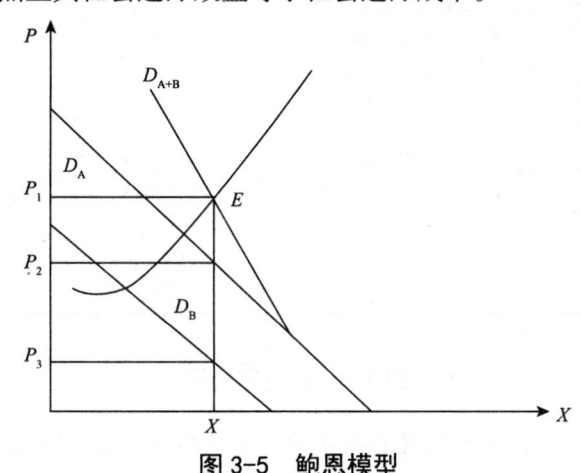

图 3-5　鲍恩模型

（二）林达尔均衡

当人们均能够以其公共产品的边际收益来支付个人应当承担的公共产品供给的资金份额时，公共产品的供给就会达到最佳效率水平，这种状态称为林达尔均衡。随后约翰森将其进一步描述为：消费者对自己支付愿望等同的公共产品的支付价格，与生产者的边际成本等同。林达尔的均衡理论假设每个公民均不存在任何隐瞒自己的偏好及不承担成本的动机，自愿向公众展示自己从公共产品中获得的收益，且每个人都对他人的偏好和收入情况充分了解。

如图3-6所示，假定A和B分别为具备相同偏好的两组选民的代表人，A和B经过商讨后确定他们各自应承担公共产品成本（人们承担的税金）的比例。A的行为通过以O_A为原点的坐标系描述，B的行为通过O_B为原点的坐标系描述，合并两个坐标系，形成一个矩形坐标系图。A和B承担公共产品成本的比例之和以图中的纵轴表示，两者比例之和为1。

假设A承担的公共产品成本的比例是H，则B承担的公共产品成本的比例为1-H。公共产品供应数量（公共支出的规模）以横轴表示。图中曲线A_A表示A的公共产品需求，曲线B_B表示B的公共产品需求。因为B_B曲线上的各点表示的是A在负担不同比例的公共产品成本时，能够获得的公共产品的数量，故对于A，可以把B_B看作是其供给曲线；同理，B也将A_A视为其供给曲线。图中曲线A_A和B_B相交于点E，点E代表均衡状态，在该点上A、B双方商讨自愿负担的成本比例之和为1，相应的横坐标G则代表该状态公共产品的数量。

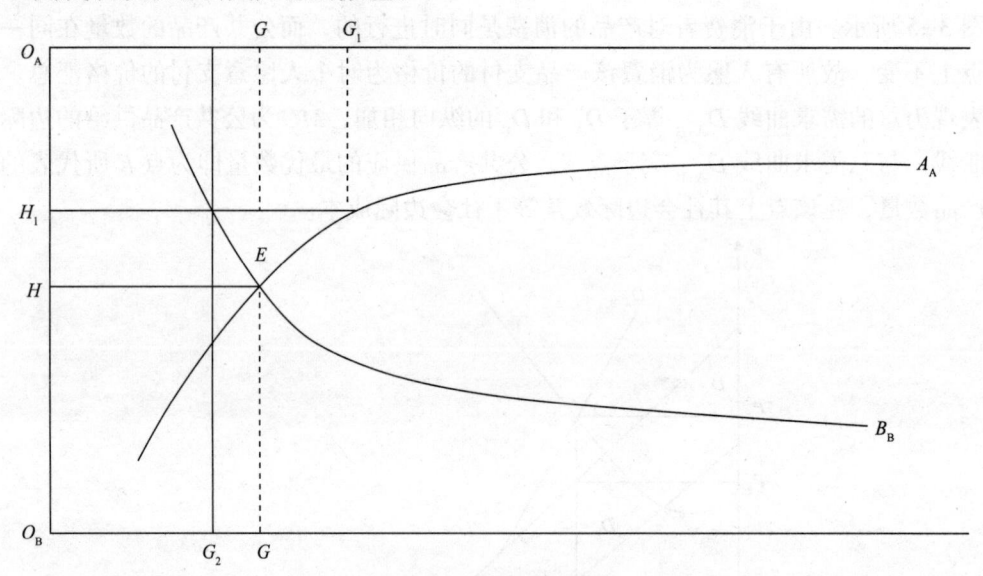

图 3-6 林达尔均衡

公共产品最优配置的理论标准非常明确，但实际上遵循这套标准却难以实现公共产品的最优配置，其根本原因是我们无法实现理论模型中对消费者公共产品的需求曲线的精确描述。

具体而言，消费者个体的效用评估无法以价格表示，因为消费者个体即使对公共产品均存在其效用评估，他们也可能不购买公共产品。而且部分消费者可能通过隐瞒或虚假表现自己的偏好，逃避支付其本应承担的公共产品成本。因此人们难以了解公共产品的社会边际效用，对公共产品供应的合理规模做出合理判断也十分艰难。

第五节　农村公共产品供给的质量监管

一、农村公共产品质量的系统化认知

按照农村公共产品概念，可以把农村公共产品质量细分为产品质量和服务质量。本节所谈及的农村公共产品质量，是指除农村公共服务以外的具体、有形的农村公共产品质量。

（一）质量与产品质量的概念

1. 质量

质量，在有些场合也被称作"品质"，它不同于物理学中的质量概念，也并非哲学意义上的"质"与"量"的组合。那么，质量的准确含义是什么呢？

根据国际标准化组织在 ISO 9000：2005《质量管理体系基础和术语》中的定义，质量是指"一组固有特性满足要求的程度"。

这个定义没有将质量限定于产品或服务，而是泛指一切可单独描述和研究的事物，它可以是活动或过程，可以是产品，也可以是组织、体系或人以及上述各项的任何组合。理解质量概念，在于把握"特性"和"要求"这两个关键词。

首先，质量概念是从"特性"和"要求"这两者之间关系的角度来描述质量的，即某种事物的"特性"满足某个群体"要求"的程度，满足的程度越高，就可以说这种事物的质量越高越好。反之，则认为该事物的质量低或差。

其次，"特性"是指事物可以区分的特征。固有特性是指事物本来就有的，尤其是永久的特性。"固有"的反义是"赋予"或外在，事物的"赋予"特性如"价格"等，不属于质量的范畴。

最后，"要求"是由不同的相关方提出来的，相关方是指与组织有利益关系的个人或团体，如顾客、股东、雇员、供应商、银行、工会、合作伙伴或社会等。"要求"反映了相关方对于质量概念所描述的对象的需要或期望。"要求"有时是明确规定的，如产品购销合同中对于产品性能的规定；可以是隐含的或不言而喻的，如银行对客户存款的保密性，即使没有特别提出，也必须保证；可以是由法律、法规等强制规定的，如食品的卫生、电器的安全等。

人们对质量概念的认识经历了一个不断发展和深化的过程。例如，质量概念中质量所描述的对象，早期仅局限于产品，之后逐渐延伸到了服务，现在已经扩展到了过程、活动、人、组织以及以上的组合了。

一种颇有影响的观点认为，质量意味着符合规范或要求。质量管理专家克劳斯比是其主要代表人物之一，他认为质量并不意味着好、卓越、优秀等。质量只有相对于特定的规范或要求才是有意义的。合乎规范意味着具有了质量，不合乎规范自然就是缺乏质量。这种"合格即质量"的认识对于质量管理的具体工作显然很实用，但其局限性也显而易见。仅仅强调规范和合格，难免会忽略顾客的需要以及企业存在的真正目的和使命，从而犯下本末倒置的错误。在当今竞争激烈的时代，这种错误往往是致命的。

质量管理专家朱兰从顾客的角度出发，提出了"适用性"的观点。"适用性"就是在使用过程中产品满足顾客的要求，顾客很少知道"规范"是什么，对他们而言，质量意味着产品在交货时和使用中的适用性。适用性的观点对于重视顾客、明确企业存在的根本目的和使命无疑具有深远的意义。

20世纪80年代以后，人们对于质量的认识变得更加深入和广泛。朱兰提出了"大质量"的概念，相应地，只针对产品和服务而言的狭义质量概念被称为"小质量"观。《朱兰质量手册》中关于大、小质量观的比较见表3-4。

表3-4 "大质量"观与"小质量"观的对比

条目	小质量	大质量
产品	制造的有形产品	所有类型的产品，无论销售与否
过程	直接与产品制造相关的过程	包括制造、支持和业务在内的所有过程
产业	制造业	包括制造、服务和政府机构在内的所有产业，无论是否是营利性的
质量	技术问题	经营问题
顾客	购买产品的主顾	所有受影响的人，不论内外
如何认识质量	以职能部门文化为基础	基于具有普遍意义的三部曲
质量目标	工厂目标之中	公司的经营计划当中
不良质量的成本	与不良的加工产品有关的成本	若每件事情都能够完美的话，将会消失的那些成本
质量的评价	工厂规格、程序和标准的符合性	与顾客的需要相对应
改进	部门绩效	公司绩效
质量管理培训	集中在质量部门	全公司范围
协调者	质量经理	高层管理者构成的质量委员会

2005 版 ISO 9000 标准在总结以往人们对质量认识的基础上，给出了"一组固有特性满足要求的程度"的广义质量概念，成为当前世界普遍认可的权威质量定义。

2. 产品质量

产品质量是产品适合一定的用途，能够满足人们和国民经济一定需要的属性的总和。不同的产品在反映效用方面，各有其特定的属性。这些属性通常表现为产品在物质方面、运行操作方面、结构方面、时间方面、经济方面和外观方面的适用度。物质方面是指产品的物理性能、化学成分等；运行操作方面是指操作方便、运行可靠等；结构方面是指便于维修、保养和轻便等；时间方面是指经久耐用等；经济方面是指效率高、使用费用低等；外观方面是指外形美观大方、色泽鲜艳等。所谓适用度，则是表明产品在使用时适合用户各方面需要的程度，用以综合地表示产品质量的概念。

产品质量的标准，是由国家和工业部门根据国家的技术政策，科学技术的发展情况，以及实际生产条件、经济适用的原则和用户的需要等制定和修改的。按其颁布单位和适用范围的不同，可分为国家标准、部颁标准和企业标准。

第一，国家标准是指对全国经济技术的发展有重大意义，在全国范围内必须共同遵守的统一标准，它是由国务院颁布的。

第二，部颁标准也称行业标准，是由国务院行业一管部门颁布的。

第三，企业标准是指没有颁布国家标准或部颁标准的产品，由企业和重点用户商定并报上级备案的技术指标。企业标准只限于在企业内使用，不得与上级颁布的标准相抵触。

（二）农村公共产品质量的概念

何谓农村公共产品质量？本书借鉴 ISO 质量体系中质量的定义：一组固有特性满足要求的程度。农村公共产品质量可基本概括为：农村公共产品具有的功能性、实用性、安全性和满意度等特性的总和。

依据农村公共产品特征以及分类的多样性，农村公共产品质量具有以下特点：

1. 广泛性

农村公共产品质量的广泛性就其广度而言，体现在农村公共产品质量不单指有形的产品或是某项具体服务，甚至包括供给过程，质量也始终贯穿其中，如农村义务教育；就其深度而言，可以说所有可以单独考虑或描述的事物都包含质量，如农村义务教育中的教学设施、教师素质以及教学环境等。

2. 综合性

质量的形成，本身就是受多种因素共同作用的结果，因此质量就是一个综合性指标。农村公共产品的公共性特征，则使农村公共产品质量的综合性特点更加明显。农村公共产品的公共性要求农村公共产品质量在使用性能、外观设计、安全性、管理等诸多方面能够满足公共领域的需要，这较之私人产品质量而言，综合性要求更高。农村公共产品的高质量并非要求某一技术特性的性能越高越好，而是要求其综合适用情况最佳。

3. 动态性

农村公共产品质量是一个动态、变化、发展和相对的概念，是随时间、使用对象、环境的变化和人们认识上的深化而变化的。

4. 系统性

农村公共产品质量取决于农村公共产品供给系统的设计、各子系统及其接口的质量，任何一部分有缺陷，都会导致供给系统的缺陷乃至崩溃。提高农村公共产品质量是一项系统工程，它包含法律支持、财政保障、民主决策、合理运作、科学建设以及有效管理等阶段的协同实施。

5. 同一性

农村公共产品同一性是指质量标准的相同性，事实上城乡之间，同一公共产品供给质量标准有很大差异。例如，"三网"建设，城乡之间在材料、施工、管理等方面质量均有较大差别。随着我国经济社会的不断发展，城乡之间以及农村区域之间的差距越来越小。随着城乡"公共服务均等化"理念的推广，"公共产品供给均等化"以及"公共产品质量标准一体化"的理念应运而生，这就要求同样的公共产品在城乡之间的质量标准应具备同一性。

农村公共产品质量的产生、形成和实现过程，正如前文所说是一个系统工程，可以由包含若干阶段的质量环来表示。按照这些阶段对农村公共产品质量的主要影响，可以把农村公共产品质量细分为决策质量、实施质量、保障质量等。决策质量就是对农村公共产品供给决策系统运作的效率评价，供给决策实现公平公正和合理科学的程度。实施质量是指在农村公共产品供给过程中，公共产品是否符合决策设计要求的农村公共产品质量，表现为对质量标准的吻合性，也称符合性质量。保障质量是指农村公共产品交付农村居民使用后，在使用培训、维护服务（包括备件供应）以及技术服务等方面满足农村居民需要的能力，包括农村公共产品出现故障后很快得到修复的程度，农村居民提出的技术服务要求能很快得到满足的程度，等等。

综合农村公共产品的属性和分类，本书认为农村公共产品质量的形成可以从三个方面体现，即产品质量、过程质量、社会质量。

产品质量是农村公共产品满足农村居民某种公共需要所具备的特性的集合。农村公共产品分类是多种多样的，因此产品质量特性也是多种多样的。农村公共产品的质量特性基本可以包括性能、合用性、可信性（可用性、可靠性、可维护性）、安全性和经济性等。农村公共产品质量也可分内在特性（如结构、性能、精度、化学成分等）、外在特性（如外观、形状、色泽、气味、包装等）、经济特性（如成本、使用费用、维持时间和费用等）、商业特性（如交货期、使用期等）以及其他方面的特性（如安全、环境、美观等）。优质的农村公共产品就是建立在良好的产品质量特性基础之上的。农村公共产品质量有的是能够量化的，有的是不能量化的，如在农村义务教育中，教学条件可以量化，而教学效果则难以量化。因此，在实际工作中，我们必须努力将不可量化的特性转换成可以量化的代用质量标准，以便于合理有效地进行农村公共产品质量评价。

过程质量是指农村公共产品供给实现农村经济社会发展预期目标的要求的程度，是用整个农村公共产品供给过程的效率来表示的，也称为供给效率质量。过程质量反映提供农村公共产品的过程是否公平公正、合理科学。在农村公共产品质量产生、形成、实现的整个实施过程中，如果某个阶段发生了问题，我们要进行及时处置，以免引发系统故障，产生不良后果。农村公共产品供给过程的不良质量反映在决策失误、工程返工、标准降级、公共性财政资金使用效率低下以及资源浪费上。

社会质量是指农村公共产品的供给和使用给予供给主体、受益群体以及社会第三方的影响程度。农村公共产品的公共性特征决定了农村公共产品的供给和使用必将产生较大的社会影响。

农村公共产品供给是政府缩小城乡差距以及农村间区域差距的有效手段。农村公共产品的公共性特征也决定了农村公共产品供给与使用有着较强的外部性或是外溢性，同时对环境会产生较大影响。因此，农村公共产品的社会质量需要依靠全社会对质量的认识、有关质量的法律法规的制定和实施、政府对质量的监督管理以及新闻媒体对质量的宣传和监督、社会中介对质量的影响、供给主体和受益者的质量意识等方面来共同保证。

（三）农村公共产品供给质量的概念

科学定义农村公共产品供给质量的概念，从而为指标体系的构建提供现实基础与理论依据。萨缪尔森从公共产品基本特征出发对公共产品进行了定义。在研究农村公共产品供给时，大多数学者都沿用了萨缪尔森对公共产品的定义。综合学者们的研究，我们把农村公共产品定义为：由政府或政府的代理组织、农村合作组织所提供的，农民在农村范围内共同消费的或为"三农"服务的社会产品。

从管理学的角度来看，农村公共产品供给质量可以分为四层含义：第一层含义是农村公共产品供给质量的全面性。因为在质量体系所涉及的范围内，利益相关方对产品质量、供给过程和供给体系都有可能提出要求，而产品质量、供给过程和供给体系又都具有固有特性。因此，农村公共产品供给质量不仅指产品质量，也指供给过程和供给体系质量。第二层含义是农村公共产品供给质量的经济性。价廉物美反映了人们的价值取向，物有所值则是质量的经济表征，受益者和供给者关注农村公共产品质量的角度不同,但对经济性的考虑是一样的,高质量意味着最少的投入获得最大的效益。第三层含义是农村公共产品供给质量的时效性。利益相关方对产品质量、供给过程和供给体系的需求和期望是不断变化的,供给者应不断调整公共产品的质量、供给程序和供给体系,以满足农村居民和其他受益相关方的需求和期望。第四层含义是农村公共产品供给质量的相对性。不同的人或群体对同一公共产品功能提出不同的需求,也可能对同一产品的同一功能提出不同的需求。同时,因为我国农村经济区域发展不一致,不同地区对同一产品的需求也不尽相同。农村公共产品供给质量在综合考虑各种因素的基础上,利用利益相关者理论,通过构建质量指标体系来界定农村公共产品供给的质量。

因此,农村公共产品供给质量是农村公共产品具有的功能性、实用性、可靠性、安全性和导向性,供给过程的经济性、时效性、有序性、层次性、合法性及供给体系的完备性、系统性、先进性、维护与改进性等特性的总和。

二、政府采购保障农村公共产品质量

(一)政府采购的概念

政府采购是市场经济国家为加强财政支出管理所普遍采用的一种有效方式。18世纪末,政府采购就已出现。1782年,英国政府首先设立文具公用局,作为负责政府部门所需办公用品的特别采购机构。1792年,美国政府也开始了政府采购的尝试。

20世纪中期以后,世界各国相继建立了符合本国国情的政府采购制度。但同期,中国在这方面的制度建设尚属空白。进入20世纪90年代以后,伴随着我国市场经济的快速发展,分散采购的弊端日益明显,政府采购活动急需制度上的规范。在这样的背景下,中国政府采购制度应运而生。

根据《中华人民共和国政府采购法》(以下简称《政府采购法》)第二条所下定义:"政府采购"是指各级国家机关、事业单位和团体组织,使用财政性资金采购依法制定的集中采购目录以内的或者采购限额标准以上的货物、工程和服务的行为。而"政府采购制度"是指有关政府采购的一系列法规、政策和制度的总称,它不仅规范简单的买卖过程,还要规范有关政府采购的行政程序和管理运作方式。按照国际惯例,规范的政府采购制度应当包括采购计划、审批、信息公开、招投标、合同管理、审计监察六个部分。

(二)政府采购的特征

根据政府采购的定义和对政府采购含义的理解,我们可以归纳出政府采购具有以下几个特征。

1. 政府采购主体的特定性

从各国政府采购立法对政府采购主体规定来看,作为政府采购主体的"政府",其含义是十分宽泛的,不仅包括中央政府、地方政府部门、机构或机关,还包括受政府管辖的公共机构以及国有企业。《政府采购法》将政府采购的主体限定在国家机关、事业单位和团体组织,不包括国有企业。

2. 政府采购资金的公共性

政府采购资金主要来源于财政拨款,即财政性资金。它是由纳税人的税收所形成的公共资金。此外,还包括政府性基金、行政事业性收费、罚没收入等。

3. 政府采购对象的广泛性

政府采购不仅是货物的购买,政府采购的对象已经从货物扩大到工程和服务。工程是指建设工程,包括所有的建筑物和构筑物。而服务的范围是指货物和工程以外的其他政府采购对象,包括专业服务、技术服务等。《政府采购法》规定了政府采购的对象包括货物、工程和服务。

4. 政府采购方式的法定性

政府采购是公共管理的一个重要执行环节,而公共管理是国家管理经济的一种重要手段。政府采购应当维护国家利益和社会公共利益。政府采购引入市场机制,公平、公正是各国政府采购的基本原则。政府采购必须按照法定的方式进行,各种方式都有其特定的程序。

(三)政府采购在农村公共产品供给质量保障中的作用

政府采购是政府完成农村公共产品供给的主要形式。完善的政府采购制度是实现农村公共产品质量优化的基本保障。究其原因主要有以下几点。

1. 完善的政府采购有系统的政府采购组织体系

纵观国内外政府采购的组织体系,一般都包括采购管理机构、采购执行机构、采购仲裁机构和采购监督机构。为了加强对政府采购的管理,需要建立一个主管机构,即政府采购管理机构,以便于政府将公共需求集中管理,实现购买程序标准化,减少分散购买的重复和浪费,从而降低采购成本。根据国际惯例,政府采购通常是由财政部管理,也有些国家是由国库部或是其他机构进行管理,如韩国的财政经济院公共采购管理局,新加坡的预算署采购处,英联邦的财政部、收入部和国库部,美国的财政部、总统预算办公室,我国的财政部,等等。政府采购的执行机构是指政府部门中为满足政府采购需求,依据宪法条款、法律和地方政府法规的要求,得到管理机构授权负责执行采购任务的机构。政府采购执行机构是政府采购主要机构，它的活动，从确定采购需求一直到接受物料并批准使用，贯穿于政府采购的全过程。因此，政府采购执行机构的行为更多受到法律法规的约束，更容易受到公众的审查和监督。政府采购代理机构是指依法成立，具有法人资格和招标能力，并经政府采购管理部门资格审查认可后，从事政府采购招标等中介业务的社会招标机构。在实行政府采购制度后，必然会产生许多矛盾，需要进行仲裁，政府采购仲裁机构职责就是解决政府采购过程中发生的重大争议和纠纷，确保政府采购公开、透明、公平、公正原则的落实，维护政府的信誉。政府采购监督机构的主要职责就是确保政府采购质量和效益。政府采购的主管组织、采购实体、纪检、监察、审计、社会团体等均可作为政府采购的监督机构，对政府采购活动进行监督。有些国家针对政府采购专门设立监督机构，如英国的"全国审计办公室"、澳大利亚的"全国采购委员会"等。正是这些机构以实现公共利益为目标，在遵循政府采购透明度原则、竞争性原则和公平性原则的基础上分工协作、规范运行、互相制约，从而有效地保障农村公共产品质量。

2. 完善的政府采购受法律法规及规范程序的制约

政府采购制度的存在及其有效运行必须建立在一套完整的政府采购法律体系之上。完善和配套的政府采购法律体系是政府采购制度的法律保障和行为依据。为了促进各国政府采购立法的统一，帮助各国建立一个经济有效的政府采购法律体系和运行制度，联合国国际贸易法委员会自1966年成立以来，一直致力于通过制定国际协定或示范法等基本法律形式，促进各国政府采购法律的规范性和统一性。1986年，该委员会决定进行政府采购立法工作，在其第27届年度会议上通过了《联合国国际贸易法委员会货物、工程和服务采购示范法》以及配套文件《立法指南》。政府对政府采购采取法制化管理，明确规定政府采购的范围和领域、采购实体、各实体招标的门槛价、招投标程序、投标质疑程序和仲裁机构等政策性和技术性问题，可以有效约束政府采购农村公共产品的行为，为农村公共产品质量提供法律保障。同时，政府采购法律应对政府采购的主要程序和方式有明确规定，形成一套以公开招标方式为主、适应各种采购环境的规范的采购程序。将招标采购方法作为政府采购的首选方法，既体现了政府农村公共产品采购竞争性、公平性、公开性等原则，又能最大限度地提升农村公共产品供给效益，确保农村公共产品质量。

3. 完善的政府采购有专业的采购队伍

政府采购是一项系统、繁杂、专业性强的活动过程，通常包括确定采购需求、政府采购决策、实施采购过程、采购物料管理、风险救济等环节。其具体内容涉及生产或采购标准、供应商资质确认、成本与收益分析、货源选择、投标规范、谈判程序、技术规格、合同管理、货物运输、货物存储、进程监控以及货物、工程、服务的整体质量控制等项目。完善的政府采购不但拥有专业的采购组织，还有一支不断发展壮大的专业化的采购队伍。这些专业人员经过严格的培训并考试合格后，才能进入专业采购组织。专业的政府采购队伍能够有效防止政府农村公共产品采购过程中可能出现的操作程序、工程技术以及生产规格和标准等方面的漏洞，从而确保农村公共产品质量。

完善的政府采购因其特殊的运作机理和公开透明的运作程序而能够杜绝以往农村公共产品分散供给中存在的无序和腐败现象。农村公共产品的政府采购引入竞争机制，透明度高，有一整套严密的操作程序，坚持公开、公平、公正的原则，加上内部制约、外部审计和社会监督、投诉的监督机制，能够切实有效地保障农村公共产品质量。

三、农村公共产品质量监管组织构建

（一）农村公共产品质量监管组织的性质

纵观世界各国农村公共产品质量监管组织，按其性质分类主要有：①政府组织；②市场企业组织；③非营利组织。政府组织监管势必导致政府规模扩大、机构膨胀、人员冗余、供给成本增加，使短缺的供给资金更多地流向管理部门。而市场企业组织监管，则会较多地侧重于企业本身成本与收益的核算问题，会导致社会效益的损失。根据世界各国对公共产品的监管经验，非营利组织管理监管是目前较为成功的一种模式。结合我国农村公共产品供给管理实际，要确保农村公共产品充分、优质、持久，构建农村公共产品质量监管组织是必须的。按照现代公共管理理论，农村公共产品质量监管组织（以下简称"监管组织"）应属于"非营利组织"。

监管组织是指经过政府机构管理部门审查批准，由政府代表、利益集团代表、农村居民代表、技术志愿者四方共同组成，意在对农村公共产品质量进行监督管理的非营利组织。非营利组织在英文文献中简称 NPO（non-profit organization）。监管组织按我国《国民经济行业分类与代码表（国家修订方案）》的划分，应属基层群众自治组织，行业代码 9700。监管组织作为非营利组织，也具备"萨拉蒙特征"，即萨拉蒙描述的非营利组织的特征：组织性、非政府性、非营利性、公益性、自愿性、灵活性。

（二）农村公共产品质量监管组织的作用

质量监管组织对农村公共产品供给管理具有以下作用。

1. 实现民主监管

社会主义民主的本质是人民当家做主，依照我国宪法和法律的有关规定，广大人民群众享有通过各种途径和形式管理国家事务、管理经济文化建设、管理社会事务的权利。监管组织的设立及其活动，就是体现公民的民主管理权利。监管组织既是政府组织管理的协作者，又是政府与民众之间沟通的桥梁和纽带。一方面，它能协助政府对农村公共产品供给进行有效管理和监督；另一方面，监管组织也能将农村居民对农村公共产品的实际需求状况以及批评和建议集中起来，转达给政府。这既为农村公共产品供给决策提供了参考，也对农村公共产品供给行为监控构成了一定的外部制约机制。民主监管是监管组织取得成效的基础。

2. 确保农村公共产品质量

监督与管理是监管组织的两大职能。监管组织的设立，既能监督农村公共产品供给决策的执行，并按有关产品质量标准，衡量农村公共产品质量，防止出现农村公共产品供给"缺位"或是"滥竽充数"，又能通过监管组织的计划工作、组织工作、领导工作和控制工作等诸过程，对已生产的农村公共产品的使用进行有效管理，以确保其使用期限的延长和使用效率的提高。

3. 弥补政府监管欠缺

政府对农村公共产品供给质量监管欠缺，主要表现在两个方面：一是政府监管资源欠缺。正如前文所述，我国农村公共产品需求的多样性、分散性、区域性等特征，农村公共产品供给资金"僧多粥少"的状况，以及政府供给决策的单向性特点等因素，必然会导致农村公共产品供给出现勤于生产、疏于管理，求量胜于求质的粗放型供给状况。而要弥补政府监管的缺陷，单凭政府单方面力量势必会导致政府监管规模的急剧扩张。监管组织的存在则可以大大弥补政府监管资源不足的问题，并通过调动和组织民间力量，达到加强质量管理的效果。二是政府监管体制欠缺。众所周知，政府监管是以整个社会经济发展状况为背景，以国家权力为后盾，立足其整体性、宏观性、发展性问题的决策。具体到对农村公共产品供给监管中，宏观性、系统性监管方面能较大地发挥出优势。

但在针对具体问题上，这种宏观监管体制因缺乏灵活性，而显得刻板和僵化。典型体现是决策实施的"时滞性"，也称为反应滞后性。监管组织则具有在监管体制上的灵活性和针对性，它可以突破政府监管体制的局限，根据实际需要，以满足群众需要为宗旨，以提高农村公共产品效率和质量为目的，采取新的监管方式，从而弥补政府监管体制的欠缺。

当然，和所有的非营利组织一样，监管组织也存在缺陷，主要体现在以下几个方面：

（1）民主监管过程的成本损失。

监管组织的管理对比其他组织的管理，除了是一个经济管理过程之外，还是一个民主过程，因为农村公共产品的供给目的是满足公共需求。因此，农村公共经济活动需要组织各方成员的广泛参与和表达，听取社会群体的意见。从本质上看，这是一个包括供给者、生产者、使用者和管理者在内的博弈过程。这个过程可能包括诸多的民主程序，旷日持久的讨论，等等。因此，监管组织的监管活动可能会产生低效率，这就是民主过程的成本损失。

（2）资金短缺。

与许多非营利组织一样，监管组织的运营资金存在短缺。监管组织所需的开支与所能筹集到的资金之间可能存在一个较大缺口。根据非营利组织的发展经验，资金问题通常是由政府补贴和社会自愿捐赠来解决的。近年来，政府补贴在各国非营利组织预算中所占的比重一直呈现上升趋势。政府补贴的"软"约束的增强，势必会导致非营利组织"独立性"的削弱。与政府补贴相比，社会自愿捐赠只占非营利组织预算中很小的一部分。因此，监管组织的资金筹措显然会成为组织运作的突出问题。

（3）组织成员的业余性。

监管组织并非完全专业的管理机构，它更倾向于是一个民主管理机构。各群体的代表显然不可能具备完全的与每个项目相匹配的专业水准，这是组织成员业余性的主要表现。此外，本书认为监管组织中的专业技术志愿者将是监管组织中项目技术层面的中坚力量。但由于监管组织既强调志愿者的责任和义务，又不能提供具有竞争力的报酬，使得监管组织很难吸引专业人员的加盟，这无疑也增强了成员的业余性特征。

（4）非完全代表性。

理论上监管组织应具有完全代表性，即监管组织应代表社区所有群体，并在组织成员中有对应的利益代表。但由于不同的社会群体的经济能力以及社会地位的差异性，这一目标在监管组织中难以实现。

（三）农村公共产品质量监管组织的结构

农村公共产品质量监管组织的结构如图3-7所示。

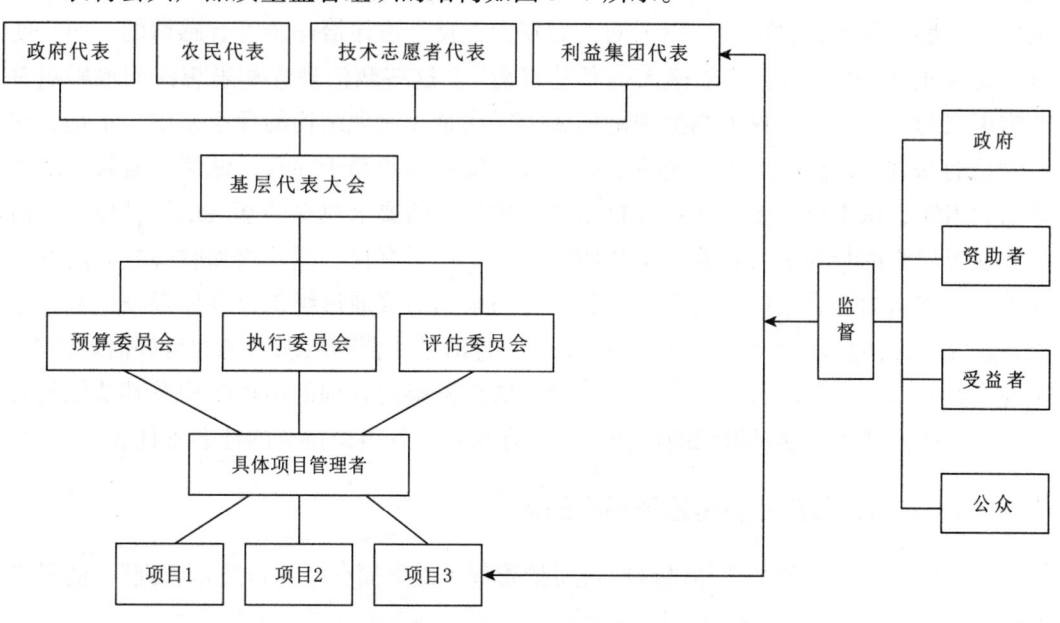

图3-7 农村公共产品质量监管组织的结构

农村公共产品质量监管组织的结构分成以下三个部分。

1. 权力机构

权力机构即农村公共产品质量监管组织代表大会，简称"基层代表大会"。基层代表大会主要由政府代表、农民代表、技术志愿者代表及利益集团代表共同组成。基层代表大会是监管组织的最高权力机构，其性质和作用类似于现代企业治理结构中的董事会。其职能包括决定组织的使命和目标，甄别和选拔项目负责人，从事组织发展目标的规划，对执行机构进行项目预算和财务监督，对内募款筹集资金，对外交流提升组织的公共形象，与政府等监督机构建立良好的关系。

2. 执行机构

执行机构主要由预算委员会、执行委员会、评估委员会及具体项目管理者构成。它是监管组织的核心机构，主要职能包括执行并完成监管组织的使命和目标，对具体项目的人力、物力和财力做出预算和统筹，推荐具体项目负责人，对项目进行跟踪和评估；定期向基层代表大会汇报项目发展状况。

3. 监督机构

监管组织不设专门的监督部门，这里所提的监督部门实际上是对组织外监督行为的一种笼统提法。监管组织必须接受来自政府、资助者、受益人和公众的监督，组织外的监督是实现监管组织良好治理状况可持续的重要条件。19世纪的阿克顿勋爵指出，"权力必致腐化，绝对的权力必然导致绝对的腐化"。亚里士多德认为，"凡是不凭感情因素治事的统治者总比感情用事的人们较为优良。法律恰是全没有感情的。而要使事物符合正义（公平），必须毫无偏私的权衡"。这些政治理念和思想深刻地影响着西方国家的公司治理。权力制衡理论构成了现代企业治理结构的理论基础，正是在这些理论的基础上，产生了现代企业治理监督制度并逐步趋于完善。诚然，监管组织属非营利组织，从本质上说按照结社自由和自主自治的要求成立的基层组织，作为自治主体能对组织的行为进行自我约束和监督。但是在所有权、经营权和收益权分离的情况下，本书认为监管组织的自主治理和自我约束仍需要通过组织外部监督来配合，才能日臻完善，实现善治（good governance）。善治是非营利组织追求的良好治理状态，是使公共利益最大化的过程。善治意味着在法律框架内合理的治理结构及其功能的有效发挥，从而确保公众对组织的信任，善治意味着监管组织持久的社会责任和公信力。

（四）农村公共产品质量监管组织的运作

监管组织的农村公共产品供给项目质量管理（以下简称"项目质量管理"）的操作程序如下：

第一，由基层代表大会根据项目内容制订项目计划。项目计划是项目实施的蓝本，规定了如何做、由谁去做等内容，具体内容应该包括项目范围、项目时间、项目费用、项目质量、项目风险、项目评估。

第二，基层代表大会将项目计划交付给执行委员会，执行委员会根据计划合同，会同预算委员会和绩效评估委员会将项目计划进一步细分成可具体操作的项目质量管理实施方案，包括项目人力资源结构、管理控制质量标准、衡量执行结果评估方法、项目质量偏差应急举措设计等内容。农村公共产品质量管理是一个具有持续性、系统性、多目标性特征的复杂系统。因此，项目质量管理需要与之相匹配的缜密的人力资源执行方案，防止工作缺漏或非专业化。公共产品的多目标性，导致其质量标准衡量不确定，因此要依据项目特点和宗旨明确项目管理的质量标准。例如，农村道路质量标准和农村义务教育质量标准就有明显差别。正如质量标准项目差异化一样，衡量执行效果的评估方法也会因项目质量标准的差别而不同。执行效果评估方法是项目管理绩效的依据，也是接受监督的主要参数。

第三，项目质量偏差应急举措设计。项目质量管理是动态的管理过程，计划预期与实施往往有较大差别，如何在出现偏差之后，采取可行的、有针对性的纠偏措施，这是应急举措主要设计的内容。

第四，执行委员会提名项目管理负责人，并经委员会2/3投票通过，将项目质量管理实施方案及项目交付项目质量管理负责人，由其全权代理方案进行项目质量管理，并定期将项目质量管理状况向执行委员会汇报。

第五，项目绩效评估。项目质量管理的绩效评估是指运用一定的标准和方法，按照规定程序，对项目质量管理过程中的人力、物力、财力等投入和消耗，与其取得的成果进行比较、分析、评论和总结。其目的是逐步提高管理水平，形成激励机制，实现基层管理组织的良性发展，提升其公信力。项目质量管理绩效评价指标分为具体指标和基本指标。具体指标因项目而异，而基本指标按财政学绩效评估的理论分为经济性、效率性和效益性。项目质量管理绩效评价的方法归纳起来可以分为预期绩效比较法、标准绩效比较法、成本—收益评估法、成本评价法、综合测定法、时效测定法、公众评估法等。

第四章　历史演进：农村公共产品供给的制度变迁

第一节　中华人民共和国成立初期农村公共产品供给

一、中华人民共和国成立初期的社会背景

（一）土地改革运动与农村社会阶级状况的新变化

中华人民共和国成立初期，虽然社会形势总体稳定，但在快速变化的形势下，农村形势依然十分复杂。

1950年6月30日，《中华人民共和国土地改革法》颁布实施，废除地主阶级封建剥削的土地所有制，改为农民的土地所有制。这次土地改革的总路线和政策是依靠贫农和雇农，团结中农，中和富农，逐步消灭封建剥削制度，发展农业生产。"土地革命"使广大农民受益匪浅，为农村经济发展奠定了坚实的基础。

（二）农业生产条件的恢复与农民生产积极性的高涨

"土地革命"使农民获得了土地，逐步形成了以占用小块土地为特征的家庭经济制度。当时，农村个体经营者约占农民总数的85%～90%。同时，农业生产条件开始逐步恢复。随着土地入户和各方面生产条件的初步恢复，农民的生产积极性大大提高，农业生产迅速恢复，中国农业总产值由326亿元增加到484亿元，增长了48.5%；粮食总产量由2 263.6亿斤增加到3 278.3亿斤，增长了42.8%；棉花总产量由889万担增加到2 607万担，增长了92.9%；其他经济作物、畜禽产品产量也超过了历史最高水平。中国家庭人均收入比1949年增加了约20元，增幅超过30%。农村居民人均粮

食消费达到 440 公斤，比土地改革前增加了几十公斤。1950—1952 年，农业总产值分别比上年增长了 17.8%、9.4% 和 15.2%，年均增长率高达 14.1%，但农业生产力水平仍然很低。

（三）农业生产互助合作制的实施

土地改革虽然使农民拥有了自己的土地，但也形成了个体农业极度分散、经济实力薄弱的局面。虽然农村生产条件已基本恢复，但我国广大农村地区的农业生产力水平极低，制约了农业经济的进一步发展。为了提高农业生产力的发展水平，改变农村落后的经济状况，一些农村地区的农民自发组织实施农业生产互助，以改善生产条件，增强抗灾能力。

二、中华人民共和国成立初期农村公共服务供给状况

（一）财政投入总量不断增加

中华人民共和国成立后，我国的经济形势逐步恢复。1950 年，全国财政收入 62.17 亿元，1956 年增加到 280.19 亿元，是 1950 年的 4.51 倍。1951—1957 年，全国财政收入增长率最高为 101%，最低为 1.67%；国家财政收支基本平衡，从 1950 年的 68.05 亿元增加到 1956 年的 298.52 亿元，是 1950 年的 4.39 倍。这表明，我国在此期间的总体财政状况稳定有序，见表 4-1。

表 4-1　1950—1956 年财政收支情况

年份	国家财政收入（亿元）	国家财政收入增长幅度（%）	国家财政支出（亿元）	国家财政支出增长幅度（%）
1950 年	62.17	—	68.05	—
1951 年	124.96	101.00	122.07	79.38
1952 年	173.94	39.20	172.07	40.96
1953 年	213.24	22.59	219.21	27.40
1954 年	245.17	14.97	244.11	11.36
1955 年	249.27	1.67	262.73	7.63
1956 年	280.19	12.40	298.52	13.62

同时，我国对农业的财政投入也有所加强。1950 年，我国财政对农业建设的支持只有 2.74 亿元，1956 年增加到 29.14 亿元，是 1950 年的 10.64 倍。1950—1956 年，全国财政农业支出平均增长率为 52.18%，比同期全国财政支出平均增长率 30.06% 高

出20个百分点，见表4-2。

表4-2 1950—1956年财政支农支出

年份	国家财政支出（亿元）	支农支出增长幅度（%）	支农支出占国家财政支出比重（亿元）	农业基本建设支出（亿元）	农业生产与服务支出（亿元）
1950年	2.74	—	4.0	—	1.99
1951年	4.19	52.9	3.4	—	3.67
1952年	9.04	115.8	5.1	3.84	2.69
1953年	13.07	44.6	5.9	5.77	4.22
1954年	15.79	20.8	6.4	4.87	6.26
1955年	17.01	7.7	5.8	5.71	7.84
1956年	29.14	71.3	9.5	13.63	9.85

这表明我国高度重视农业生产和民生，对国家长远发展极为重视，并不断加大对农业生产的财政投入。此外，1952—1957年，国家财政用于养老金和社会福利的支出分别为2.95亿元、3.62亿元、6.04亿元、4.94亿元、5.67亿元和5.29亿元，共计28.51亿元，其中1 600万元、1 300万元、5 400万元、5 800万元、7 900万元和6 600万元用于农村社会福利，共计2.86亿元。可以说，中华人民共和国成立后，面对水利设施荒废的局面，国家财政对农村公共服务建设有较大的支持。这与当时党和国家领导人对农业在国民经济中重要作用的认识有关。

（二）农村公共服务的主要项目

这一时期，国家财政对农村公共服务建设的支持主要集中在农村生产性支出，农业、林业、水利、气象等部门的经营性支出、农业基本建设支出等方面，具体表现为：一是农业基础设施建设。系统地推广新的农业工具、水泵和水车。"1954年，国家继续为灾区拨款3亿元用于堤防修复和坑修，帮助农民修建和改造了许多小型水利工程，出借了17万辆水车，扩大和改善了6.5亿亩的灌溉面积"。加强国家绿化事业和林业建设，开展广泛的群众性绿化运动。"1955年造林面积2 560多万亩，比1954年完成的造林面积增加了47%"。水利方面，建设了长江中下游、淮河、辽河、珠江和华北河流的堤防整治、洞庭湖沿岸堤防修复等大型水利工程，建设荆江分洪工程、官厅水库、汉江下游分洪工程、淮河南湾水库工程和独立入海减流工程，提高防洪能力。"1955年完成了14亿多立方米的土方工程、1.4亿多立方米的石料和60万立方米的混凝土"。经过几年的水利建设，有效灌溉面积从1952年的29.38亿亩增加到1957年的4.108亿亩。其中，1953—1955年新增灌溉面积4 100万亩，1956年新增灌溉面积1亿多亩。这些工程在减少水旱灾害、扩大灌溉面积、保障农业生产方面发挥了重要作用。二是农业科技推广，如推广优良种子，增加施肥数量和面积，扩大耕地面积，改进农业技术，提高农业生产能力等。"1955年，国家向农民提供了450万吨饼肥、化肥和9万吨农药，并将价格降低了40%，已供应51万件新的农具。"1956年5月，全国有1万多个农业技术推广站。三是农业防灾。灾区的救灾、排水和抢种工作得到了加强。

1954年，被淹耕地约占全国耕地的十分之一，即1.6亿多亩。经过排水、救苗和再植，受灾面积减少了一半。加强蝗虫、棉蚜、蜈蚣、红蜘蛛等病虫害防治，建立病虫害防治预报体系。

到1956年，22个省市共建立了144个病虫害预测站，14个省设有病虫害预测实验室。四是增加农场和农耕动物数量，提高农田耕作效率和农田复垦速度。在国家和农业合作社的全力配合下，1953—1955年开垦荒地3 600万亩，1956年开垦荒地2 900万亩。五是加强交通、邮电建设，提高物质和信息交流能力，满足国家建设和人民生活的需要。六是加强农业贷款和农村救助工作，促进农业发展和农村社会稳定。仅1955年，国家就投入2亿多元用于农村救济，发放农业贷款10多亿元。农业支出在改善农业生产、改进农具、推广农药、农业机械和农业科技，特别是在恢复农村经济生产方面发挥了重要作用。

（三）过渡时期农村公共服务的供给推动了农业发展

据统计，1949—1957年，农业总产值增长8.01%，粮食总产量增长6%，人均占有粮食由209公斤增加到309公斤。农业为国民经济复苏做出了重要贡献。1952年的粮食和棉花产量超过解放前的最高年产量。1955年，农业获得丰收，粮食总产量达到3 680亿斤，占全年计划的102%，比1954年增长了9%。棉花产量达到3 036万担，占全年计划的117%，比1954年增长了43%。除甘蔗外，所有其他主要作物均比1954年略有增长：甜菜增长61%，黄麻增长95%，玉米增长42%，烤烟增长28%，花生增长6%，茶叶增长17%，蚕茧增长44%，各类水果生长10%。1956年，中国农业产值在严重自然灾害中仍增加了27.4亿元，超过前三年年均增长23.8亿元。但是，总体上农产品生产量的发展显然还无法满足人民和国家的需要。

三、中华人民共和国成立初期农村公共服务供给特征

这个时期国家对农村公共产品的供给较之从前有极大发展。

（一）农村公共服务供给投入总量不断增加

1950年政府财政支农2.74亿元，占财政支出的4%，到1956年政府财政支农29.14亿元，占财政支出的9.5%。其中用于农村基本建设的拨款由1952年的3.84亿

元上升到 1956 年的 13.63 亿元（见表 4-3）。全国财政用于抚恤和社会福利支出，1952—1957 年累计 28.51 亿元，其中农村社会 2.86 亿元❶。由此可见，该时期国家对农村公共产品的供给力度大。

表 4-3　1950—1956 年国家财政支农支出

年份	国家财政支农资金（亿元）	占财政支出（%）	支农资金中基本建设拨款（亿元）	支农资金中支持合作经济和各项事业费（亿元）
1950 年	2.74	4.0	1.99	1.99
1951 年	4.19	3.4	3.67	3.67
1952 年	9.04	5.1	3.84	2.69
1953 年	13.07	5.9	5.77	4.22
1954 年	15.79	6.4	4.87	6.26
1955 年	17.01	5.5	5.71	7.84
1956 年	29.14	9.5	13.63	9.85

资料来源：中华人民共和国农业部计划司编《中国农村经济统计大全（1949—1986）》，农业出版社，1989，第 365 页。

（二）农村公共服务的供给项目显著增加

主要有赈济灾民、垦荒、农田水利、道路建设、病虫防治、技术推广、气象预报、农业机械和农村教育等。1949 年 12 月 19 日政务院发布《关于生产救灾指示》，赈济全国七八百万的灾民，1950 年中央救灾委员会成立，董必武同志任主任委员。自 1950 年起，中国人民解放军先后有 30 多个师参加农业生产建设。在黑龙江、新疆、江苏、宁夏、山东、海南等地陆续建立起一批军垦农场。1953 年 8 月 20 日，政务院举行第 186 次政务会议。水利部部长傅作义报告说，三年来，共新修小型塘坝涵闸等工程 310 多处，凿井 73 万眼，恢复及新建大型灌溉工程 214 处，排水工程 30 余处，添置抽水机 23 000 多马力。另据 1956 年 2 月 14 日新华社报道，据 1955 年 10 月到 1956 年 1 月底的不完全统计，全国已完成渠道塘坝等大小水利工程 17 万多处，打井 100 多万眼❷。过渡时期，政府水利建设主要项目有淮河治理、黄河治理、长江治理、官厅水库竣工、佛子岭水库竣工、西河水库竣工、梅山水库连拱坝建成（世界最高之一，88.24 米）、都江堰水系扩建、洞庭湖堤坝整修、引黄济卫灌溉工程、拉萨水电站

---

❶ 国家统计局国民经济综合统计司编：《新中国五十年统计资料汇编》，北京，中国统计出版社，1999:2。

❷ 李德彬：《新中国农村经济纪事 1949.10—1984.9》，北京，北京大学出版社，1989:64。

扩建等。病虫害防患治理加强,先后治理防治蝗虫、棉蚜、瞑虫、红蜘蛛等虫害。病虫害防患预报工作逐步开展,据1956年5月10日新华社报道:现在全国已有22个省、直辖市、自治区共建立144个病虫害预测预报站,有14个省还建立了病虫害预测预报研究室。1949年12月8日,中央人民政府人民革命军事委员会气象局成立,明确其主要职能是研究、预报各种危险天气,以减少各种危险天气给农业带来的不利影响。过渡期间,国家还积极进行农业技术推广,从1952年8月20日农业部召开新式农具推广座谈会开始,到1956年5月全国农业技术推广站已发展到1万多个(1956年5月10日新华社报道)。此外,国家还在农村推广扫盲教育和冬季教育,同时进一步发展农业高等教育,1955年6月27日高等教育部召集全国30个农林学院开会,统一学科、教程科目和教学大纲。

(三)过渡时期农村公共服务供给极大地推动了农业发展

据统计资料表明,1952年农业产值为342.9亿元,到1956年农业产值为443.9亿元,约增长了13%。1952年有效灌溉面积已达29 938万亩,1957年有效灌溉面积增至41 008万亩,1957年粮食产量达到3 700亿斤,比1952年增长了20%,棉花3 280万担,增长了26%,生猪14 500万头,增长了63%。[1]

过渡时期农村公共产品供给呈以下特点:①政府是农村公共产品供给的主体,但政府主要是以集体劳动的形式来完成公共产品的提供;②农村公共产品的供给内容十分有限,且数量较少,主要集中于农业的基础建设;③农村公共产品的供给对后来的农业发展和农村稳定有较大贡献。

第二节 全面建设社会主义时期的农村公共产品供给

一、全面建设社会主义时期农村公共产品供给的需求表达机制

中国共产党自执政以来,按照自己的政治意识形态,大力推进农村社会的制度变迁。在这一农村彻底转型的过程中,中国共产党实施了前所未有的农村政治结构、经济结构、文化教育格局的解体和重建。中国共产党号召农民积极参与大规模的社会主义改造政治经济运动,在全国各地建立了新型农村基层组织,迅速实现了组织农民的

---

[1] 国家统计局公布:《中华人民共和国国家统计局关于发展国民经济的第一个五年1953年到1957年计划执行结果的公报 中华人民共和国国家统计局关于1958年国民经济发展情况的公报》,统计出版社,1959:4。

目标。同时，将自己的意识形态渗透到过去任何政权都无法渗透的农村社区的末端。

全面建设社会主义时期，农村公共产品的需求表达机制与人民公社的组织特征密切相关。人民公社采用"三级所有制、团队制"的所有制结构，实行党政不分、政经统一管理的制度。人民公社既是农村经济管理组织，又是基层政权组织。它整合了农村所有政治、经济和社会事务管理的权力，整合了工业、农业、军事、教育和商业，有权调动农村的绝大多数人力、物力和财力，对生产大队和生产队实行严格的行政管理。当时，生产大队和生产队不仅是一个经济组织，而且是公社政权的基层组织。在这种严格的组织形式下，自古以来就习惯于自由、宽松生产生活的农民，经历了翻天覆地的变化。他们从"个人"变成了"社会人"和"国民"，不仅失去了生产资料的所有权，还失去了由此产生的剩余索取权，甚至失去了对依附于自己的劳动力的控制。这样一来，由于农民没有任何经济自主权，并保持着高度的同质性，农民对公共产品缺乏积极需求，需求也没有差异。因此，农村公共产品的需求由人民公社或生产大队统一表达（跨地区公共产品由上级部门代表），农民（此时也称为成员）变得完全被动，同时善恶意识的接受者并不多。

二、全面建设社会主义时期农村公共产品供给的决策机制

在完全计划经济条件下，人民公社实行政治和社会一体化制度。无论是生产大队、生产队还是人民公社本身，都具有政治实体和经济组织的双重身份。国家和集体控制着农村几乎所有的物质和人力资源，所有的生产和农民的日常生活只能按照既定的计划进行。农民只是集体组织中的工人，他们把劳动力卖给集体组织换取"工作点"，然后拿"工作点"换取自己和家人的生活必需品。他们在生产过程中几乎没有发言权，他们在生产过程中的作用更"工具性"，缺乏热情和主观能动性。作为国家的主人，他们的政治和经济权利与城市居民一起转移到中央政府，然后中央政府将部分权利层层委托给地方政府。因此，他们的好恶由各级政府代表，公共产品的供给由各级政府根据其政治和经济合理性自上而下决定。

三、全面建设社会主义时期农村产品供给的筹资机制

全面建设社会主义时期，除国防、外交等国家公共产品由中央统一提供，公路、大型水利设施等跨地区公共产品由省、县统一提供外，社区（包括下属团队）承担了农村社区几乎所有公共产品的供应责任。

在人民公社制度下，农村公共产品的筹资渠道主要有两种：一种是财政渠道，另一种是体制外渠道。当时，人民公社的财政收入主要包括国家预算收入（商业企业收入、农业税、工商税、工商所得税、屠宰税和没收收入）、地方预算外收入（人民农业税附加、工商税和工商所得税附加）、人民公社的收入（人民公社企业的利润和折

旧基金、社会事业的收入、生产队的部分公积金和人民公社的其他收入）。但是，由于当时社会经济体制和农村经济的不发达，通过正常的财政手段在农村筹集的资金非常有限，人民公社财政对社区公共产品的供给仅限于人民公社一级的一些项目，更不用说生产队和生产大队的支出项目了。因此，除了人民公社财政之外，整个社区公共产品的正常供应还取决于各级集体组织筹集的资金，即体制外的资金。

体制外公共产品筹资与公社制度框架下的分配制度密切相关。人民公社的分配制度是实行工作点制，扣除各项费用后的剩余部分以工作点为权重分配给社员。在工作积分制下，系统外的公共产品成本通过两种方式分摊：物质成本由公积金和公益金支付，而人力成本则通过增加总工作分数来补偿，从而降低工作积分值。因此，对人民公社时期体制外公共产品筹资的分析可以从两个方面进行：一是体制外公共产品物质成本的分配。人民公社期间用于体制外公共产品的物质费用包括管理费、公益金和部分公积金。由于人民公社制度框架中的分配程序是在确定个人分配之前扣除各种费用，因此从物质成本分担的角度来看，人民公社提供的制度外公共产品是个体成员的外生变量，而决定体制外公共产品供给水平的主要因素是政府的指令。二是体制外公共产品人力成本的分配。人民公社时期体制外公共产品生产最显著的特点是劳动的广泛使用，劳动对资本的替代达到了前所未有的水平。在工作点制条件下，工作点总量的扩张几乎是无限制的。工作点是"取之不尽、用之不竭"的资源。系统外公共产品的劳动力成本通过增加工作点的总数来分摊，从而降低工作点的价值。

对于金融渠道筹资和外部渠道筹资，由于缺乏系统完整的数据，无法准确比较两种渠道的筹资规模，但可以肯定的是，在人民公社时期，农村社区公共产品的外部供给占据了非常重要的地位。表4-4列出了人民公社时期主要农村社区公共产品的筹资渠道，表明集体组织在农村社区公共产品供给中发挥了非常重要的作用。

表4-4 人民公社时期主要农村社区公共产品的筹资渠道

序号	公共产品项目	筹资渠道
1	小型农田水利工程	凡是有能力全部承担的，应自筹解决；对困难公社，国家给予必要补助
2	所有水利工程	中华人民共和国30年兴修的水利工程，国家总投资共763亿元，而人民公社自筹及劳动积累，估计达580亿元
3	集体办学	集体负担为主，国家财政给予必要补助，另由个人负担少量学杂费

续表

序号	公共产品项目	筹资渠道
4	卫生院	实行"社办公助",主要依靠人民公社集体经济力量,由大队统筹全体农民的医疗费用,基本医疗服务费用主要由社区集体承担;财政补助用于培训医务人员的经费和支持和贫穷公社办合作医疗
5	农村"合作医疗"	
6	大队卫生所	几乎完全靠集体经济投资和维持
7	人民公社文化和广播事业	人民公社社有资金为主,国家在预算内支出适当补助

此外,农村社区公共产品体系外筹资的重要性可以粗略地进行定量估计。综上所述,国家和人民公社从农村取得的财政收入主要由农村税费和社会企业利润(企业折旧基金除外)上缴。根据有关数据表明,以1978年为例,可以粗略估计,人民公社和国家从农村获得的财政收入为113.4亿元,而生产队和生产大队的集体留成为103亿元。虽然这一估计并不十分准确,但足以说明这样一种观点:即使国家从农村获得的所有财政收入都用于人民公社财政或县财政中的农村社区公共产品建设(在当时的体制下是不可能的),也不会远高于农村社区公共产品的非制度性供给(集体经济组织提取的管理费、公积金和公益金,尚未包含大量劳动力投入)。这可以再次证明,在人民公社时期,农村社区公共产品体系外的筹资占有非常重要的地位。

第三节 改革开放时期的农村公共产品供给

一、改革开放后的农村社会制度

(一)家庭联产承包责任制与"乡村自治"的农村组织制度的确立

1982年1月1日,中共中央正式发布了历史上第一个关于农村工作的文件——《全国农村工作会议纪要》,其中明确指出,社会主义集体经济的生产责任制是"产量到户,责任到户"。小岗生产队创建的家庭联产承包责任制得到国家的正式承认和推广,拉开了中国农村经济改革的序幕,引发了中国农村经济改革的浪潮。1982年年底,第五届全国人民代表大会通过了《中华人民共和国宪法》,决定建立乡镇政权,取代人民公社管理农村社会。1983年,中共中央一号文件《当前农村经济政策的若干问题》再次充分肯定和高度赞扬了"定额到户"的做法。在政府的积极推动下,家庭联产承包责任制在全国迅速推广。"1983年,中国农村双包户的比例已达到95%以上。到目前为止,以政府、社会和生产队伍相结合为基础的人民公社制度已经完全瓦解"。

实行家庭联产承包责任制后,曾经管理农村社会、政治、经济的人民公社集体和新型农村组织制度逐步建立。1982年年底通过的《中华人民共和国宪法》明确规定,设立乡人民政府,此后一般不采取人民公社的组织形式。1987年通过的《中华人民共和国村民委员会组织法(试行)》明确了村民委员会在农村社会中的性质、地位和作用。村民委员会和行政村正式取代了生产大队和生产队,成为新农村"自我管理、自我服务"的群众性基层自治组织。到目前为止,中国农村已经进入了"农村自治"的新时代。

(二)农村双层生产经营制度与"按劳分配"农村分配制度的确立

在农村政治组织改革的同时,由于家庭联产承包责任制的建立,家庭取代了生产队,成为新的农村经济生产经营单位,掌握了部分生产经营权。在农村经济的具体运行中,主要是由农民组成的家庭承担分散的农村经济生产经营形式和以村为载体的集体统一管理形式,即农村双层管理体制。其中,家庭经济是由承包经济和自给自足经济相结合而形成的。家庭联产承包责任制建立后,农民获得了新的解放,不再属于组织,真正成为"自己"的主人。他们不仅有支配自己劳动力的权利,而且有私有财产权和一定数量的土地使用权。在农村人民公社和集体合同制度下,农民财产的主体已成为虚拟财产。在这种情况下,在新型合作经济中建立家庭分权管理,改变了过去高度集中的管理模式,有利于充分调动农民的积极性和创造性,促进农业生产的快速发展。

农村资源分配实行多劳多得的分配制度、家庭联产承包责任制,彻底打破了吃"大锅饭"的平均主义现象,极大地调动了农民的生产积极性,用农民的话说,"交给国家的是集体的,剩下的是自己的"。在这一时期,农民获得收入的主要渠道有两条:①通过土地承包经营获得收入;②通过从事非农活动获取收入。这种收入获取方式下的收入状况主要取决于农民自身的努力、个人能力和社会机会。也就是说,农民个人的主观努力与其客观收入密切相关,打破了全面建设社会主义时期的平均主义财产分配格局,建立了"按劳分配"制度,提高了农民的生产积极性,个人资源禀赋和财产性收入,有效地激发了农民对经济发展和农业生产投资的极大热情,最终增加了农民收入,从而提高了农民的生活质量。

二、改革开放后农村公共服务供给状况

这一时期，虽然农村公共服务供给总量有所增加，但远远不能满足新时期农民的公共服务需求，总体上呈现出公共服务短缺的态势。从农业基础设施投资来看，1981—1990年，平均每年农业基本建设投资不到21亿元。1985—1990年，农村水利建设总投资119亿元，仅占全国基本建设投资的1.6%，导致农村基础设施建设滞后，难以满足农业发展的需要。这一时期对农村教育的投入严重不足，制约了农村教育的发展，增加了农民的直接负担。在医疗卫生方面，最初在人民公社时期的农村合作医疗制度因为能使农民以较低的成本获得服务而受到了国际社会的赞扬。然而，随着家庭经济取代农业集体经济，集体经济逐渐衰落，导致农村医疗卫生服务状况越来越差。1985年，中国有77.8万个乡村诊所，但到2000年，只剩下70.9万个。1980年，农村医生和卫生工作者有2 695 200人，1985年有1 293 000人，2000年有1 319 000人。社会保障、生产服务、农村固定资产投资和农民生活公共服务等方面下降到2000年的1.44人，农村公共服务没有得到明显改善。此外，由于基层政府主体任期的限制和考核体系的内在缺陷，基层政府主体往往会提供"短、平、快"的公共服务。一些粗放型公共项目遍地开花，但未能给广大农民带来实质性利益，导致农村公共服务供给结构失衡，即"小康工程""达标升级工程"和"有效硬公共品"较多，其中一些甚至供过于求，而一些为农民提供医疗保健、农业生产服务体系、基础设施、基础教育、农业科技供应极为不足。

三、改革开放后农村公共服务供给特征

（一）农村公共服务供给主体多元化

这一时期，农村公共服务的供给呈现多元化趋势，主要包括政府、村民委员会、农民个人和市场组织，都不同程度地参与了农村公共服务的供给。《中华人民共和国宪法》规定，农村公共服务职能是领导本乡的经济、文化和社会建设，做好公安、民政、司法、文教卫生、计划生育等工作。根据这些规定，乡镇政府的职责范围几乎涵盖了农村公共服务供应的所有领域。然而，在实行家庭联产承包责任制后，乡镇政府并没有像人民公社那样拥有巨大的资源控制和调节能力。1994年分税制改革后，乡镇政府的财政能力下降，导致乡镇政府在农村公共服务供给中的作用大大降低。《中华人民共和国村民委员会组织法（试行）》规定村民委员会是村民自我管理、自我教育、自我服务的基层群众性自治组织，处理本村的公共事务和公益事业，调解民事纠纷，协助维护社会秩序，反映本村的意见、要求和建议村民委员会应当支持和组织村民发展生产、供销、信贷、消费等多种形式的合作经济，承担村内生产的服务和协调工作，促进农村社会主义生产建设和社会主义商品经济发展。这表明，虽然村民委员会不是一级政

府，但它承担着提供基础教育、医疗卫生、农业基本建设和社会保障等一些生产性和生活性农村公共服务的责任。

从农民个人的角度来看，随着农民收入的增加，农民也有能力提供一些农村公共服务，如私人办学、修建水井、小型水库、承担医疗点等。21世纪初，中国约有50%的乡村诊所已成为个人医疗点。从市场组织的角度来看，随着市场经济体制的建立和市场化改革的逐步深入，它也涉及农村公共服务的供给。这种多元化的农村公共服务供给体系对缓解我国财政紧张起到了重要作用，在一定程度上满足了农民日益多样化的公共需求。

（二）差异化的农村公共需求与单向度的农村公共服务供给决策制度

人民公社解体后，随着乡镇基层政权的建立，农村的政治经济面貌发生了很大变化。经过几年的改革和调整，我国农村已进入"乡政村治"时代。在这一时期，随着个体农民从人民公社的管理和约束中解放出来，获得个体自治权的农民对公共服务有着积极的要求。这明显不同于全面建设社会主义时期农村公共服务的被动满足。由于家庭联产承包责任制的安排赋予农民索取部分剩余劳动力的权利，劳动成果越多，农民自然会获得越多的物质财富。

农业的生产和发展与农村公共服务的供给密切相关。在水利建设好、品种质量高、科技普及全面、销售渠道畅通的地方，农业发展一定要更好。因此，农民对公共服务的态度从消极转变为积极。而且，在全面建设社会主义时期，由于农村经济是由人民公社和大队统一安排的集体管理体制，农村公共服务的需求和供给是同质的，农民在农村公共服务中没有发言权，对农村公共服务的需求不仅是被动的，而且没有差异化的需求。人民公社解体后，农民对公共服务产生了不同程度的需求，农村公共服务需求呈现出分化状态。

然而，随着农民公共服务需求的变化，农村公共服务供给的决策体系并没有相应地发生变化。

它仍然是一种自上而下的"单向"决策模式。虽然乡镇政府在理解和掌握农村公共服务需求偏好方面具有优势，但基层政府并不是完全按照农村生产和农民生活的需要提供公共服务，而是通过上级的绩效评估来保护供应商的利益。这实质上是一种"自上而下"的供给体系，忽视了农村生产和农民生活的实际需要；这种决策体制是一种单向的决策模式，缺乏与农村公共服务对象的沟通和交流，明显缺乏民主性，无法从制度和源头上维护农民的合法权益。这种情况除了政治管理体制外，还有一个客观原因，那就是中国农村面积大、人口多，农民的公共文化需求难以统一，了解农民需求的成本太大，基层政府没有足够的物质和人力资源进行调查和了解，没有足够的社会压力促使他们关注农民的真实需求。因此，在这种情况下，政府主导的农村公共服务供给单向决策体系逐渐形成。

第四节 农村税费改革后农村公共产品供给

一、税费改革后的农村社会背景

（一）农村税费改革的历程回顾

我国尝试开展农村税费改革试验试点工作从 21 世纪 90 年代就已经开始，其中主要模式有两种："大包干"和"费改税"。"大包干"是将乡统筹、村提留、农业税等各种税费按人头来收取；"费改税"是将乡统筹、村提留等各种合法性收费并入税收之中，这些改革为全国的农村税费改革奠定了良好的基础。2000 年 3 月中共中央、国务院发布《关于进行农村税费改革试点工作的通知》，在安徽全省进行农村税费改革试点工作。2001 年 3 月国务院发布《关于进一步做好农村税费改革试点工作的通知》，要求具备条件的省份可以全面展开试点工作。2002 年 3 月国务院办公厅发布《关于做好 2002 年扩大农村税费改革试点工作的通知》，决定在 16 个省（市、自治区）开展农村税费改革。2003 年 3 月国务院发布《关于全面推进农村税费改革试点工作的意见》，在全国全面推进税费改革。2004 年 1 月发布《中共中央国务院关于促进农民增加收入若干政策的意见》，提出逐步降低农业税税率这一措施，标志着农村税费改革转向了彻底废除农业税及农民所有费用与劳务负担。2005 年 12 月 29 日，十届全国人大常委会第十九次会议经大家一致讨论表决通过决定：《中华人民共和国农业税条例》自 2006 年 1 月 1 日起正式被宣告废止，由此国家不再针对农业单独征税，一个在我国存在 2000 多年古老税种宣告终结。

（二）税费改革后解决"三农"问题的新政策

"多予、少取、放活"，是新时期党中央对"三农"规划的指导工作目标提出而明确实施的重要指导方针和重要战略。"多予"就是各地政府要继续稳步加大中央资金对重点传统支柱农业项目发展的基础性农业项目投入，完善配套政策措施和办法，积极研究落实中央政策性农业综合发展各项补贴项目和相关政策，为促进农民增收创造一个好的环境条件，把农村县级以下政府公共财政、公共产品、公共技术、社会化农业服务支撑体系方面的直接投资项目落实到农村。"少取"就是各地政府要减轻农民负担，取消面向农民的各种不合理收费，清理并规范各项涉农收费，保护农民的合法权益。"放活"就是各地政府都要自觉遵循现阶段我国发展市场经济规律，大力培育与发展本地农村个体、私营经济法人组织；继续大力搞活并优化好农村企业经营主体机制，积极地创造条件和利用好现有民间资本的发展空间与市场氛围；大力培育扶持并推进农村产业转移和所有制结构升级调整工作；加强优质鲜活农产品快速进城、快速流通、快速配送平台建设，激发农民自主从事生产和创业的积极性。

从历史上看，在中国封建社会时期，中国的农村是乡族自治的政治经济体制，宗族成为服务封建王朝统治、维持乡族秩序、供给乡间公共需要的重要工具。传统社会中各朝各代的农村不仅不能从统治者那里得到必要的公共服务，还要向统治者上缴各种苛捐杂税，农村公共服务的自给自足是小农社会的典型特征。1912年，中国政治体制发生了巨大的变革，但是农村的经济发展得不到来自社会资源的支持，没有得到改善。中华人民共和国成立后，农民翻身，农村的社会体制进一步发生变化，原有的宗族秩序逐步被打破，农村的经济发展释放出空前的活力与生机。但由于国家工业化战略的实施，国家不仅在资源分配上实施"轻农业、重工业""轻农村、重城市"的政策，而且从农村中汲取资源为工业化建设提供资源支持。因此，不论是中华人民共和国成立之前的历史，还是中华人民共和国成立到税费改革前的历史，中国农村在与国家的分配关系上都是"被取多、被予少"的政策。"从1953年到1985年，农民为工业化贡献了6 000亿到8 000亿元。"进入21世纪以后，我国工业化建设趋于制度化、体系化，随之意味着应该结束"农业支撑工业、农村支持城市"的发展战略，要实行"工业反哺农业、城市支持农村"的新发展战略。因此，只有真正做到"多予、少取、放活"的发展方针，才能有效地解决"三农"问题，进一步促进农业农村经济发展和社会进步。

二、税费改革后农村公共服务供给制度新变化

（一）公共财政制度的新变化——转移支付制度的实施

由于1994年的分税制改革缩小了地方政府的财政权限，降低了地方政府的财政支出能力，农村的乡镇政府在这种新的制度安排中自然也受到了严重影响，供给农村公共服务的能力随之降低。因此，分税制改革以后的农村公共服务严重依赖农村的自主性筹资模式，即依靠农民上交的乡统筹、村提留、义务工和积累工以及其他收费来支撑，在一定程度上维持农村公共服务供给机制的运转。但由于2000年以来农村税费改革在全国范围内的实施，中央已在逐步有序彻底取消或减免了一些乡镇教育统筹费、农村小学阶段教育方面的教育集资、义务工程和乡村集体积累工，尤其是在2006年之后，中央全面取消征收农业税，这就等于将乡镇政府部门资金汲取的唯一渠道完全被堵死，对于农村地方政府而言这无疑是雪上加霜，原来还能由乡镇政府自己去提供一些公共基础服务，现在也失去了其最后的持续发展动力，由县、乡政府直接主导发展的农村基础公共服务管理事业也彻底陷入一个难以逆转和发展的尴尬困局。为了打破

这一困局，国家专门建立实施了一种以依靠中央公共财政和地方省市级财政转移支付制度为支付基础体系的现代公共性财政制度，加大国家对广大农村地区公共产品服务直接供给财政的有效投入与力度。这种间接投入政策主要采取两种政策途径：一是通过专项拨款直接由中央负担某些项目的供给，如农村义务教育、乡村道路建设、新型农村合作医疗补助和土地治理等。二是由中央和省市向县、乡进行转移支付，以增强县、乡提供农村公共产品的能力。2003年以来，中央财政累计对推进农村税费管理制度改革实施转移就业支付规模近305亿元。2003—2012年十年间，中央财政"三农"投入累计超过6万亿元，并且中央高度关注新形势下农村基层公共事业服务内容的合理供给分配问题，如财政部2003年首次明确了新增加拨付的各级教育、卫生、文化广播电视等专项事业经费应当主要用于扶持农村。2007年，中央一号文件再次提出应当在全国范围内普遍建立农村居民最低基本生活条件保障的制度。在以国家财政为强大资源后盾的支持下，农村公共服务有了一定的改善。

（二）农村公共服务决策机制的新变化——"一事一议"的实施

这一时期，农村公共服务决策制度虽然依然是"自上而下"的决策制度，但是也有了重大的变化，主要就是农村"一事一议"制度的实施，具体表现为乡村内部公共产品的供给按照"一事一议"的原则由受益和承担义务的村民集体讨论来决定如何筹集资金、管理资金和使用资金，讨论如何生产、建设和供给公共产品、确定价格和成本分摊方式与份额。这种方式不仅有效地遏制了基层政府在提供农村公共服务过程中"乱收费、乱摊派"的行为，而且使得农村公共服务供给决策制度的民主性特征更为明显，在一定程度上改变了以往农村公共服务供给体系完全的"自上而下"的单向模式，能够将农民对公共服务的需求以及供给要求更有效地向基层政府传达，而且使农民对基层政府提供的公共服务有了评价和反馈的渠道。这种"一事一议"制度，不仅可以缓解农村公共服务建设资金的短缺困境，减轻农民负担，还能增加农民公共服务供给决策的民主性和自主性，加强对农村公共资源适用的监督与管理，有利于推动农村公共服务制度的不断完善，推动农村公共事业的顺利发展。

三、税费改革后农村公共服务供给状况

（一）税费改革后农村公共服务取得了长足发展

税费改革后，国家在农村等公共民生服务的建设资金方面都加大了投入保障力度，建立新的财政支援方式和公共服务决策制度，促进了农村公共服务事业的快速发展。在农业生产服务保障方面，国家要加强农村基础设施建设，保障农村生产快速发展。2008年用于加强农业基础设施规划建设的财政支出为1 137.6亿元，重点用于大中型水库建设、大江大河湖泊综合治理，对2 505座大中型水电站库和重点小型病险

水库除险加固，解决了 4 800 多万贫困农村人口的饮水及基础设施安全问题。国家大力支持农业生产和促进农村长远协调发展，深入推进西部农业区域综合整治开发，改造提高中低产田，扶持土地产业化集约经营示范区，等等；着力改善当地农村生产生活条件，大力推广高效农业技术，促进当地农民专业科技合作经营组织健康发展、农村劳动力有效转移培训，启动农民科技培训和"科普惠农兴村计划"工程；推进"科技富民强县专项行动计划"，等等。2006 年加大农业补贴政策落实，中央财政新增 120 亿元专项补贴资金，7.28 亿种粮农民直接受益，拨付渔业等行业补贴资金 85.9 亿元。中央财政安排良种补贴 41.5 亿元、农机具购置补贴 6 亿元，其中农机具购置补贴资金比 2005 年增长了 100%。2008 年农林水事务支出 1 821.74 亿元，增长 43.6%，农机具购置补贴范围扩大到所有农业县，共支出 163.4 亿元。种植业保险保费补贴试点省份由 6 个扩大到 16 个，累计参保农户达到 7 500 万户。2009 年以来，用于农业、农村基础设施建设支出 1 168.7 亿元，重点推进南水北调等重大水利工程建设，对 3 970 座大中型和重点小型病险水库进行除险、维修与加固，实施了农村饮水安全工程，使 6 069 万农民受益。提高中西部民族地区、边疆地区、贫困地区农村公路建设补助标准，新建和改造农村公路共 38 万公里，支出总计超过 620 亿元。

在基础教育与文化事业方面，国务院决定从 2006 年春季学期开始，西部地区率先进行试点改革，免除农村义务教育阶段学生学杂费，同时每年对家庭经济困难的初中学生免费提供教科书，并酌情补助寄宿生每个月生活费；中央和地方财政分别安排一定的资金，并对部分专项资金实行国库集中支付，资金直达学校，平均每学年每个小学生减负 140 元、初中生减负 180 元。实施"农村义务教育阶段学校教师特设岗位计划"，启动"新农村卫生新校园建设工程"试点，极大地促进了农村义务教育的发展。2007 年，中央财政用于教育支出 1 076.35 亿元，增长 76%，实施和完善新的对家庭经济困难学生资助政策体系，加大资助力度，提高资助水平。2008 年，加强新农村卫生新校园和中西部地区初中校舍项目规划建设，改善中西部地区农村学校附属基础设施建设。2009 年，对中等职业学校农村家庭经济困难学生免除学费并给予补助。2010 年继续坚持推进全面清理化解农村义务教育债务工作，加强组织好乡镇综合文化站、农家书屋等重点文化惠民工程建设，丰富和发展社会主义农村文化生活，改善并提高城乡公共文化体育设施条件。

在加强医疗卫生体系建设方面，2006 年全国扩大推行新型农村社会合作基本医疗制度试点范围。据统计，2007 年全国超过 50.7% 城市的重点县乡（市、区）已进行完了基本医疗制度改革，参合受益农民近 4.1 亿万人，中央财政医疗补助封顶标准已经由每人 10 元提高到了每人 20 元。2007 年中央财政用于医疗配套补助资金超过 114 亿元，深入有序地推进全国农村社会合作住院医疗制度，目前其制度覆盖全国 86% 农村的乡、镇、县，参加合作医疗住院农民达 7.3 亿万人。2008 年，我国参加合作医疗的农民总数超过 8 亿人。

在社会保障体制建设方面，2009 年国家在中西部农业地区 320 个县开展新型农村社会养老保险试点，给予人们低保补助资金，共支出540.85亿元，一次性生活补贴的发放使全国众多城乡民众脱离了贫困。2010年国家创新财政扶贫开发机制，支持贫困地区发展特色优势产业，补助资金260亿元，覆盖扶贫对象3 597万人。2011年农村农民和城镇居民社会养老保险覆盖面进一步扩大，国家对60周岁及以上居民发放养老金；对全国城乡低保对象、农村五保供养对象等困难群众发放生活补贴，补助金额约311亿元。

（二）农村公共服务建设过程中存在重复建设、浪费严重的现象

综上可知，税费改革政策出台后，国家对"三农"问题逐步重视，农村公共服务体系建设也取得了较大的发展，但是地方各级政府在推行新农村建设的过程中操之过急，最终导致在农村公共服务体系建设中出现了资源浪费的问题。出现这些状况的根本原因是地方各级政府尤其是基层政府对农村社会发展规律的认识不充分而盲目地扩大农村公共服务建设，导致了大量资源以不恰当的比例投入农村公共服务建设中去，使农村公共服务供过于求，不仅没有给农民带来最大的效益，反而造成了大量的资源浪费。例如，浙江省嵊州市北漳镇牛团仓村以前是在深山里，该村最开始由48个自然村组成，不通水电，后来村里有个小水电站勉强通了电。市里投入资金为村里建了卫星接收站，村民终于能看到十几个电视频道了。然而，不久后这个村子搬到了山下，有线电视全部接到户里，过去的卫星接收站被废弃，几十万元的投资也白费了。再如，近些年来由于城市化的加速与推进，城乡交流体制不断健全，农村外出务工人员不断增多，农村的劳动力人口数量逐步减少，自然村的合并趋势不断加强。因此，发展农村教育公共服务事业必须考虑到农村人口变化带来的影响，如农村小学的建设不应该再强调村村都必须有小学。农村人口总数大幅度减少、计划生育政策的影响以及部分外出务工人员带子女随行等，导致农村适龄儿童减少。例如，山西省永和县坡头乡的一个行政村2011年总人口800人，村小学只有3个学生，一位教师，只开设了1～3年级。这种现象并不是个案，而是普遍现象。

据《中国统计摘要2010》的数字显示，全国每年减少7 000多个村民委员会。这说明，曾以农业文明兴盛的中国，平均每天有20个行政村正在消失。农村人口数量不断减少，行政村不断消失，若是每个村都建设小学，必然导致资源浪费。学生都没有了，投入大量资源来建设小学也没有任何意义。对于那些人口较少的村子应该通过村与村之间的合并，再依据人口数量及变化规律进行基础设施建设，农村的中学教育基础设施建设也面临着同样的问题。近些年来，由于农村的中学也在不断地向县城集中，生源在不断下降，农村中学师资力量薄弱，许多农村的家长把孩子送到县城或市区的中学读书，各乡镇的中学生源减少，学校的办学规模也阻碍了乡镇中学发展。据不完全统计，"有些农村中学规模只有三四百人，不到百人的小学更是随处可见；面向农村的职业中学或关门，或只有几百人苦苦坚守（因其需要更多的实验、实习设备，便显得生均成本相对更高）。布局分散、规模偏小，就会造成教育资源的浪费"。在农村其

他的公共服务方面也是这样，如果农民都集中到城镇，那么原来的村落由于无人居住就不需要建设许多基础设施，而可以将节省出来的各种资源集中到新的行政村的公共服务建设中去。总之，各种资源浪费的现象存在于农村公共服务中，因此农村公共服务建设者既要有效地照顾到眼前利益，更要兼顾到长远的利益和整体的利益，要使农村居民更长期有效地享用公共服务，让他们真正享受到农村公共服务建设带来的便捷。

近几年来中央和地方政府不断增加对"三农"的资金投入，优化农村公共服务体制，使农村在基本设施建设、教育、卫生医疗、社会保障和农业服务体系建设方面都取得了较好的成绩，这是值得肯定的。但由于历史原因和传统制度的制约，当前农村公共服务体制依然有一定的局限性。因此，总体上看，当前的农村公共服务事业既取得了一些成就，也存在着这许多问题，如国家财政投入不足、城乡差距扩大未得到根本的扭转、农村公共服务发展的可持续性不足等。所以在看到成绩的同时，我们要清醒地认识当前农村公共服务供给中存在的问题，不断改进与优化，推进农村公共服务机制健康有序的发展。

第五节 新农村建设时期农村公共产品供给

一、社会主义新农村的内涵及其目标要求

近几年，党中央、国务院以科学发展观统领全局，为推进统筹城乡发展制定了一系列利民的重大政策，为推进农村的发展提供了平台。经过改革开放40多年的发展，我国步入了新的发展阶段，综合国力不断增强，工业化和城市化水平不断发展，国家财政收入快速增长。因此，我国以工促农、以城带乡的时机基本成熟，条件初步具备。建设社会主义新农村是我们党在新的历史条件下认真总结国内外农村建设实践经验的基础上，在科学发展观的指导下和发展马克思主义重要思想的基础上提出来的。建设社会主义新农村的总体目标就是"生产发展、生活宽裕、乡风文明、村容整洁、管理民主"。这一目标既注重发展农村生产力，又注重调整农村生产关系；既注重农村经济发展，又注重精神文明建设。使经济发展与社会进步相统一，体现了新形势下农村全面发展的客观要求。新农村建设内容与以往的不同表现在以下几方面：

第一，根据统筹城乡发展要求，促进城乡之间的良性互动和农村和谐社会的构建。城市发展了，相对来讲农村却进入一个比较落后的状态，这不符合新农村发展要求。我们从第二章的分析可以看出，现在的农村存在诸多问题，这是不利于现阶段小康社会的全面发展的。因此，我国不仅要合理地促进城市化进程的发展，还要关注农村的发展，促进城乡良性发展，通过两个反哺——城市对农村的反哺和工业对农业的

反哺，促进农业可持续发展，共同构建和谐社会。

第二，重点落实基础设施的投入与公共事业的发展和完善。农村基础设施建设的重点是加强生产设施建设，提高农业生产能力；加强生活设施建设，改善农民生活条件。因此，国债投资和中央预算内投资要向农村社会事业倾斜。

第三，深化农村改革的重点是相关社会制度的配套与健全。农村社会问题与以往强调的农业经济问题相比日益严峻。例如，很多家庭本来生活得很好，但只要有病人或学生就会导致贫困，这些现状仍然得不到改善；再如，农村社会保障问题、养老问题、残疾人生活问题等，都需要健全的社会保障体制来解决。

第四，农村人文、社会及自然环境的建设。农村的自然环境不好，人们就不愿意留在农村。在一些西方国家，农村是一个景色优美的地方，人们生活很有幸福感，因此很多城里人到了一定阶段后，有向农村回流的意愿，于是出现了逆城市化现象。所以，新农村应该拥有田园风光，让人们体会到更加美好的乡村生活。

社会主义新农村建设综合反映社会文明进步的程度，不仅是一个村镇建设的问题，而且是整个农村发展的问题；不仅是一个经济问题，而且是一个包括经济、政治、文化、社会等涉及社会生活多方面的有机整体。党的十六届五中全会提出的社会主义新农村建设具有丰富而深刻的内涵。在"十一五"规划中，"生产发展、生活宽裕、乡风文明、村容整洁、管理民主"展现了一幅新农村的美好蓝图——产业发展要形成"新格局"，农民生活水平要实现"新提高"，乡风民俗要提倡"新风尚"，乡村面貌要呈现"新变化"，乡村治理要健全"新机制"。

新农村建设的首要任务是生产发展。"发展是硬道理""发展是我们党执政兴国的第一要务"，因此我们必须大力发展生产力。只有生产力发展，才能提高广大人民的物质生活和文化生活水平，才能促进农村各项事业的全面发展。否则，新农村建设就成了无源之水。

建设社会主义新农村的核心目标是提高农民的生活水平。生产发展本身不是最终目的，最终目的是提高农民的生活水平和生活质量。但与全面建成小康社会奋斗目标相比，农村总体生活水平还比较低，建设社会主义新农村必须惠及农民，使农民的生活水平有更大的提高。

新农村建设的关键环节是乡风文明。乡风文明就是要不断提高农民的思想道德水平，丰富农村文化生活，形成一种崇尚文明、健康向上的社会风气，这是建设社会主义新农村的灵魂。近年来由于我国农村经济的持续健康发展，农村文化建设明显改善，农民的精神面貌有了明显改变。但我国农村的精神文明建设程度总体上还比较低，特别是中西部的偏远农村地区，精神文明建设投入不足，文化基础设施落后，使得农村精神文明建设与全面建成小康社会的目标要求不适应，与经济社会的协调发展不适应，与农民群众的精神文化需求也不适应。

新农村建设的重要内容是村容整洁。村容整洁就是农村脏乱差状况要从根本上得到治理，还要改善农村生态环境，为农村居民创造一个良好的居住环境，打造拥有新房舍、新设施、新环境、新风尚、新秩序的农村新面貌。

长期以来,大部分农村地区的人居环境不能令人满意。据有关调查,目前全国仍有大部分乡镇没有卫生院,一半的村喝不上符合标准的饮用水,众多农户没有用上卫生厕所,大批农民的住房需要改善,还有许多没有解决燃料问题的农户,少部分村不通公路、电话,没有通电。现在农村劳动力外出务工,虽然他们外出赚钱回来盖了新楼房,但农村房舍缺乏规划,出现"有新房无新村,有新村无新貌""室内现代化,室外脏乱差"的不和谐现象。

新农村建设的有力保障是管理民主。管理民主就是要在农村党组织的领导下,实行民主选举、民主决策、民主管理、民主监督,这是建设新农村的政治保证。健全村民自治制度是民主管理最主要的任务。

目前,我国农村地区实行的村民自治,已经形成了以建立健全村委会的民主选举制度;以村民会议或村民代表会议为主要形式的民主决策制度;以村规民约为载体的民主管理制度;以村务公开、民主评议和村委会定期报告工作为主要内容的民主监督制度。但在《中华人民共和国村民委员会自治法》实施过程中却仍然存在其他一些问题。例如,部分乡镇部门干预地方村民依法自治活动过多;地方选举出现村民贿选、非法或操纵选举行为和村民暴力干扰选举活动问题等;部分村委会干部责任制很难保证落到实处等。

总之,建设社会主义新农村,并不代表要加快农村经济的发展。党的十六届五中全会突出强调"要统筹城乡经济社会发展,推进现代农业建设,全面深化农村改革,大力发展农村公共事业,千方百计增加农民收入"。这意味着我们在经济快速发展的同时,农村教育、文化、社会事业将进入快速发展时期,逐步缩小城乡差距,促进农村各方面健康稳步发展。

二、农村公共产品在新农村建设中的作用

农村公共产品在农村经济和社会的发展中起着基础性作用。中国农村发展到今天,虽然农民的收入得到了一定的提高,但农村的教育、文化、卫生等方面都还只能满足最基本的需要,农村经济的可持续发展离不开这些公共产品。当前农民收入增长缓慢,农民收入水平难有大幅度提高等一系列问题,意味着农村公共产品供给不能适应农村经济增长的需要,不能适应农村经济的进一步发展的需要。同时,农村公共产品供给的数量和质量影响着农村经济发展的效率。许多涉及农村可持续性发展的科研与技术推广的大型农业基础设施,单个农户没有能力提供,但是对提高农业生产效率十分重要,如农业水利灌溉、农业技术等。只有供给数量充足,且有较高的质量,才能有效提高农业生产效率。

农民生存与发展的基础是农村公共产品,农村公共产品供给数量的多少、质量的高低是落实农民生存权与发展权的重要保证。交通、电力、通信等基础设施也会影

响农村居民的生产生活质量和经济生产条件，农村公共产品的提供有利于解决农村普遍存在的行路难、吃水难、就医难、上学难、用电难等问题。同时，农村的医疗保健、养老和保险等社会保障体系的建立，有利于促进农村社会的稳定。

"三农"问题的解决在一定程度上依靠农村公共产品的供给状况，提高农村公共产品供给的数量与质量成为破解"三农"问题的拐点，也为社会主义新农村建设打下了坚定的基础。

第一，农村公共产品的供给有利于促进农村的可持续发展和农业现代化。首先，农村公共产品的提供有利于降低农业的自然和市场风险，如农田水利设施和病虫害防治系统的建设可以帮助农业抵抗自然风险，市场信息系统和农业保险体系有利于降低农产品的市场风险。其次，农村公共产品的提供有利于降低农业生产经营活动的成本，提高农村生产效率。最后，农村公共产品的提供有利于促进农村社会分工，使得农业发展向专业化、规模化和可持续发展方向迈进。

第二，农村公共产品的供给有利于提高农民的素质，有利于推广农业科技、提高农村生产力，促进城市化的实现。农民素质的提高和科学技术的进步有利于促进农村经济的发展。只有农民素质得到一定的提高，农村才能形成健康文明的社会风气，才能有效贯彻科教兴农政策，培养农民的致富创新能力，促进农村的快速发展，促进农村的民主法制的建设和完善，使社会主义新农村建设焕发生机与活力。就业难是"三农"问题的一个关键，其中一个重要因素就是农民的素质在城市就业中缺乏竞争力，从而只能从事简单劳动。增加农村公共产品供给可以提高农民的素质，增加农民的就业竞争力，再加上户籍制度的改革和基础设施的完善，农民在城市定居的人将越来越多。反过来，城市化进程的加快也会促进农村经济社会的发展。

第三，农村公共产品的供给有利于改善农村居民的生产生活条件，缩小城乡差距，促进实现全面小康社会的发展。交通、电力、通信等基础设施的建设对农村居民的生产生活提供了很大的便捷。同时，农村的医疗保健、社会保障体系的建立，有利于促进农村社会和谐稳定。这些都为农村居民的生活带来了巨大的便捷，有利于缩小城乡差距。在初步达到小康水平的基础上，农村居民的需求结构正在向高层次迈进，增加农村公共产品的供给成为新时期全面建成小康社会的重要任务之一。

第四，农村公共产品的供给有利于减轻农民负担，增加农民收入，从而刺激农村消费需求，有利于促进经济增长。对国家偏向城市发展的战略和农村公共产品主要由制度外供给的制度进行改革，有利于帮助农民走出自我提供的困境，减轻农民负担，帮助农民进行资源整合，改善家庭经济条件，提高农民收入。而且，农村是一个广大的市场，是国民经济持续、稳定发展的强大后盾。如果增加对农村道路、农村电网、农村有线电视网、农田水利设施、农村洁净饮水设施、农村基本医疗、农村基础教育等公共产品的提供，那么更有利于刺激农村消费、扩大内需和拉动农村经济增长。

总之，从国家发展农村经济，拉动整个农村消费市场，促进国民经济持续健康发展的角度来看，政府向农民提供公共产品，不仅可以直接减少农民的支出，扩大他们的消费能力，刺激消费需求，而且能为农村创造良好的市场消费环境。从全面建成小康社会的角度来说，健全完备的公共基础设施有利于促进农村小康社会的发展。

三、新农村建设时期农村公共产品供给取得了巨大进展

新农村建设时期，农村的财政支出得到了中央财政的大力支持。2011年，中央财政的大力支持使农村基本医疗保障水平以及各项保障制度建设取得了巨大成就，使农村居民"病有所医、老有所养"。

新型农村合作医疗（以下简称新农合）基本实现全覆盖，医疗卫生服务体系建设不断完善。2010年年底，国家扶贫开发工作重点县参加新农合的农户比例达到93.3%，有病能及时就医的比重达到91.4%，每个乡镇都有卫生院。

新型农村社会养老保险制度也在不断完善并推进实施。2009年，国家设新型农村社会养老保险试点。新型农村社会养老保险筹资方式多样，有个人缴费、集体补助、政府补贴相结合等。中央财政对中西部地区人民的基础养老金给予大力补助，对东部地区给予50%的补助。2010年，中央财政对新型农村社会养老保险基础养老金补贴111亿元人民币，地方财政补贴116亿元人民币，新型农村社会养老保险金制度惠及4 243万农民。到2011年7月，新型农村社会养老保险金已覆盖全国60%的农村地区，国家扶贫开发工作重要试点县共有493个。已经实现新型农村社会养老保险制度全覆盖的有北京、天津、浙江、江苏、宁夏、青海、海南、西藏8个省份、直辖市。

最低生活保障制度目前在全国已取得了飞跃性的进展，从1992年农村最低生活保障制度开始实施以来取得了巨大的进步。尤其是2007年7月1日，国务院发布了《关于在全国建立农村最低生活保障制度的通知》以来，农村受保人数逐步增多，待遇水平也在逐渐上升。2007年7月，农村低保对象是2 311.50万人，2012年2月，低保对象已达到5 282.50万人。同时，国家提高了救助标准。2012年2月，民政事业费支出456.10亿元，其中农村最低生活保障支出138.30亿元，全国农村低保平均标准提升为每月117元。2010年民政部门资助参加新型农村合作医疗4 615.40万人次，资助资金14亿元，人均资助30.30元。五保供养全部由国家财政负担。农村居民五保集中供养人数达182.20万人，农村居民五保集中供养户数为177.80万，农村基础设施也在稳步推进。2002—2010年，592个国家扶贫开发工作重点县新增5 245.6万亩基本农田，新建及改扩建95.2万公里公路，新增3 506.1万平方米教育卫生用房，并解决了人和牲畜的饮水困难问题。到2010年年底，国家扶贫开发工作重点县基础设施建设越来越完善，水电设施也在不断完善，如农村可以饮用自来水、有深水井农户达到60.9%，自然村通公路比例为88.1%、通电比例为98%、通电话比例为92.9%，农户人均住房面积也在增多，达到24.9平方米。

农村社会事业在不断进步。由于农村义务教育得到了加强,青壮年文盲也在逐步减少。到 2010 年年底,国家扶贫开发工作重点县学龄儿童入学率达到 97.7%,接近全国平均水平;青壮年文盲率为 7%,比 2002 年下降了 5.4%,青壮年劳动力平均受教育年限达到 8 年。农村经济社会统筹发展的局面正在加速形成。

第五章 作用机理：乡村振兴与农村公共产品供给

第一节 农村公共产品供给对乡村振兴的主要作用

为了一劳永逸地解决"三农"问题，党和政府做出了乡村振兴的重大战略部署，这是解决城乡差距，实现共同富裕，实现中华民族伟大复兴的中国梦的重大举措。乡村振兴战略的提出对农村公共产品供给提出了新的更高的要求，同时农村公共产品供给可以促进乡村振兴战略的实施，两者的关系如图 5-1 所示。

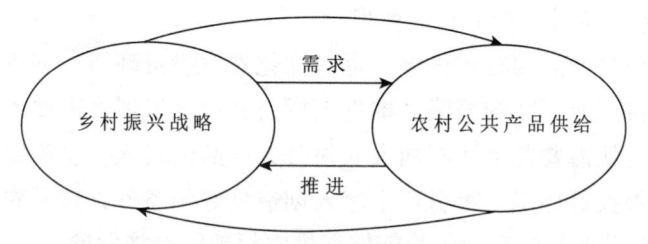

图 5-1 乡村振兴战略与农村公共产品供给关系

一、农村公共产品有利于实现产业兴旺

产业兴旺既是乡村振兴的基本条件，也是乡村振兴的主要任务。实现产业兴旺，必须以农村公共产品有效供给为主线，聚焦农村产业高质量发展，推动农村三大产业融合发展，引领各类生产要素向农村流动，进而增强乡村产业内生动力，为乡村振兴提供经济基础。我国农业发展中存在着一些问题，如农业生产组织化程度不高，农业生产资料价格上涨等。当前，农村产业发展现状与乡村振兴的要求还有较大差距，主要表现在以下几个方面：

第一，农村产业发展需要优化升级。中国农业产业链条比较短，农产品附加值相对较低，大部分农产品仍处于原材料或初级加工品阶段，导致农村产业整体效率较低。同时，农村产业规模相对较低，难以形成具有国际竞争力的龙头企业和国际知名的农业品牌，如何实现小农生产分散、大市场有效对接，仍然是农业生产发展面临的一项重要任务。

第二，农村产业科技成果转化水平不高是目前制约我国农村经济发展的重要因素之一。我国农业生产仍处于初级发展阶段，农业生产科技贡献率还不高，农业科技人才仍然比较缺乏，农业的综合机械化程度还比较低。据统计，我国农业增长科技进步贡献率仅为50%，每万农民拥有的科技人员数量仅为2.81人，农村产业兴旺机械化率不到70%。

第三，城乡产业融合滞后。城乡产业融合发展是解决当前农村经济结构性矛盾和振兴农村产业的关键所在。要实现农村产业兴旺，必须统筹乡村产业布局，推动城乡三大产业不断渗透融合，形成城乡优势互补，错位发展的产业格局。城乡产业融合发展滞后，将严重影响农村产业兴旺的实现[1]。

要实现产业兴旺，必须实现农村公共产品的有效供给。农村公共产品有效供给能够提高农村地区生产要求。农村公共产品的有效供给可以吸引生产要素向农村地区发展，促进农村产业兴旺。

第一，农村公共产品能够为农村产业发展提供人才支撑。农村教育公共产品的发展，有利于提高农村人力资本；发展农村公共卫生、医疗服务、社会保障等公共产品，可以增强农村地区的吸引力，吸引优秀人才到农村投资、工作和生活，促进人才向落后地区流动，有利于人才支撑农村产业发展。

第二，农村公共产品的有效供给，可以优化农村投资环境，促进资金向落后地区的流动，促进农村产业兴旺的繁荣。推进农村公共产品发展，需要加大对农村公共产品投资的投入，这就需要各级政府加大农村公共产品的投入，也需要吸引大量的社会投资，为农村改善投资环境、吸引资本流入创造良好的条件，这是农村产业兴旺的关键。因此，农村公共产品的有效供给能够促进农村地区经济发展，实现乡村振兴。

第三，农村公共产品可以带动农村相关产业的发展，促进农村地区经济的发展。要实现乡村产业的繁荣，就必须加快农村公共产品的发展，农村公共产品的供给是乡村振兴的基础产业。

二、农村公共产品供给有利于实现生态宜居

随着经济的发展和社会的进步，生态的重要性越来越突出，农村生态宜居形势也越来越严峻。近年来，我国政府对农村生态建设高度重视，农村生态环境得到了明显

---

[1] 彭伟，陶叡：《基于乡村振兴的农村公共产品供给研究》，现代农机，2021（5）：25-26。

改善，农村生态系统也不断得到优化。但是，农村生态系统退化，环境污染日益严重，资源约束趋紧，农村生态环境与宜居目标还存在较大差距，主要体现在以下几个方面：一是农村环境卫生落后影响了农村生态宜居目标的实现。农村垃圾和污水的处理方式与城市相比仍有较大差距，大部分农村垃圾和污水直接排放，不利于农村环境卫生的改善。二是农村基础设施落后，影响生态宜居目标的实现。农村道路交通、生活用水、电力通信等公共产品供给远远落后于城市，给农村居民生活带来了困难，不利于农村生态宜居的实现。三是农村地区基本医疗、基础教育、文化娱乐活动水平较低，难以满足广大农民日益增长的精神文化需求，也会影响农村生态宜居目标的实现。

农村公共产品有效供给是建设美丽乡村的重要内容。一方面，农村公共产品的有效供给可以实现"生态"的目标，促进农村生态环境的改善，推动生态保护和社会发展的协调；另一方面，农村公共产品的有效供给可以实现农村"宜居"的目标，改善农村的居住条件，提高农村生活的舒适度，实现建设美丽宜居乡村的目标。

三、农村公共产品供给有利于实现乡风文明

乡风文明是农村居民与乡村在自然互动过程中所创造的一切事物和现象的总和[1]。乡风文明是乡村振兴战略在文化上的重要体现，也是乡村振兴的一项重要内容。随着经济的发展和社会的进步，传统乡风文明的封闭性正在被打破，乡风文明也面临着越来越大的挑战。一是乡风文明建设主体严重缺失。乡风文明的传承和发展离不开乡村人口的支撑，但随着城镇化发展，大量农村剩余劳动力特别是中青年劳动力转移到城镇，造成了农村的"空心化"。农村人口的流失导致乡风文明建设中坚力量的缺失，从而导致乡风文明不能得到有效传承。二是传统农村生活方式的转变对乡风文明建设产生了重要影响。我国传统的农村生活方式以农耕文明为特征，形成了以亲情为基础的熟人社会和以道德伦理为基础的交往方式。随着我国社会主义市场经济和城镇化的发展，我国传统农村生活方式发生了变化，以亲情为基础的熟人社会逐渐瓦解，以伦理道德为基础的交往方式逐渐被以法治为基础的交往方式所取代。因为农村传统生活方式的改变会导致乡风文明的变化，这给乡风文明建设提出了新的挑战[2]。三是传统农村生产方式的转变给乡风文明建设提出了新的挑战。中国几千年形成的农耕文明，主要是建立在"一家一户"的传统生产方式基础上的，随着新型城镇化的发展，农村土地流转速度和农业产业化加快，农业生产方式也发生了巨大的变化，这将对乡风文明建设提出新的挑战。

---

[1] 李娟：《新型城镇化视阈下的中国乡村文化及其产业化问题研究》，学术交流，2014（11）：123-128。

[2] 张向阳，任爱胜：《乡村振兴背景下河北省农村公共产品供给优化研究》，经济研究导刊，2021（10）：21-24。

农村公共产品的有效供给，有利于农村文化环境的改善和乡风文明的实现。

第一，农村义务教育推进乡风文明建设。加强义务教育水平可以提高农民的思想道德素质、科学文化素质，提高农民的文明素养，培育乡风文明建设的新型农民主体；农村义务教育水平提高，可以促进农村经济发展，提高农民收入水平，为乡风文明建设提供物质基础。

第二，农村公共文化的建设可以促进乡风文明建设。乡村公共文化建设可以提高农村人口的文化素养，提高农民的思想道德水平，营造良好的社会风尚，为大多数农民适应农村生活方式转变提供保障。农村公共文化建设可以为乡风文明建设提供物质条件，为乡风文明建设提供精神动力，为乡风文明建设提供智力支持，为乡风文明建设提供精神动力。

第三，农村科技服务建设可以促进乡风文明建设。农村科技服务建设可以增强农民的科技意识，培养农民科学精神，提高农业生产的科技水平，促进农村文明科学理性发展。

总之，只有农村公共产品的有效供给才能促进乡风文明建设，才能实现乡村振兴的目标。

四、农村公共产品供给有利于实现治理有效

要实现有效的农村治理，完善农村治理体系，除了调动广大农民的积极性外，还要调动社会各界人士的关注度与参与度；农村公共产品的有效供给的实现，依赖于广大农民的积极性，也与社会各界的广泛参与息息相关。因此，农村公共产品的提供与农村治理相辅相成，两者相互促进、相互制约、共同发展。有效的农村治理是农村公共产品有效供给的前提，农村公共产品的有效供给是农村有效治理的关键保障。

有效提供农村公共产品可以促进有效的农村治理，特别是在以下几个方面：

第一，有效提供农村公共产品可以更好地建立和发挥农村人才体系。合理利用农村人才储备资源，是有效治理农村的重要保证。农村公共产品的有效供给可以优化农村的经营环境，吸引更多人才返乡创业，为家乡做贡献，这是实现农村治理的重要保障。

第二，社会力量的广泛参与以农村公共产品的有效提供为前提。要实现有效的乡村治理，必须集中多方力量，引导社会各界参与乡村治理。在乡村振兴战略目标的实现过程中，农村公共产品的有效采购可以吸引各行各业力量的参与度，为实施集中力量治理农村提供必要保障，从而推动农村有效治理的尽快实施。

第三，农村公共产品的提供可以提高农民的整体素质。广大农民是农村治理的主体，而提高农民的治理能力是实现农村有效治理的关键，释放农民的"主人"精神，提高其治理意愿。农村公共产品的提供不仅是农村基础设施建设的基础，如文化设施、教育设施、科技设施等，此外还可以提高农民的政治素质、治理能力和法律意识，可以进一步培养农民的治理能力。同时，农村公共产品的有效供给可以提高农民的民主

参与意识，提高农民的所有权意识，提高农民参与农村治理的积极性和主动性。

五、农村公共产品供给有利于实现生活富裕

居民收入水平与国民总收入和国民收入分配的公平性呈正相关。要实现生活富裕，必须发展农村经济，促进农村经济总量增长，促进国民收入公平分配。农村公共产品供给是影响农村经济总量与农村居民收入水平的一大因素。农村公共产品的供给促进了农村整体经济的持续发展和农村经济发展水平的提高，促进了农村社会福祉的提高和农民生活富裕的实现。

首先，农村公共产品的供给可以缩小收入差距。因为农村公共产品的供给能够满足农民的收支平衡，减少农民的必要消费。例如，农村卫生和医疗服务可以降低农村卫生成本，减少对农民医疗服务的投资，以实现农民的福祉；农村义务教育可以减少农民在教育方面的支出，确保收支平衡，实现农民富裕。其次，农村公共产品的提供可以提高农民的就业能力，激发农民的就业积极性，缓解农民的就业担忧，提高农民工作的质量和效率，提高农民收入，实现富裕。例如，农村义务教育可以打破农民收入低便降低消费水平的窘境，提高农民的社会参与感和自信心，从而提高农民的就业能力和收入水平，让农民逐步富裕起来。最后，农村公共产品供给可以减少公共风险，缓解农民的担忧，让农民不再畏手畏脚，鼓励农民敢干事情、敢干实事，让农民自己有劳而获、发家致富。公共风险是指社会中个人无法承担的风险，但可能对群体或社会产生影响，主要包括教育、医疗、养老金等可获得性风险，环境安全、消费者安全、公平竞争等无障碍性风险，信息不对称的风险，等等。农村公共产品供给可以预防和降低农村公共风险，有效防止潜在性风险大肆传播所带来的危害，提高农民应对风险的能力，从而减少风险损失，实现农民收入可持续发展，实现农民致富目标。

总之，农村公共产品供给就是为乡村振兴战略服务的。乡村振兴战略作为时代的新要求，是我们国家的最新目标。因此，我们应该统筹农村公共产品并发挥其功能，从而促进乡村经济发展、优化乡村生态文明、促进乡村文化繁荣、实现农民共同富裕。

第二节 乡村振兴中农村公共产品供给的重点内容

无论是乡村振兴战略的实现，还是全面建成小康社会，甚至是实现"三农"现代化目标，归根结底，都有赖于农村公共产品的有效供给。在实施乡村振兴战略的过程中，涉及农村公共产品供给的内容很多，本节主要从公共基础设施、公共教育和社会保障三个方面来对乡村振兴战略进程中的重点内容做简单论述。

一、优化农村公共基础设施

农村公共基础设施主要是指为农业生产和农民生活提供基本保障、投资相对较高、建设周期较长的基础设施,主要包括农村公路运输、邮政通信、农田水利保护、商业、物流和其他设施。农村公共基础设施建设是农村复兴的重要保障,包括以下几个方面:

第一,建立现代农业经济体系离不开农村公共基础设施的建设。农村公共基础设施是现代农业经济体系建设的"主要资本",因为农村公共基础设施建设既是农业生产和再生产的根本保障,又是提高农业生产能力和农业生产效率的根本条件。在农业生产过程中使用现代物质技术手段,优化农村基础设施,可以更好地促进农业现代化,实现"强农"的目标。

第二,为了改善农村面貌,我们需要加强农村公共基础设施建设。加强农村公共基础设施建设,不仅可以改善农村生活条件,还可以改善农村生态环境,从而促进农村社会面貌的改善,实现"乡村美"的目标。

第三,为了提高农民的生活水平,我们必须加强农村公共基础设施建设。提高农民的收入水平是提高农民生活水平的前提,而农民的收入水平与农村公共基础设施建设之间必然是正相关趋势。同时,我们不可否认,提高农民的生活水平需要有完善的农村公共基础设施,如电力、通信、网络、供水、废水排放和废物处理、完善的医疗、文化以及其他公共服务等设施,否则,我们不仅无法提高农民的生活水平,也无法满足农民对日益增长的美好生活的需求。然而,目前中国农村公共基础设施建设的发展还不尽如人意,还不能为"富农"提供良好支持。因此,加强农村公共基础设施建设可以提高农民的生活水平,进而实现乡村振兴战略要求的生活富裕目标。

(一)加强农村道路交通建设

道路交通设施是农村对外交往的基本条件,也是农村生产性公共基础设施建设的重点。只有加强农村公路交通基础设施建设,才能将资金、劳动力、技术等生产要素汇聚于农村地区,才能保障农村与外界的交流以及农村的经济发展,才能促进乡村振兴战略的实现。然而,一些农村地区,特别是偏远农村地区道路交通发展并不乐观,农村振兴的实现仍然存在较多问题。所以,我们要尽快着手多渠道筹集资金,重视农村交通设施建设,完善农村公路运输网络,提高农村交通服务能力,为尽快实现农村振兴做出规划。首先,我们可以加强农村对外交通设施建设。加强农村对外交通建设,加强农村省道、国道、公路等交通基础设施建设,促进农村外汇畅通便利。其次,要加强农村内部交通基础设施建设。加强农村公路等基础设施建设,实现农村老路畅通。同时,加强农村交通基础设施建设,例如公路建设、桥梁建设等,努力改善并提高农村交通环境,满足广大农民对交通道路的需要和要求。最后,加强建设农村物流基础设施体系。加快建成农村物流服务点,确保物流服务体系完善化,让物流系统基础设施发挥最大的效用,让城乡物流之间保持交流互助,进而实现乡村振兴战略目标。

(二)加强农村通信网络建设

农村振兴的重点是发展农业信息化。随着信息技术的发展,新产业和新模式如雨后春笋,势头渐盛,农民对通信网络基础设施的需求也不断增加。然而,全国城乡通信网络基础设施发展不平衡,城乡通信数字化程度高低不一的趋势较为严重。为改变这一现状,我们要做到以下两点:

第一,加强农村互联网基础设施建设。网络信息技术作为经济社会发展的重要因素,我们要充分利用它来振兴农村地区的经济,加强通信网络基础设施,扩大农村宽带网络覆盖范围,使农村信息化从而促进乡村振兴战略的实施。

第二,加强农村互联网的发展。我们要提高为农民提供的互联网服务质量,利用互联网增加就业机会;为农民提供职业培训,以提高其综合素质;利用互联网和信息化来提高农业生产效率,尤其是农村对电子商务的运用,让互联网成为促进农业现代化的一大优势和助力。

(三)加强农村水利设施建设

水是农业的命脉。要发展现代农业,实现乡村振兴战略目标,就必须大力建设农村水利设施,特别是节水农业设施。然而,我国节水农业设施建设不够完善,远远不能满足高质量农业发展的基本要求。因此,在大力发展大、中、小型农业节水设施的同时,我们不能忽视对节水灌溉工程和农村安全饮水工程的建设,否则就无法满足农村的节水需求。因此,我们要做到以下三点:一是加强基本农田水利建设。在中国许多地区,农业生产仍然依赖自然,缺少基本的农田和水利设施,各级运河系统不完善。因此,财政资金应偏向农田水利设施,加强农田灌溉系统的建设,扩大农田灌溉面积,推进节水灌溉系统的建设。二是中国淡水资源相对稀缺,人均淡水资源不足世界平均水平的三分之一。因此,我们要重视节水灌溉建设体系,提高水资源利用率。三是加强农村安全饮水工程建设。农村饮用水与农民的健康息息相关。因此,我们要逐步完善农村自来水建设体系,确保农民使用安全、清洁、方便的自来水。

二、加强农村公共教育供给

农村公共教育是促进乡村振兴战略正确实施的重要保障。长期以来,由于城乡经济发展不平衡,教育体制不合理,我国农村教育发展一直低于城市教育水平。我国农村教育发展滞后不外乎几大原因:农村教育投入不足、师资力量薄弱、优质教育资源匮乏等。邓小平同志强调,教育管理的方针为:一是传播,二是改进,二者相辅相成。我们要确保农村公共教育资源公平分配,促进农村教育发展,坚持普及与提高并举,努力提高农村教育水平。

（一）加强农村义务教育发展

我们要加强农村义务教育的整体供给，提高义务教育普及率，确保农村适龄儿童全部接受义务教育；要通过合理建设学校，促进农村义务教育发展，实现城乡义务教育水平等，改善农村学校管理条件，提高农村义务教育师资水平；要不断提高农村义务教育质量，确保农村适龄儿童接受高质量的义务教育。加强农村义务教育发展要做到以下几点：一是加大对农村义务教育的投资。各级财政应对农村义务教育投入更多财力和物力，如教室、宿舍楼、图书资料、教学工具等教育基础设施；保证中小学的课程资源，全面实施素质教育，切实推进农村义务教育的普及。二是合理配置义务教育资源。在当前我国农村义务教育资源匮乏的情况下，我们要重点发展农村义务教育，特别是贫困地区和少数民族地区的农村义务教育，在教育经费上重点发展上述领域，加大对农村弱势群体义务教育的支持力度，确保每一个农村学生教育机会的公平性，确保农村教育资源的提供。三是推进农村义务教育标准化。推进农村义务教育发展的重要出发点是实现义务教育标准化，缩小城乡义务教育差距，不断填补农村义务教育空白。

（二）加强农村职业教育发展

加强农村教育供给，不仅要保证农村适龄儿童全部接受义务教育，保证义务教育普及率，还要加强职业教育，使农村学生掌握技能。加快农村职业教育发展，可以培养一批懂技术、懂管理的技术人才，为农村可持续发展储备人才资源。发展农村职业技术教育机构，合理编排农村职业技术教育内容，完善农村职业技术教育机构发展的政策。

首先，我们应该建设符合农村需求的职业学校。发展农村职业教育，要结合农村未来发展的实际，突出地方特色产业，瞄准农村经济社会发展的需要。其次，我们需要优化职业教育和培训的内容。加快农村职业教育发展，要使农村职业教育和培训内容适应农村现状，推进职业教育与普通教育相结合，职业教育和高等教育相扶持，拓宽职业教育的发展领域。再次，我们要加大对农村职业教育的支持力度，促进城乡职业教育协调发展，实现职业教育的平等性。最后，我们需要完善支持职业教育和就业的政策，通过完善职业教育毕业生就业渠道，提高农民参与职业教育的积极性，促进农村职业教育的稳定发展。

（三）促进农村其他各类教育发展

第一，大力发展农村学前教育。按照"政府领导、社会参与"的原则，建立完善的三级学前教育资源，保障每一个农村儿童享受到学前教育。同时，要加强农村普惠幼儿园建设，降低农民承担的学前教育成本，提高学前教育普及率。

第二，必须促进农村普通中等教育的发展。要加大对农村普通中学的资金投入，不断完善图书馆、实验室、体育馆等基础设施建设，改善农村普通中学的办学条件。同时，要支持农村普通中学开展多种形式的培训，鼓励农村中学突出当地的特色，促进学生德智体美劳全面发展。

第三，大力发展农村特殊教育。为农村地区建立包容性农村特殊学校，确保农村地区所有残疾学生都能接受良好的教育。同时，注重残疾学生劳动技能的培养和发展，提高他们的就业能力和专业技能，让他们能够有一技之长，融入社会，适应社会。第四，提高农村学生高等教育的入学率。农村公共教育的最大短板在于享受不到优质的高等教育资源。在这种情况下，我们必须支持高校向农村招生的趋势，这对促进农村教育的发展具有重要意义。总之，我们必须振兴农村教育，满足农村居民的需求。

三、完善农村社会保障供给

社会保障是国家和社会按照有关法律制度，为丧失（部分丧失）劳动能力、生活困难的社会成员提供物质援助，保障其基本生活的制度安排，主要包括社会保障、社会保险、社会救助、优抚安置。完善农村社会保障体系，扩大农民保险覆盖面，为农民提供全面保险，是农民公共产品需求的最基本内容。改革开放前，中国的社会保障体系主要面向非农业人口，农业人口基本上缺乏社会保障，加大了城乡差距，不利于农业进步、农民富裕和农村发展。改革开放以来，我国致力于建立和完善农村社会保障体系，农村社会保障向前迈进了一大步，农村居民的基本生活得到改善。然而，由于目前的社会保障制度是在城乡二元结构的基础上发展起来的，仍然存在许多问题。随着社会的发展，农民对社会保障的需求不断增加，农村社会保障供给不足的问题日益突出。因此，我们必须统筹城乡社会保障体系的发展，建立面向全体农村居民的社会保障体系，推进乡村振兴战略的实施。

（一）健全养老制度

2009年，国务院发布《关于开展新型农村社会养老保险试点的指导意见》，中国开始探索农村养老保险。2014年，国务院发布《关于建立统一的城乡居民基本养老保险制度的意见》，提出统筹城乡养老保险，进一步发展和完善我国农村养老保险制度。2021年，国务院印发《"十四五"国家老龄事业发展和养老服务体系发展规划》，提出加快完善农村养老服务不足的问题。

在实施乡村振兴战略的新时期，完善农村养老保险制度应遵循"全覆盖、基本保障、可持续"的原则，不断提高农村养老保险制度的完整性、公平性和可持续性，充分发挥农村养老保险在提高农民生活水平、保障社会生计、促进农村经济社会发展中的作用。首先，我们需要稳定养老金的资金来源，坚持统筹社会与个人缴费相结合的原则，逐步完善农村养老金征缴，稳定和扩大养老金征缴渠道，确保养老金的保值增值，促进农村养老金制度的正常运行。其次，我们要制定科学的养老金发放办法，把支付机制与农村养老保险账户的正常支付水平相结合，并根据农村养老保险账户的正常支付水平建立和完善个人养老保险账户的支付基础。最后，我们要完善养老金支付服务平台，对相关服务体系做进一步的完善，提高服务水平。

（二）健全医疗保障制度

我国于 2002 年启动了新型农村合作医疗试点，并于 2003 年和 2005 年分别启动了农村和城市医疗救助试点，为符合条件的城乡居民提供医疗救助。2007 年实施城镇居民基本医疗保险试点。

2016 年，国务院发布《关于整合城乡居民基本医疗保险制度的意见》，要求建立统一的城乡居民基本医疗保险制度，促进城乡医疗保险协调发展。2019 年，国家医疗保障局、财政部发布《关于做好 2019 年城乡居民基本医疗保障工作的通知》，要求认真落实医疗保障定向扶贫的艰巨任务，重点推进乡村振兴战略的实施，建立预防和解决因病致贫、因病返贫的预防机制。

在实施乡村振兴战略的新时期，完善农村医疗保障体系，必须建立既符合中国国情，又相当于中国经济实力的医疗保障体系，有效解决农村居民看病难、看病贵的问题。

第一，科学制定安全标准。医疗安全的基本原则是保护基础，支持底线。我们要根据经济社会发展水平、农村居民负担和资金可及性，科学建立医疗保障体系，确保医疗保障体系的可持续性。

第二，进行合理的总体规划。统筹规划医疗保险、医疗保健、重症健康保险和商业健康保险体系之间的交流协作，加强农村卫生保障体系的协调，确保大多数农村居民享有充分的医疗保险。

第三，坚持公平、公正、公开的原则。统筹城乡卫生资源，促进城乡医疗保障协调，实现城乡公平；协调区域医疗保障资源，促进区域医疗保障协调，实现区域公平；建立公共医疗保险和医疗保险制度，加强社会各界监督，促进公平结果。

（三）完善农村社会救助体系

社会救助是指当社会居民无法维持其基本生活水平时，政府和社会为其提供基本照顾。经过多年的发展，中国初步建立了较为完善的农村社会救助体系。例如，2007 年国务院发布的《关于在全国建立农村最低生活保障制度的通知》，该通知致力于解决农村贫困人口的温饱问题，逐步建立和完善农村最低生活保障制度；2014 年国务院发布的《关于建立临时救助制度的通知》，为解决城乡居民的暂时困难，逐步建立和完善社会救助制度；2016 年国务院发布的《关于进一步健全特困人员救助供养制度的意见》，目的在于进一步解决城乡极端贫困居民的生活困难，完善极端贫困人口救助体系。2021 年，中共中央政治局就完善覆盖全民的社会保障体系进行了第二十八次集体学习，学习中习近平强调要把农村社会救助纳入乡村振兴战略统筹谋划，要加大再分配力度，强化互助共济功能，把更多人纳入社会保障体系，为广大人民群众提供更可靠、更充分的保障，不断满足人民群众多层次多样化需求。

在实施乡村振兴战略的过程中，政府要完善农村社会救助制度，加快农村全面建成小康社会的进程，充分发挥社会主义制度的效益，实现社会公平正义，促进社会福利水平的提高。首先，要提高农村社会救助制度的覆盖面。要继续扩大各种形式的社会救助覆盖面，促进社会救助公平平等，促进农村复兴。其次，加大对农村社会救助体系的资金投入。要把农村社会救助资金纳入各级财政预算，确保各级财政资金稳定投入农村社会救助体系，扩大农村社会救助资金来源，引导和鼓励各社会力量积极捐赠和资助。最后，完善农村社会救助资金管理制度。改进资金管理和使用方式，加强资金使用监督，落实资金专项使用，禁止挪用，提高资金使用的透明度和效率。

总之，改善农村社会保障不仅是实现乡村振兴目标的需要，也是加强和改善人民生活的需要，更是建设全面小康社会、实现中华民族伟大复兴中国梦的必然要求。政府要坚持基本保障、全面覆盖、可持续发展、促进协调的原则，制定农村基本养老保险制度、基本医疗制度和社会救助制度的总体规定，建立协调的社会保障体系，城乡共建共享，为乡村振兴奠定坚实基础，建设全面小康社会。

第三节　如何以农村公共产品有效供给促进乡村振兴

一、精准满足需求

中华人民共和国成立以来，尤其是改革开放以来，我国农村公共产品供给量有着显著的提升。然而，由于种种原因，在农村公共产品采购过程中，我们对需求的把握不够准确，存在"漫灌"现象。这不仅造成了农村公共产品的供需不平衡，也造成了社会资源的浪费。

在乡村振兴战略目标的实现过程中，我们要确保农村公共产品的供给量，杜绝"漫灌"，做到"精准滴灌"，从而满足农村公共产品的需求；以农村公共产品需求为基础，改善农村公共产品供给现状。

（一）实现农村公共产品需求精准识别

随着乡村振兴战略的实施，农村公共产品的种类和数量在逐渐增加，需求质量也在逐渐提高。例如，对农村公共产品的需求将从侧重于农村基础设施建设转向侧重于提供农村公共服务。因此，在实施乡村振兴战略的过程中，我们要保证农村公共产品的需求链。首先，必须准确识别农村公共产品的需求，而获得农村公共产品的准确识别，就要引导农民准确表达他们的需求。在广泛表达农村公共产品需求的基础上，供应商应关注农村振兴的总体需求，如繁荣的工业、宜居的生态、文明的乡村风格、有效的治理和富裕的生活，准确交付农村公共产品，以准确满足农村公共产品的需求。

（二）完善农村公共产品供给决策机制

实施乡村振兴战略，一方面，要建立供需联动的决策机制，坚持自下而上和自上而下相结合的决策过程，消除供需之间的信息不对称，建立供需之间的平衡链；另一方面，在提供农村公共产品时，要坚持基于农村发展水平、农村产业结构和农村文化差异的原则，针对不同发展水平和文化背景的农村，采取不同的农村公共产品供需策略，做到有针对性和有效地供给农村公共产品。

（三）改变农村公共产品供给方式

实施乡村振兴战略，确保农村公共产品的精准供给，满足农民对农村公共产品的需求，必须因地制宜，在问题中找对策，实现农村公共产品供给由"漫灌"向"精准滴灌"的转变；创新供给资金使用方式，从关注"政治实现工程"转向关注满足异质需求；创新供给考核方式，从侧重考核"显性"农村公共产品供给转变为侧重考核农村公共产品需求满足程度。

二、优化资源配置

在乡村振兴战略的实施过程中，虽然政府和社会各界加大了对农村公共产品供给的投入，但投入农村公共产品供给的资源是在一定时期和区域内建立起来的。如果想要实现农村公共产品有效供给的目标，就必须将市场机制、政府机制和社会机制的作用协调统一，优化资源配置，实现资源配置的有效利用。

（一）合理选择资源配置机制

在乡村振兴战略的实施过程中，要优化资源配置，首先要处理好市场机制、政府机制和社会机制三者之间的关系。具体资源配置模式的选择，必须全面考虑农村公共产品供给属性、区域差异、文化传统和乡村振兴需求等各方优势，综合发挥市场机制、治理机制和社会机制的优势，实现资源配置模式的合理优化、高效合作，力争事半功倍。

（二）合理配置城乡优势资源

在乡村振兴战略的实施过程中，解决农村公共产品供给问题也是重中之重。我们不仅要利用好农村资源，而且要"跳出田野，看向田野"；解决农村公共产品供给不能只靠城市资源，要以解决城市公共产品供给为思路，进行城乡资源的全局规划，充分发挥城乡资源优势，形成城乡资源优势互补；发挥农村地区的地方特色，善用农村历史文化、生态宜居、绿色生态发展等优势，并与城市在筹资、运营管理和经济实力方面的优势相统一、相结合。在乡村振兴过程中，要实现农村公共产品的有效供给，必须整合城乡优势资源，实现以城乡为龙头、城乡一体化的公共产品供给资源配置体系，以促进城乡现代化的实现。

（三）合理配置农村内部资源

在乡村振兴战略的实施过程中，我们可以通过调动农村土地资源、金融资源、教育资源、旅游资源和生态资源来实现农村公共产品的有效供给，特别是要充分发挥农村集体经济在乡村振兴中提供农村公共产品的重要作用。由于自然条件和区位优势，农村地区的资源配置处于失衡状态。例如，一些农村集体经济发展迅速，支持农村公共产品供给的力度较大，而一些乡村集体经济发展不太理想，无法有效支持农村公共产品供给。因此，在乡村振兴的背景下，我们应该着眼于农村振兴的总体目标，合理配置农村内部资源，帮助提供农村公共产品。

三、实现博弈共赢

在乡村振兴战略的实施过程中，政府、农民和农村基层组织必须明确各自的角色，以双赢的博弈促进农村公共产品的有效提供。

（一）发挥政府的主导作用

政府在农村公共产品供给中的缺位将导致多个主体之间的零和博弈，这无疑会影响农村公共产品的有效供给。在乡村振兴战略的实施过程中，要确保农村公共产品的供给需求量，必须发挥政府的领导作用：①明确农村公共产品的产权，建立现代农村公共产品产权制度，这是所有供应商双赢的前提；②在提供农村公共产品的过程中，必须以农村公共产品为主体，以实现农村公共产品的有效提供为基础；③大力培育社会资本，为构建多渠道供给体系提供基础；④加强制度建设和法治建设，降低农村公共产品提供中的盲目性和交易成本，提高交易效率，促进博弈各方实现互利共赢。

（二）发挥农民的主体作用

乡村振兴战略的实施取决于广大农民，满足广大农民对美好生活的向往是乡村振兴战略的终极目标。因此，农村公共产品的供给必须依靠广大农民，利用农村公共产品的有效供给满足广大农民对美好生活的向往。农民人力资本投入的增加对农民主体角色的配置和农村公共产品供给双赢博弈的实现具有重要影响。对农民人力资本的投资可以增加对农村教育、农业生产技能培训和农民健康的投资。因此，培养农民的规则意识、市场意识和合作意识，减少农民的机会主义行为，更容易推动广大农民荣辱与共，有利于实现农村公共产品供给的双赢互利。

(三)发挥农村组织的积极作用

现有的农村公共产品供给组织大多是在政府指导下建立的,存在农民参与度低、独立性差、产权不明晰等问题。因此,根据股东合作原则,我们必须对现有农村公共产品提供集体组织的产权进行改造,改革农村组织的治理结构,建立类似公司制的组织结构,保护农民参与组织经营管理的权利,赋予这些组织独立的法人地位。这样才能改善农民的集体意识不够强烈的弊端,这也是农村组织参与供给博弈的基本条件。

四、提高供给效率

在实施乡村振兴战略的过程中,提高农村公共产品的提供效率,是指在一定条件下,按照乡村振兴"产业兴旺、生态宜居、乡风文明、治理有效、生活富裕"的总体要求,投入乡村振兴资源,提供农村公共产品。

(一)明确供给重点

在提高农村公共产品供给效率的过程中,我们始终要牢记乡村振兴的总体目标,要贯穿农村经济、政治、文化、生态和社会发展等各个方面,从最迫切的农村公共产品入手,在乡村振兴过程中完善农村公共产品供给体系,确保公共产品供给需求。

(二)降低供给成本

在实施乡村振兴战略的过程中,为了提高农村公共产品的供给效率,我们应该树立成本效益观,在保证农村公共产品供给质量的基础上,尽可能降低农村公共产品的供给成本,提高乡村振兴中公共产品供给资源的利用效率。

(三)完善考评制度

在乡村振兴战略的实现过程中,我们必须建立科学的效率评价体系,确保农村公共产品的供给;制定效能评估标准,完善效能评估流程,规范效能评估结果的应用,以完善的评估体系推动效能评估的实施并促进公共产品的供给。

第六章　他山之石：国外农村公共产品供给模式的借鉴

进一步健全我国的农村公共产品供应体系，既要根据国情认真地分析本土问题，又要着眼于全球认真地借鉴国外的好经验，并从中汲取有益的启示。虽然我们与发达国家的发展程度相差甚远，其农村公共产品供应体系很难模仿，但是他们的做法却为我们提供了可借鉴的经验。同时，因为我们与其他发展中国家的发展程度差不多，遇到的情况和问题都有很多类似的地方，因此他们在提供农村公共产品方面的经验可能会更具借鉴意义，以免在实施过程中，我们再犯同样的错误。

第一节　发达国家的农村公共产品供应

发达国家的经济发展到现在，工业化程度和经济实力都很强，但农业依然是一个脆弱的行业，农民处于弱势的地位。所以，大部分的发达国家在不断提高工业水平的过程中，都不会忽略人口比例很低的农民，而是更加重视对农业的保护和扶持，重视提高农民的收入。通常来说，在发达国家推动本国的农业、乡村发展过程中，金融体系的功能是不容忽视的。发达国家的农村公共产品供应相对丰富，基本可以充分满足本国农业和农民的需要。

一、美国的农村公共产品供给

（一）政府在政策上对农业的帮扶

美国政府通过各项农业政策来稳定、保护、发展农业，通过立法管理、政策指导和协调等手段来保障政策的有效实施。农业政策主要包括对农业资源的保护政策、农产品价格补贴政策、农业信贷政策等方面。

（二）加强农村公共基础设施建设

在农业灌溉领域，在低洼、易涝地区修建明渠、地下管线等，在旱区建设农业灌溉、引水等；在农村的其他基础设施建设中，主要是在全国范围内进行交通建设，现在美国大部分的乡村小镇都很发达，四通八达的道路把每个农场都连接起来，让农民可以轻松地出入城市[1]；为农业生产提供便利的商品流通；完善社区公共设施、环境保护设施，为广大农户创造了一个较好的居住环境；完善学校、商店、社区活动中心等配套设施；加大新能源生产生活工具的投入使用，目前美国农村的生产和生活所使用的主要是电力、汽油、柴油、液化气等高档能源，使用木柴、秸秆等燃料的比例非常低，这对环境保护是非常有利的。

（三）建立保险体系保障农业发展

为了降低农民的亏损，美国政府设立了一家联邦粮食保险公司为农民投保。美国的农业保险可以概括地划分为三类：全风险保险、区域—单产保险、气候—作物保险。除了提供保险之外，美国政府还为农业承保的组织发放了大量的保险费补助，使得农场主能够以更低廉的保险费率参与农业保险。1980年，美国议会修改的《联邦农作物保险法》要求农业部门向所有农作物保险提供30%的保费补助。同时，将联邦粮食保险公司的分红比例提高了50%以上，种类涵盖了几乎每一种农业产品。

（四）建立配套的农业科教体系

美国政府对农业教育给予了更多的关注，不遗余力地加大农业科学研究与教育技术的推广。美国的农业技术促进系统是政府牵头和出资，科研和教育机构共同参与，其中有农科院、农业科研、农业推广三大体系。农科院承担着农业科学技术的教育与研究工作，是美国农业科学技术的重要组成部分；农业科研体系是一个联邦农业研究体系，是由农业部农业研究局、经济研究局、林业局组织的，有一个试验场，是各州农业试验场的协作研究机构；农业推广体系包括联邦农业技术推广局、各州农技推广中心、郡县推广办公室和农学院四个层级，提供农业科技、家政、社区资源开发、公共事务教育等。联邦农业技术推广局主要负责实施与农业技术发展相关的法规，并对其监管，确保推广体系为农商提供优质的服务。州农技推广局协助县级推广工作，包括选聘县农业技术推广人员、制订推广计划、评估推广工作绩效等。赠地农校隶属于各州赠地农校，是各州推广活动的组织者和管理者，也是各州农技推广方案的实际执行者。县农技推广局是与农民有直接关系的最基本的农业技术推广单位，承担着制订

---

[1] 张辉：《农村公共产品供给效率国外经验借鉴和启示》，现代商贸工业，2015，36（2）：48-49。

具体的推广方案和开展农业技术宣传工作。美国所有的农业院校都是以教育、科研、农业技术为中心,与一些农庄有密切的关系,可以随时向农场供应他们所需要的最先进的技术。美国农业教育、科研、推广"三位一体"的农业系统,在美国农业的近代化发展和国际竞争方面发挥着重要的推动作用。美国的现代农业技术,就是在这种制度下被大量地普及和使用。美国农业在过去数十年的发展历程中,将农业机械、计算机、卫星遥感、转基因技术等技术作为其主要技术,广泛地进行了推广和应用,并收到了很好的效果。

(五)农村基础教育和农村社会保障的全面覆盖

美国的乡村学校是由联邦政府组织的,经费是由国家和地区、学区三级共同承担,而大多数是由国家出资的。联邦政府主要是以特别的资金来引导州和地区的教育发展。通常这种特别的资金是为进行双语教学、特殊教育、补偿教育、职业教育和教育改革而设立的。各州或区域将会得到与其资金规模相对应的分配。美国每个地区的义务教育都具有很强的直接和明确的职责,他们的行政职能是由地区公立学校的财政拨款来决定的。总的来说,美国的乡村义务教育主要由地区承担,同时联邦政府有义务为地方学校提供资金。联邦政府对于地方义务教育项目的资助,可以在一定程度上弥补一些地区尤其是乡村地区的劣势,并且在国家和各州内部实现教育发展的相对均衡。

美国的社保体系也全面覆盖了农村居民。美国农村居民可以像城镇居民一样享有基本的养老和医疗保险等社会保障。美国自1990开始实行以社保为基础的农村社会保险体系,其主要目的是为保障农村社会养老保险提供资金。在乡村卫生保健上,美国的乡村地区实行的是"大病医保"而非普遍医保,这是由于很多农户觉得自己负担得起小病,但是负担不起重大疾病。美国的乡村卫生保健协会在为农民提供卫生服务方面也扮演着举足轻重的角色。

二、欧盟的农村公共产品供给

欧洲各国在农业发展上高度重视,已基本实现了城乡一体化、工农融合。1999年,欧盟理事会通过《关于欧盟农业指导与保证基金支持农村发展条例》[1],将农业置于重要位置。这一改革着重于农业在乡村发展中的多元功能,把农村发展列为欧盟共同政策的重要组成部分,着重于生态环境的保护、农业的发展、环境与人的和谐相处。这一规定推动了欧洲各国对农村公共产品的供应,其中重点是基础设施建设、农业生产环境保护、农民技术培训、教育投入等。

在欧洲,道路纵横、四通八达的高速公路延伸到了广阔的乡村,村庄和村庄都

---

[1] 戴蓬军,沈屏:《欧盟农村发展的目标、措施和资金保证》,农业经济,2002(6):45。

被高速公路连接起来。英国、德国的公路总长都已经超过 370 000 千米,道路密度达 230 000 万千米,人均公路数领先于世界;德法高速公路的总长分别为 13 000 千米和 9 600 千米。欧洲各国在农业基础建设上的投资也包括了水利工程、土地改良、自来水、农村电力等。例如,丹麦政府在修建固定灌溉设备和安装节能设备等方面提供了一定的补助。在欧洲,大多数国家建立了较为完备的公益性农产品市场,如法国就有 23 个全国性的公益农产品批发市场。同时,欧洲各国建立了完善的市场信息网,因此农产品贸易非常活跃。

欧洲国家农业发展迅速,这与各国政府对农业科学和教育的支持息息相关。例如,法国在农业教育与科学研究方面具有全面的优势,这得益于国家投入了巨额的资金。2001 年,法国政府在农业教育及科学研究上投入了 18.6 亿欧元,投资的主要方向为农业技术教育、农业科研与技术支援、实习和实习后的继续教育。意大利农业科技推广系统由政府主导,包括农业科技推广、生产咨询、推广一体化。同时,通过法定的方式,将农业技术推广人员的培训费用分配到推广工作中的资金,以及每年增加的奖励。英国实施了由全国和当地共同推动的行政系统,它的基本内容包括农业技术推广的范畴、技术规范、奖励方式等。丹麦政府十分重视农业科技,认为农业科研是其发展的前提。丹麦已形成了一套完整的教育、科研、试验、咨询、科技等综合服务系统,其财政拨款中有 65% 来自农业部的财政拨款。

欧洲设立了"农业辅导和保障基金""区域开发基金""社会资金"等制度,以保障各国的农村公共产品供应和发展。农业辅导和保障基金可以为农业经营以及青年农民的安置投资,还可以为自然条件差的地区发放补贴,为贫困地区的政府工程拨款;区域发展基金的资助对象是最贫穷的地方的大型基建,如修建高速公路、安装先进的通信系统、建设能源和供水网络以及大规模的农业建设。欧洲联盟的社会基金被用来资助人力资源训练项目和训练方案,以及为农业、林业工人或失业工人获取新技术,尤其是为年轻人。

另外,在欧洲,农民可以从政府那里获得社会福利性质的公共产品。在欧洲,社会福利制度以社会救济为主。社会福利分为三个方面,其中社会救助和社会福利是为低收入群体设置的特别服务,社会保险在保障最低社会保障、初级卫生保健和义务教育的前提下,加强对弱势群体的保障,并不断拓展其覆盖范围,以确保所有人都能享受到基本的社会保障。

三、日本的农村公共产品供给

日本农业方面得到了来自政府的最大扶持和保护。日本政府在农业方面投入的资金超过了其农业产出的 15 倍。日本的财政资金大部分集中在改善土地、发展农业科技等领域以及加强农业基础设施的建设。土壤改善涉及排涝和灌溉、土地平整、扩大耕地、开垦土地等基础设施,95% 的资金来自国家和地区资金。农业基础建设的内容包括农田建设、农业公路建设和网络化以适应农业的发展、农业新水源的开发、农业环境的治理,主要以避免工业的环境问题。项目由中央政府、地方政府和农民共同出资,根据项目的不同,由政府主持修建。对集体购置的机器和其他生产工具,日本政府也会提供补助。自20世纪70年代开始,日本政府在农村基础设施上的资金投入已达到总支出的90%,为保证农村经济的持续、高速发展发挥了巨大的作用。日本的农业取得的巨大成就,也得益于政府对于科技的发展与推广。日本推行的是由国家统筹协调的技术支持,这套技术促进系统目前已经比较成熟。日本建立了国家、公立科研机构、大学、民间(企业)三个层次的农业科学研究体制,由农业水产省、农蚕园艺推广部门负责。其职责包括拟订有关农事技术宣传的政策、组织、协调和指导以及对宣传工作进行培训,并将全国划分成九个地区,在各地区设置一个地区部门,以监督和引导各府县的农业技术发展和分配财政。

"乌拉圭回合"后,日本重新改革了农业的内部扶持政策,并在1999年颁布了《食品、农业和农村基本法》,使得日本在世界贸易组织(WTO)中对农产品的市场进行了更严格的保障。《食品、农业和农村基本法》更注重保证食品的安全,包括可持续发展的农业和乡村的发展。在农村的公共产品供给上,日本政府增加了对农村的基本设施投资,提高了交通、信息、通信、卫生、教育、文化等的供给。同时,日本在科技推广、动植物防疫、农业灾害赔偿、农业工人补助、农业财政补助等"绿箱政策"上的投资大幅增长,使日本在加入WTO后,能够更好地提高农民的生活质量。

日本政府在改善乡村环境方面做了大量工作,为农民提供了大量的环保公益产品,如家用污水、有机废弃物的处置和粪便的处置。同时,日本政府在居住环境上也加强了公共设施的建设,如在村庄中修建排水管,使排水顺畅;改进农业和饮水环境;设置防火水槽、路灯、消雪泵、围栏,加强村庄的防灾措施;在公共场所建设儿童公园、亲水公园、乡村公园等;建立多种活动场所,增强乡村的生机;修建多用途广场,用作停车场、广场、农产品堆放场地,为农民提供便利。

日本农村公共产品的主要目标是农村的教育和农村的社会保障。日本政府自明治维新以来,就非常重视乡村教育的发展,特别强调初级、职业教育。日本实行了城乡一体化义务教育制度,以确保各级政府有充足的资金来源,使其成为国家统一的公共产品。目前,日本的农村义务教育资金主要集中在中央政府,另外还由都道府县和町政府共同承担剩余部分。在这种共享共担制度下,国家财政通过转移支付的方式,如转移国库资金、地方缴纳税金等,对农村义务教育进行财政补贴,这是因为日本政府始终坚持义务教育是一种重要的公共产品。日本的中小学教育机构多为市町村,而在这些市町府县,则是由上级主管机关提供必要的财政支持。为了振兴边远地区的乡村教育,日本政府制定了各种法律,如《偏僻地区教育振兴法》和《孤岛振兴法》,使其能够更好地向边远地区提供教育公共产品。日本的政府也在乡村建立了诸如"市民馆"等社会教育机构,大力建设图书馆、博物馆、文化中心、青少年中心、妇女教育中心等。农村各类社会教育设施的建设,为普及和发展农村社会教育提供了较好的硬件环境。

日本的农村社会保障体系是在农业现代化、农村城市化进程中逐渐形成、发展起来的。农村居民可享有的社会保障与城镇职工基本相同，包括社会保险、国家救助，以及社会保障体系和公共健康体系。农村居民的社会保险包括国民医疗保险、国家养老保险、医疗保险等。日本政府非常重视农村老人的医疗服务，采取了老人医疗服务、老人保健设施、老人探访照护等措施。

日本农业产业的发展，使得农民的经济收入增加，也使得乡村的经济发展更具活力和可持续性。同时，政府有足够的资金来供给乡村的公共产品。

四、韩国的农村公共产品供给

韩国经济自 20 世纪后半叶一直保持高增长，被有关专家称为"江汉奇迹"。经济的高速增长使韩国由一个落后的农业国成长为一个现代化国家。在农村社会发展方面，韩国认识到农业的发展和农村地区经济状况的改善在政治和经济上都是十分必要的，而且农业的发展和农民收入水平的提高将有力地推动国家工业化的进程。为改善韩国农村的生产和生活条件，促进农业发展，增加农民收入，缩小城乡差距，韩国政府从 1970 年开始倡导以"勤勉、自助、协同"为基本精神的建设新农村运动。韩国政府从提高农民生活质量入手，向每个村免费发放 335 包水泥，让村民自己改善生活环境，随后按照先易后难逐步推进：第一阶段主要改善了乡村居民生活环境条件，包括绿化荒山、修整村中的小巷、换房顶、修院墙、建公共饮水设施、公共洗衣处、公共澡堂等；第二阶段是全面发展阶段，主要是在政府财力和技术的支持下，调整产业结构，在继续加强基础设施建设的同时帮助农民增加收入；第三阶段是自立发展阶段，主要是发展农村工业，进一步增加农民收入。概括而言，主要工作集中在以下三个方面：

第一，进行农村启蒙，改变农民的精神面貌。韩国农民在历史上一直处于社会最底层，生活贫困，同时他们在"天命论"的影响下，认为贫困是命运的安排，个人的努力是无法改变命运的。韩国农民的这种精神状态，使他们安于现状，对自己生活环境的改变不太关心，也使韩国农村改革缺乏基本的精神动力。韩国政府通过向农村无偿提供水泥、钢筋等物资的方式，激发农民自主建设新农村的积极性和创造性，帮助他们树立信心，培养农民自立自强的精神和意识，同时把城市的价值观念推向农村，鼓励社会个性和开拓精神。这极大地提升了农民的生活水平和改变了农民的精神面貌，为促进农村发展打下了坚实的精神基础。

第二，改善农村环境，缩小城乡差距，包括生活环境和生产环境的全方位改善。主要做法是：①改善农民最迫切的居住生活条件，使农民积极参与到新村运动的各项活动中来；②对生产环境做全面的开发，使农业生产基础设施大大改善，为农村经济建设提供必要的物质基础。

第三，从事经济开发，增加农民收入。韩国政府自新村运动开始，在全国范围内推广水稻高产新品种，不仅推广科学育苗、合理栽培的技术，而且为保护水稻价格提供相应的财政补贴。得益于粮食增产和高粮价政策,农民收入增加较快。同时,韩国政府鼓励发展畜牧业、农产品加工业和特产农业,并通过政府投资、政府贷款和村庄集资的方式建立各种"新村工厂",大力发展农村工业,扩大生产,把原来家族式的小农经营转化为生产、销售、加工为一体的综合经营,使非农业收入大大增加。

五、澳大利亚的农村公共产品供给

澳大利亚的农业发展历史已经超过 200 年,是全球特别具有发展潜力的农业国家之一。澳大利亚的农业发展,尤其是公路运输在其发展中扮演了举足轻重的角色。澳大利亚高速发展的道路运输,以及良好的交通设施的维护和建立,都离不开政府的关注。澳大利亚的人口密度不高,繁华富裕的沿海地区拥有完善的公路网络,在人口稀少的偏远乡村和山区,汽车也可以通行。澳大利亚政府在公共产品——道路运输上的投资,对澳大利亚的农业发展起到了很大的推动作用。一方面,由于运输方便,农牧地区的水果、蔬菜、活畜和食物可以由公路运输到城镇,而城镇的工业产品则由公路运输到乡村,既增加了国内的有效需求,又促进了城乡间的信息交换;另一方面,由于公共交通等基础建设的不断完善以及个人交通工具的普及,使得农民的活动范围扩大,农民的就业机会也随之增大,从而促进了农业的发展,提高了农民的收入,同时促进了城乡差别的缩小。

澳大利亚政府不仅为农业提供了基本的公共服务,还向社会提供了更多的政策公共产品。例如,澳大利亚政府为保障农民的收入,针对干旱频发的气候制定了一项干旱政策,其中包括协助农场主进行风险管理;通过"收入均等保证金"及"农业经营证券",使农场主能根据公共经营方案,将所得储存起来,以便在农庄需要时收回;推行收入平均税计划,保证农民与收入固定的人群按相同的税率纳税;为受灾严重的农户发放津贴。此外,政府还加强了各级财政部门和市场经济的协调能力,以扶持农业发展。

澳大利亚十分重视农业科技的发展,以及对农民进行职业教育的培养。澳大利亚政府已建立起一套完善的农业科学研究制度,包括三个层面:①国家的科技和工业研究机构,从事具有高度理论意义的研究;②由各州、农业部下属的科研机构或实验室,负责对生产中遇到的实际问题进行调查、解决;③高校以基础科研为主,尽量与农业、畜牧业的实际相结合。在农业技术推广上,政府机构由州农委负责,委下设农村发展指挥部,负责农村科技推广工作。澳大利亚的农业新技术得到了迅速的发展,其中包括通信定位设施 SATRAC(satellite automatic terminal rendezvous and coupling)、农用电子计算机和遗传工程技术等。澳大利亚除了提供专业的农业教育之外,还通过组织各类培训机构,针对农业发展的需求,对农民进行形式多样、内容丰富的培训,以促进农民整体素质的提高。澳大利亚的农业技术人员具有大学学历的比例已经高达31%。农民不但不会轻易失去工作,而且农业的劳动生产率极高,农业收入相当可观。

第二节　发展中国家的农村公共产品供给

在大部分发展中国家中，产业分布以农业为主体，居民以农民为主体，其发展水平与城镇相比较低，与中国经济的二元结构特征相似。由于这些国家的农村公共产品供应问题不仅影响了他们的经济发展，而且影响了农业的发展，因此各个国家已经开始采取各种措施解决相应问题。当前，发展中国家的农村公共产品供应总体上存在着不足，但其采取的解决方案都有各自的特点和可资参考之处。

一、印度的农村公共产品供给

印度是全球最大的农业国，约有10亿的农村人口，其中约7亿为农民，他们的经济来源大多是以农业为主。印度的农村，不管是为了提高农业发展的活力，还是为了提高农民的生存现状，都非常重视基本设施建设，印度政府在这些方面也进行了大量的投资。例如，加固大坝、池塘等储水设施和水泵等设备；提高灌区容量，提高了灌区的利用率；建立食品安全缓存，完善仓储，强化农业生产，提高对农业生产风险的控制；建设农村电力网络。政府重视建设农村道路，完善农村交通，促进农业机械化，确保农业的良种、农药、化肥、农机等现代化农业投入，加快农业生产和其他农产品的转运。

印度政府一直将普及电信业务视为国家的一项重大责任，并将其列为监督管理工作的重点内容，从而使乡村地区的电信业务不断增强。意识到现代化的资讯科技的重要作用后，印度政府正在努力将这些公用电话设备改造成乡村通信资讯中心，同时建设乡村网络，提供资料传送等，推动乡村及边远区域的经济发展。印度通过立法将以上各项基本政策统一起来，再加上一些特别条款，从而奠定了在全国范围内相对独立的电信管理机构进行通信业务的普遍监管基础。

另外，印度政府也在扩展对农村公共产品的供应，包括对农业合作社的扶持等。印度政府支持和鼓励农业合作社，在已有法律的基础上，树立农业合作社的法律地位，并对其实行减免所得税等优惠政策。在印度，由于政府的大力扶持，农村信贷机构已经成为一股稳定的经济力量。印度政府也在农业教育和科研推广上下了很大的功夫来建立健全农村社会保障制度。印度政府大力发展农村教育，提高农民素质，增加农民的科学文化知识，推动农业的科技进步。印度政府的农业科研体系包括中央农业委员会和农业大学，主要负责农业教育、科研和推广。印度在农业科学研究方面处于世界领先地位，在农业生产中大量使用现代科学技术，促进了传统农业的变革。这些都是印度农业发展的动力。

印度政府对农村社会保障制度的投资包括以下几个方面：

第一，老人失去工作能力后，可以得到政府的补贴，以保证他们的基本生存。

第二，没有住房的贫穷农民可以通过政府的住房补贴来改善他们的生活。

第三，国家和中央财政为贫困儿童提供补助，实行初级教育免费政策；在条件较好的地方还实行了中学教育免费政策。

第四，为保证贫困人口的基本生活需要，对其基本生活物品购买实行优惠的价格。

第五，为在本地以及赴海外工作的务工人员提供法律保护。

二、南美洲各国的农村公共产品供给

（一）巴西的农村公共产品供给

巴西是具有发展潜力的国家之一。巴西政府十分注重发展农业，将其放在第一位。巴西的农村公益事业是由政府提供的。

1. 加大农村投入，加强农村的基本设施建设

巴西政府投入的资金以发展农业基础建设为主，包括建设农田灌溉等水利设施；农业生产基础条件的改进，农业机械的购置；公共储存设施和道路的建设；农村电信的发展；农业技术的提供；等等。

巴西大规模发展后备土地的最大限制就是交通，所以巴西特别注重改善其交通状况。在巴西，国家公路及州际公路、不同农庄之间的公用道路都是国家提供的。另外，在农田之间修建公路，政府也会提供一些帮助。

2. 支持和关注农业科学，注重利用和促进科学技术

巴西农业科学院在国内拥有多个科研机构，其资金来源以政府资助为主。巴西还为广大的农牧民和技术工人免费提供各类病虫害的技术信息。

3. 优先发展农村教育和保健工作

巴西乡村地区的基础教育是免费的，公共学校和教师的薪水均由国家拨款，对农户不收取任何的费用[1]。巴西的医保制度是全面的，农村居民和城市居民享受同样的医保，并且医保覆盖范围很大，保额方面享受到了很大程度上的倾斜性照顾，这在发展中国家是比较少见的。

---

[1] 李海舰：《国外农村社区公共产品供给特征及对我国的启示》，天中学刊，2013，8（5）：29-32。

4. 为支持农业发展提供大量的政策类公共产品

巴西政府为农业提供信用贷款、物价扶持以及农业保险政策、农民债务减免政策，鼓励合作社发展，发展小手工业、加工业，鼓励农民增收，提高产品质量。

（二）墨西哥的农村公共产品供给

20世纪70年代末，墨西哥政府把农业列为优先发展领域，并持续加大对农业的投资。政府的投资大部分都用在耕地、公路、水利、堤坝、仓储和改善乡村公共卫生等方面的基础设施之上。墨西哥政府特别重视水利建设，兴建了大量的水渠、蓄水池，对农业发展具有重大意义。

"绿色革命"是墨西哥农业发展的一个重要板块。墨西哥政府在此期间设立了一批农业科研院所、学校，并在此基础上形成了一套比较完备的农业科学研究系统，对农业的发展起到了重要的推动作用。但是，这也造成了一些负面影响，导致了其生态环境的不断恶化，农业的可持续发展问题已成为制约其发展的"瓶颈"。在生态上，由于地下水位严重下降，不健全的排水系统导致了土壤的盐碱化，农药如除草剂的大量使用对土壤和水质造成了很大的污染，生产垃圾和生活垃圾对农田造成了严重的污染。目前，墨西哥政府十分关注这些问题，在提供公共产品时更加注重环保，并更倾向于提供有利于环保的农村公共产品，如建立和扩展自然保护区；通过对水资源的治理，预防和控制水环境污染，在全国设立了304套环境监测体系，其中农业和水利部门负责的有744个，建造了生活污水处理厂223个，工业废水处理厂117个；为了改善山地的生态环境，科学规划耕地，预防水土流失，重点控制大工业城市周边山谷环境的污染；加大科技攻关力度，积极探索科技兴农模式。这些措施为推动农村全面发展，改善农民的生活条件，以及实现农业的可持续发展创造了良好的生态条件。

墨西哥政府在乡村卫生保健上的表现也很积极。墨西哥的农民和他们的家庭成员可以加入国家劳动保障协会。农村贫困人群的医疗救助工作由国家劳动保障局乡村事务部来协调、动员、统筹。政府与协会签署协议，对无力承担医药费的贫困农户进行免费医疗救助。这些制度在维护社会公平、促进社会稳定方面起到了举足轻重的作用。

（三）其他南美洲国家的农村公共产品供给

拉丁美洲各国的政府也在不断地改善和加大农村公共产品的供应。其特点如下：

第一，为提高农民抵御自然灾害的能力，政府在农业基础设施上投入大量资金。政府修建水力发电厂，为农业生产提供必要的电能，同时为农田灌溉提供了便利；建设道路，使乡村运输更加便利；发展农产品购销网络、供货站等。

第二，政府投资建设住房和医院，改善农村居民的生活条件。

第三，政府加大对农村教育的投入，加大对农民的技能培训，促进了农村教育的发展，使农民的文化素质得到了进一步的提升。

第四，国家对农业科技的研究、应用和推广十分重视，设立了一批专业的农业科技领导小组，并构建了一套完善的科研推广系统，推广新的科技，让广大农民都能享有科技成果。

第五，在农业种植前、培育中、成熟后三个阶段，政府通过扶持农业合作组织，促进农业现代化种植。

第六，国家采取相应的生态保护措施，大力发展环保农业。

第七，政府扩大社会保障，让农民都能享受养老保障金待遇。

尽管拉美各国提供的农村公共产品对农业益处颇多，乡村建设对其国家经济发展有正面影响，但也有其不足之处。南美洲从殖民时代起就一直处于阶级分化的状态。在国家独立之后，由于经济的发展，社会的两极化越来越明显，贫富差距不断加大。在很大程度上，政府成了少数统治阶级的代表，在供给农村公共产品时，忽略了农民的实际需求，甚至忽略了农业，从而引发了农民的不满情绪，墨西哥恰帕斯印第安农民起义（萨伯塔运动）就是一个典型的例子。此外，政府行政机关过多，相关区域或农业发展计划的官僚主义激增，地方政府和中央政府都有大量的冗员，很多官员贪污受贿，政府的政策执行不力，导致政府的工作效率低下。

三、泰国的农村公共产品供给

泰国是一个标准的农业大国，其国内生产总值、出口额均以农业为主。泰国政府十分重视发展农业和农村，积极采取措施，促进农业的基本地位，改善农村面貌，提高农民收入。首先，泰国重视农业、农村的基础设施建设。泰国政府把重点放在建设大中型水利项目、铺设输电线路、修建农村道路、解决山地交通等方面。农田灌溉和居民用电的便利，极大地改善了农业生产，并确保了旱涝保收。其次，泰国注重农村文化福利的公共产品的供给，如加强农村学校的建设、医院的建设；向农民提供卫生设备，清除污水、垃圾等；改进卫生保健。这些措施有效地提高了农民的自立能力，推动了农村经济的发展，推动了各项社会事业的发展。

为了发展农业和农村经济，泰国政府已经形成了较为完备的市场制度，有以下三个方面：

第一，劳动市场。农村劳动力供给与需求随着农业生产的季节性变动而变动，而随着农村经济货币化程度的提高，农业生产活动的同步化日益成熟，逐步形成基于现金的劳动市场，劳动力的流动规模不断扩大。

第二，农村金融。泰国政府在1969年成立了农业银行，并正式向农民提供贷款。

第三，产品销售。各类农产品具有较好的批发市场，具有透明度高的批发、零售价格信息，对农业生产起到了很大的推动作用。

第三节 国外农村公共产品供给模式的启示

一、发达国家农村公共产品供给模式的启示

在发达国家,农业与农村的现代化最突出的特征就是以工业化为依托,以产业的发展促进了农业的发展。而农业的现代化推动了工业化进程,为国家和人民的食品安全与发展奠定了基础。从整体上讲,西方国家采取了一种通过政府政策和行政制度来调节农业投资,通过投资来影响农产品的产量的模式,从而达到农业发展的目的。

第一,农村改革和发展要有大量的投资。在市场化条件下,除了增加农业本身的资本积累和投入之外,其他的融资方式则以政府为主导。从世界各国的实践来看,我国财政支持的重点应该是在总量上继续加大,在具体的工程建设上加大投入,加大对农产品的各种扶持力度。特别要指出的是,我国的农业补贴不能仅仅依靠惠农价格来实现,要更多地依靠政府对农民的直接投资。

第二,发达国家对城乡统筹发展高度关注,对基本农业、公共服务、社区的投入不断扩大,农村居民的专业技术和综合素质不断提升。在发达国家,政府所提供的公共服务包括生产领域、流通领域和生活领域[1]。相应地,我国农村义务教育、农村医疗卫生、劳动力培训、社会保险等各领域均应得了到充分的关注。所以,我国必须对"重城镇、轻乡村"的财政支出策略进行反思,彻底转变城乡不平衡的社会保障体系,建立起以产业为基础,以"以城镇为导向"的新型体制。

第三,在各个层面上,各国政府都有清晰的责任和不同的费用分摊方式。发达国家建立了较为完备的财政转移支付体系,其基本原理是保证每个区域都能够提供超过某一水平的公共事业,并有一种"最低服务"作为支撑。所以,如何健全财政转移支付体系,是实现农民普遍享有福利的关键。

第四,农业合作机构发挥着重要的功能。农民通过建立组织机构,既能有效、有序地表达自己的利益,又能有效地减少农民之间的非理性矛盾,保障自己在法律的保护下的正当权利。此外,它还可以在某种意义上影响国家的决策,从而更好地反映出社会的客观发展状况和农户的需求。

第五,发达国家对乡村社会的动态发展给予了高度重视。农业和农村发展是一个长期的历史进程,各个阶段的问题和焦点都会随着时间的推移而改变,而在各个阶段,

---

[1] 孙磊,陈端颖:《外国的农村公共产品供应:借鉴与启示》,农业部管理干部学院学报,2013(3):48-52。

政府的作用也会有很大的差别。因而，在一定程度上，发达国家总是能够在一定程度上，依据农村发展的特点和农村群众对社会公共服务的需要，及时调整其发展趋势。

第六，发达国家在保障农业生产、农村发展方面具有完善的法律制度。发达国家不断修订、改进农业法律，制定健全的财政支持政策、农产品安全标准，以及健全的法律、法规，以保障农业的发展和保障农民的权益。

二、发展中国家农村公共产品供给模式的启示

由于自然地理、人文、经济发展水平等不同，各个国家的乡村公共事业发展的侧重点也不尽相同。但总的来说，发展中国家农村公共产品供给模式对于我国的乡村公共事业发展具有四个重要的启示。

（一）政府要在公共产品供给中发挥引领作用

农村公共服务领域通常存在着两种模式：政府宏观调控下的企业化运营和市场化运营。企业化运营模式以公共投入为重点，以发展农业科学技术为基础，高度依赖外部市场信息。在没有政府机构提供支持的情况下，这种公共服务的及时性、公平性和真实性就很难得到保障。政府在规划、投资、政策引导和监督等方面发挥着重要的领导作用。

在这种模式下，农民直接受益于政府的投入和建设，同时使国家受益于农村社会的进步和农业经济的增长。而商业化运营模式可以在一定程度上激发农民的积极性，但是政府必须在一定的政策指导下发放贷款、管理税收、保护农民的权益。

另外，发展中国家政府在农业信息化的规划、立法、投资等方面，必须发挥主导作用，加强市场的组织和管理。发展中国家发展农村的实践证明，在发展农村公共服务方面，政府具有更大的主导地位。

（二）完善农业生产公共服务尤为重要

发展中国家，大多数是以农业为主的国家，居民大部分生活在乡村，他们的生活来源是以农业为主，而且生产方式比较原始。所以，无论是为了巩固农村的根基，抑或是为了改善农民生活和完善农村建设，都必须强化农村的基本建设，完善农村的公共服务。

近几年，发展中国家在扩大基本领域的基础设施建设的同时，为农业发展打下了坚实的基石。发展中国家政府也十分关注农产品的供给，并采取措施，即设立食品冷链区，完善储存条件，减少农产品的经营风险。同时大力推进农业机械化，保证各种现代农业生产工具的生产与使用，使农业技术进步。

作为一种普遍的公共服务，无论是在国家还是在区域之间，都能从根本上缓解地区之间的差距，所以不断提高公共服务水平理应成为发展中国家的主要目标。

（三）鼓励农村公共产品投资主体的多元化

由于发展中国家具有相对庞大的农业人口，不同地域之间的生产和生活方式存在着巨大的差别，因此对农村公共服务的要求也是多种多样的。为此，必须构建多种类型的社会服务以实现与之配套，而区域间的服务内容、服务对象及服务人群也要因人而异，以达到相互补充的目的。

多元化的社会公共服务机构在运作过程中，必须采取多种供给方式、多种类型的公共服务。因此，发展中国家的政府应制定一套相关的政策法规和管理方法，以促进和吸纳民间的力量，让有能力的公司在特定的范围内参加农村公益事业，充分发挥农民的主观能动性，并逐渐实现共建共享的局面，促进农村公益事业的不断发展。

这样的发展方式，可以为我们探讨以国家为主体的多元化的社会公共产品供应方式提供有益的参考。

（四）支持各类农村合作社的发展

农村合作社是一种具有集体产权的农业部门，其内部有合作与分工。许多发展中国家的实践证明，在某种意义上，国家对各种类型的合作机构给予了大力的扶持和激励，推动了农业的发展，并使其覆盖领域不断扩展。

在促进不同类型的农村合作机构发展的同时，发展中国家政府应特别注重区域公共服务的建设。合作的分享方式确保了社会公益事业的可持续发展和用户的主体地位，而各种类型的农村合作社在其中发挥着举足轻重的作用。

实践证明，农业合作与共享平台在保障发展中国家农民利益、促进农业科教、增强劳动者的能力和防范农业风险等方面起着举足轻重的作用。

三、我国农村公共产品供给模式改革思路

近几年，随着改革开放的不断深化，我国农村地区的经济得到了极大的发展。家庭联产承包责任制改变了农民的生活。农业的发展使得农民从土地中获得了自由，有了更多的选择和发展机会。乡镇企业的迅速发展促进了我国农村的城市化进程。农民受益良多，收入增加，生活水准提高。城镇企业向农村转移，不仅为乡村居民提供了更多的工作岗位，也为农村提供了发展的机会，从而促进了农村的城市化。基础设施完备、投资环境优良，是农村发展的重要保障。国家将农村的基础设施建设列为优先发展的重要内容，包括公路网络、网络、通信等。农村的基础建设在不断发展，特别是在运输方面已经取得了长足的进步。我国在农村教育资金方面的投入逐渐增加，为保证农村教育的健康发展不断加强农村教育的基础设施建设。"科技兴农"是现代农业发展的重要动力，而"科技下乡"更是为广大农民提供了新的生活空间。人们的文化生活越来越丰富，农民也从贫困生活中解脱出来，他们的心灵得到了升华，他们的生

活也变得更加充实。同时，传承和发展了富有地方特色的传统文化。"科教兴国"战略实施以来，城乡教育迅速发展。城乡义务教育普及，农村失学率下降，农民文化程度有所提高，农民开始意识到了文化和技术的重要性。农村家庭在教育支出中所占比例不断增加，在农村，大学生已经不少见了。目前，我国的农村合作医疗体系正在逐步完善，真正有效地解决了农民看病难、看病贵的问题。社会保障体系在一定程度上解决了贫困人口的基本生存问题，为构建和谐的乡村环境、提高农民的生活质量提供了有力的保证。

但是，在取得了一些成绩的同时，城乡之间的发展却出现了较大的鸿沟。农村的各种基础建设尽管已经得到了改善，但是还远远达不到农民的生活要求。由于我国农村金融支持力度不够以及农村的风险分配能力不强，导致农村居民大量外出打工，而人口外流也制约了农村经济的发展，农村为城市发展所牺牲的资源过多。同时，我国的生态问题日益严峻，环境问题日益凸显。土地沙化已严重制约着西北地区的农业和乡村的发展。"上学难""就业难""就医困难"（"医疗费用高"）一直是困扰着农村群众的三大问题。在我国的发展和改革的不断深化中，随着知识时代的来临，市场竞争日趋加剧，对仅靠体力为生的、没有一技之长的农民而言，知识的落后更是一种巨大的冲击[1]。目前，我国的农村人口流动较缓慢，仍有许多剩余的劳动力要向外迁移，而文化程度低、缺乏一定的职业技术水平已成为制约农民外出务工的主要因素。同时，农村社会保障和医疗保险覆盖面不够广，严重地制约着偏远农村的农民的生存。所以，借鉴外国的农村公共服务体系，对我们目前所面对的问题具有重要的现实指导作用。

通过比较发达国家、中等发达国家和发展中国家的乡村公共服务体系，可以看出，我国的乡村公共服务因其自身的发展程度和资源的配置而呈现出显著的差别，同时具有一定的共性，体现了我国的基本国情。

（一）通过法律保证农村公共产品的基础地位

在强调农业的基本功能的同时，国家必须以法律为依据，保证其公共事业的公益性。同时，乡村公益事业的法治化是实现乡村公益事业标准化的先决条件。

我们可以看出，许多国家都非常注重发展农业，并且大力推动制定常态化的农业法规，如日本。《农业基本法》是关于保证农村基本权利与义务的法律制度；《农业部门法》涵盖了农业的所有领域，也就是农林、林业、渔业等；各国特别是比较发达的国家纷纷出台相关的法律和规章，以保证在农村的基本状况下的法治建设。

各国在资源和特殊性上存在着一定的差别，但是很多国家都把加强其农业的基础地位视为根本目的。发达国家主要是以立法补贴和价格支持来促进农产品的出口，目的是改善农业生产力和改善与其他产业之间的生产差异。同时增加农民的收入，让他

---

[1] 冯进昆，李东菊：《国外农村公共产品供给的经验分析及借鉴》，商业文化（下半月），2011（12）：105-106。

们享有与其他行业就业人员同等的生活水平,这也保证了他们的农业基本状况。

国家通常以保障农民的权益为手段,目的在于保证农民的收入能与国家的经济发展同步,改善农民的生存条件,从而增强农民的农业生产热情,克服农业发展中的各种障碍,最终达到农业大发展和农民综合素质大提高的目的。许多国家通过一系列的政策,如减轻农民负担、建立农村社会保障体系,以确保农民收入不比从事其他行业的劳动者少。

在我国的农业法律制度中,农业所涉及的不同的社会群体都是农民权益保护的主体。政府代表或地区领导,以其职权听取农民需求并传达其农产品的生产需求和农民的权益要求,得到了政府的认可,这些行动具有强化农业的基本性质。

为此,我国应通过健全相关法律,使农业基础地位立法制度化。党的第十一届三中全会以后,我国已经建立起了一套以《中华人民共和国农业法》为依据的十多项农业法律,包括《中华人民共和国农村土地承包法》和若干相关的法律和条令。法律与条令相结合的初级农业法律制度,为巩固农业的基本地位提供了法律保证。然而,我国现行的相关法律、法规制度尚不完善,很多法律条文尚不明晰。另外,我国目前的法律水平尚不够高,与我国的农业基础地位的需要还不够匹配。因此,制定法律要以加强农业的基本地位为出发点和落脚点。

第一,我国要在农村基础法律制度的基础上,正确处理好农业与其他行业之间的关系,避免在其他行业发展过程中损害农业;要建立各种有利于农民参与的法律制度,建立鼓励加大农业投入、增加农民收入的健全的法律激励制度。

第二,从农业的角度来看,加强农业的基础地位,不仅针对包括种植业、养殖业、林业、渔业、畜牧业等广泛的农业基础地位,也针对那些与广义农业关系密切的工业、信息服务产业的基础地位。

我国要确立新的理念,明确保护农民权益的目的。在市场经济条件下,农民处于弱势地位,处于自身保护能力较低的社会阶层,加强对农民权益的保护具有特别的意义。要保证农业的基本地位,首先要把农民的利益置于第一位。各国在农业立法时,均注重保护农民的合法权益,确保农民享有与城镇居民同等的法律地位和社会福利。但是,我国在制定相关的农业政策、法规时,却常常忽略或对农民的各项权益加以规范,使农民的合法权益无法得到有效的保障,更无法得到特别的保障。在市场经济一体化与经济全球化的大环境下,农业生产者在国际、国内市场中形成了自主经营、自负盈亏的独立生产经营主体。这就需要根据我国的实际情况,对农民的利益进行保护,并在此基础上,构建一套保证农民权利和义务相对应、相互制衡的制度,以保证农民的权利和义务的独立行使。农民与国家建立联系,以保障农民的权益,巩固农业的基本地位[1]。

---

[1] 胡元聪:《国外农业基础地位立法的特点及对我国的启示》,现代经济探讨,2010(12):14-18。

（二）由政府引领，确保农村公共产品质量

通过对发达国家、中等发达国家和发展中国家的农村公共服务体系的分析，我们可以看出，无论发达国家还是发展中国家，其提供的都不是单一的服务，而是多元化的，包括提供来自政府、私营和第三方的各种服务。虽然美国等少数国家一直把发展农村公共服务作为优先事项，但是大部分的国家在自己的工业化中后期才采取了对农业的保护措施，而政府，特别是中央政府，逐步成了农村公共服务的主力军。

农业是国民经济的基础，相对于其他行业来说，农业属于弱势行业。农业保护主义是指国家在经济发展到一定程度后，为了维护国家经济的稳定发展，维护社会稳定，维护生态环境，而对农业的扶持和保护。其内容包括两个方面：一是为防止国内农产品受到国际市场影响而实施的一系列贸易保护政策；二是对农业的直接或间接扶持，以推动农业与工业的协调发展。

从世界经济发展的经验来看，保护农业是经济、社会发展的必然要求。首先，农业是一种既有自然风险又有市场风险的行业，还是一种投资回报率很低的行业。而作为国民经济的基础，农业又具有某种"公共性"。农业对国民经济和社会发展的作用是不可替代的。

因此，国家和社会需要对农业进行必要的保护与扶持，转变农业的弱势，使之与其他行业相协调，从而促进经济和社会的健康发展。其次，土地的不可转让性决定了对农业的保护。在经济发展的进程中，由于资本的不断增加，产业吸纳资金的能力会大大超过农业，而当产业的资金和技术水平不断提升时，产业的生产成本也会随之降低，从而使农产品在贸易中的价格会比工业产品低。在这种条件下，只要继续实行自由贸易，无论在国内市场还是在国际市场，农民都无法与其他生产成本较低的国家和其他产业的生产者进行竞争，因为土地不像其他生产要素（如资金、劳动力等）能在不同产业之间自由流通。农业以农民为主体，那么保护农业就是保护农民的生存与发展，也就是整个民族的和谐发展。因此，无论是从土地资源的使用，还是从农民的生存角度来看，国家和社会都必须对农业进行保护。

在政府为农民提供的公共产品方面，中央政府负有首要责任。例如，美国联邦政府在农村的基础设施、农业的教育方面给予了直接的资金资助；给予科研、科技推广以补助；对发展的农业给予资助；利用政府的资金，吸纳社会资本，扶持农业；等等。20世纪60年代，日本中央财政对农业、林业和渔业的投入比例超过了农业、林业和渔业在产值中的比重。到了90年代，农业、林业、渔业投入占财政总支出比例比农业、林业和渔业产值占国家生产总值比例高出4.5个百分点。

在为农民和乡村提供的公共事业方面，中央占有重要位置。在外国，国家的财政扶持是建立乡村卫生制度的先决条件。例如，德国的乡村医疗保障由政府提供大量补助。日本卫生保健的资金支出占比很高，大约占整个医保支出中的32%～35%。巴西的"居家保健项目"的经费基本上都是由国家提供的。泰国的"30铢计划"由国家拨

款。在我国的农村社会养老保险体系中，资金的支撑是不可或缺的。德国为农民和家庭成员提供的社保补助猛增，到了 2000 年，该资金占据了整个农业部的 2/3。加拿大农民的退休金由联邦政府和省级财政拨款。在全球范围内，政府在基础教育方面所承担的比重较大，而相较于地方政府，中央政府往往是农村教育的重要支持者。很多国家的教育经费在全国范围内的总投资为 20%~80%；但在某些发达国家，80% 以上的教育经费来自中央政府，有些国家则是完全依靠中央政府。

显然，无论是发展农业，还是提高农民的社会福利，国家都扮演了重要角色，而大多数的公共服务经费，都是通过国家财政来保证的。"在发达国家，政府的公共开支中，政府的投入占很大比重，其农村公共服务已得到了充分的发展，基本能够满足当地农业和农民的需求。"[1]但是，就我国目前的状况来看，政府在农村公共服务中的领导作用并没有完全发挥出来，尤其是在财政上的投入还很少。

同时，加强农村社会保障体系建设以及健全的多元化经营机制的建立，既取决于市场经济的发展水平，也取决于国家的思想观念和政策导向。因此，政府既要担负起农村公共服务的首要职责，又要积极引导社会各方面的力量，以实现"以人为本"的目标。政府要带头打造企业、民间组织、农民三方参与的多元化农村公共服务体系。农村的私营经济、农民专业合作组织和部分农户在经济发展的进程中积累了大量的资金，具备了充分参与农村公共服务的条件。为此，政府必须深入推进农村市场经济和行政管理体制的改革，并且以最快的速度实现这一转变。

（三）丰富农村公共产品多元化供给模式

长期以来，我国存在着城乡二元化的特点，长期缺乏农村公共服务，而"三农"问题的解决办法就是加大对农村公共服务的投资力度。政府对公共服务的投资不能只依靠政府提供，因为财政体制的变革，地方经济的存在以及政府"经济人"的性质，使得其对农村公共服务的投资不够充分。因此，我们必须摒弃对政府"全能""无限"和"万能"的狭隘观念与刻板印象，大力发展第三部门与"三农"的合作经济组织，扩大"三农"的投资范围和深度，以适应农民日益增长的社会需要。

第三部门是民间自发组织起来的。它的特征是：①经费来源于民间；②管理是独立的；③可以帮助解决一些政府不方便处理的社会问题，还可以节约政府开支。第三部门职能是对农业资金进行社会监督，以防止农民补贴资金被当地政府截留、侵占。而农业合作经济组织则是指各类农业合作社、农民专业技术协会、农村集体经济组织、农村集体经济组织、供销社、信用社等。农业合作经济组织很好地适应了农民的社会化服务需求，为农民提供了一个有组织地参与市场竞争的平台，实现了规模效益，同时为维护农民利益、表达农民诉求提供了一种行之有效的方式。

---

[1] 廖红丰，尹效良：《国外农村公共产品供给的经验借鉴与启示》，广东农业科学，2006（4）：97-100。

国外的经验显示，第三部门与农业合作经济组织能更好地理解农民的需求，解决农民的实际问题，并能有效地提供农民所需的公共产品，从而避免盲目和混乱，更具针对性和适应性。同时，可以灵活地适应新形势下的发展策略与行动方案，以适应新形势下的挑战，从而使农村公共服务具有针对性、实效和灵活性。第三部门的优点是解决具体问题，由于服务于特定的目标，满足特定的社会需要，绝大多数的第三方机构都是专门的、有针对性的机构，它们的专业化程度决定了它们的工作效率。农业合作经济组织强调的是"以人为本、以自然为本、以社会为本"的理念，强调社会公平和公正，强调农民的平等参加，这对促进农村的全面发展具有无可取代的作用。

从目前的情况来看，我国的农村第三部门、农业合作经济组织的发展还不够完善，在发展中所起的作用仍然十分有限，这主要是由于政府对于第三部门和农业合作经济组织的了解与支持不够，无形中制约了它的存在和发展。相对于改革开放以前，政府对于第三部门和农业合作经济组织的理解已经发生了整体的变化，但由于受到权力本位观念的影响，对第三部门和农业合作经济组织的理解仍然存在着一定的偏差，仍然将其视为无关紧要的存在，而没有将其视为平等的伙伴。在这种意识下，政府对第三部门和农业合作经济组织实施了严格的防范与监督，如严格的审批注册制度，实行双重管理；限制第三部门的发展，限制其参与市场竞争，破坏了其自然的发展规律。另外，政府职能的转变还没有完成，这会影响第三部门和农业合作经济组织的功能。

第七章 地方实证：乡村振兴背景下农村公共产品供给现状——以河南省为例

第一节 乡村振兴背景下农村公共产品供给现状

保障农村公共产品供给是在乡村振兴战略背景下党和政府面临的一个重大课题。在实施乡村振兴战略进程中，党和政府结合我国农村的实际情况，加大了对农村公共产品供给的力度，改善了农村公共产品的供给状况，在农村公共产品供给的数量、质量和效率等方面均取得了一定成效，但仍然存在一些亟待解决的现实问题。本节以河南省为例对农村公共产品供给的现状进行深入分析。

河南省简称"豫"，位于我国的中部，黄河中下游地区，东经110°21'～116°39'，北纬31°23'～36°22'，历史上也称中原、中州、豫州等，是我国的一个省级行政区，总面积16.7万平方千米。作为我国的农业大省，要实现乡村全面振兴，公共产品供给的完善作为促进乡村全面发展的一个不可或缺的条件显得尤为重要。

在乡村振兴战略的背景下，如何去保障农村公共产品供给是党和政府正在面临的考验。河南省是我国农业和农村人口占比较大的一个省份，要实现乡村地区的全面振兴，河南省要发挥领头作用。农村公共产品供给的完善作为促进乡村全面发展的一个不可或缺的条件，对河南省实施乡村振兴战略，实现农村的全面振兴意义重大。

近年来，随着经济的快速发展，河南省的农村经济也有了很大进步，农村公共产品供给也同样取得了显著成果。例如，农村基础教育、卫生健康、社会保障等质量和水平逐步得到提升。农村基础教育水平特别是义务教育的发展使得之前孩子上不起学或无学可上的问题得到了基本解决，农村医疗卫生的发展使得人们"病有所医"，农村基本社会保险的发展使得老年人"老有所养"，农村公共产品供给水平的提升使得广大农村及其农民得到了实惠。但客观分析，河南省农村公共产品的供给依然存在诸多问题，还需要在发展中进一步完善。现仅以河南省农村地区最迫切需要的农村公共基础设施、基础教育、医疗与公共卫生、基本社会保险、基本社会服务等方面对河南省农村公共产品的供给现状进行深入分析。

一、农村公共基础设施建设

全面建成社会主义现代化国家、实现中华民族伟大复兴的中国梦的根基在于乡村振兴，而实现乡村振兴的基础是乡村公共基础设施建设。习近平总书记参加党的十三届全国人大二次会议河南代表团审议时强调"要补齐农村基础设施这个短板"。2016年以来，河南省统筹农村土地利用、产业发展、生态保护、居民点布局、人居环境整治和历史文化传承，编制实用性村庄规划；实施农村人居环境整治三年行动计划，逐步建立和完善农村基础设施服务网络。据2019年《河南省农村经济社会发展报告》显示，到2018年年底，河南省经过合法村庄规划后建设的行政村有3.2万个，占比69.0%。4.314 4万个行政村实现生活垃圾集中处理，占比94.5%，比2016年第三次全国农业普查时的数据增加了75.1%，占比增加了41.2个百分点；生活污水集中处理的有1.016万个行政村，占比22.2%，比2016年增加了1.4倍，占比增加了12.9个百分点。农村公路建设取得明显成效，进村道路为柏油和水泥路的行政村4.538 9万个，占比99.4%，比2016年增加了1个百分点；村内道路为柏油和水泥路的行政村有4.437万个，比2016年增加了3.6个百分点。3.3万个行政村开通公共交通，占比71.4%，比2016年增加了19.3个百分点（图7-1）。

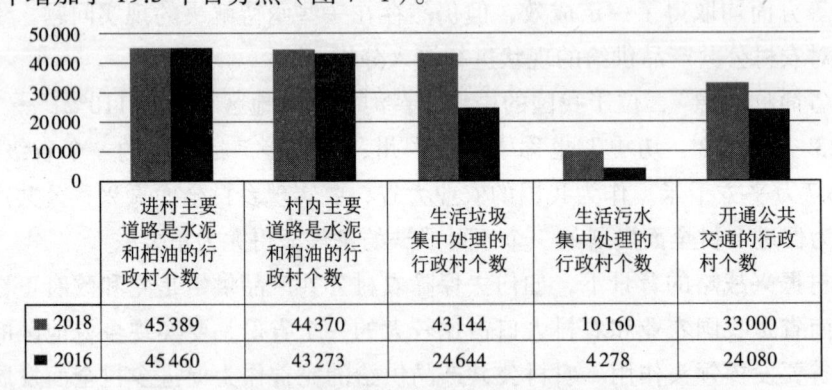

	进村主要道路是水泥和柏油的行政村个数	村内主要道路是水泥和柏油的行政村个数	生活垃圾集中处理的行政村个数	生活污水集中处理的行政村个数	开通公共交通的行政村个数
2018	45 389	44 370	43 144	10 160	33 000
2016	45 460	43 273	24 644	4 278	24 080

图7-1 河南省农村部分公共基础设施指标数据对比

2019年，河南省启动了农村公路"百县通村入组工程""万村通客车提质工程"，提出了"实现20户以上自然村通硬化路"的目标。截至2021年年底，全省共投资302.5亿元，新建改建扩建3万余千米，农村公路通达总里程23.3万千米。《2020年河南省乡村社会经济发展报告》显示，河南省农村进村道路实现硬化的行政村占比达到了99.7%，村内道路实现硬化的行政村占比达到了98.9%，基本形成了以县城为中心、农村乡镇为节点、村组为网点的公路网络。在全省37.3万个自然村中，通电的村民小组占比达到了99.8%，主要道路有路灯的村民小组占比达到了74.3%，通公路的村民小组占比达到了97.7%，通宽带互联网的村民小组占比达到了97.2%，自来水普及率达到了90.5%，使用卫生厕所的农户普及率达到了56.6%。

农村公共基础设施的不断改善，使农民得到了实惠，生活质量进一步提高。但是，在喜人的数字背后，河南省农村公共基础设施建设落后的状况并没有得到根本性改善。例如，农村公路建设，村村通工程的实施，基本上解决了农民的出行问题，但村内通达的深度还不够，还有部分自然村没有通公路；以前实行的修建公路标准较低，质量监管不完善，致使农村道路等级低，质量较差，甚至不乏"豆腐渣"工程，导致农村公路使用周期短，损坏严重，不能达到乡村振兴的标准。再从农田水利建设方面来看，河南省农田水利工程老化、失修、损毁等现象严重，以耕地灌溉面积为例，耕地灌溉面积占耕地面积的比例近年来虽然不断增长，但与其他省份相比还有不小差距，见表7-1。

表7-1 部分省份耕地灌溉情况

项目	省份					
	河南	河北	安徽	江苏	湖南	山东
耕地面积（千公顷）	8 140.7	6 551.2	5 883.1	4 581.6	4 149.5	7 633.5
灌溉面积（千公顷）	5 463.1	4 470.0	4 608.8	4 224.7	3 192.9	5 293.6
灌溉面积的比重（%）	67.1	68.2	78.3	92.2	76.9	69.3

注：根据《中国统计年鉴2021》整理。

二、农村基础教育

近年来，随着国家对农村教育的重视，政府加大了对农村教育的财政投入力度。河南省农村地区的教育问题得到了较大程度的改善，但还有很多问题有待改进。从宏观上讲，我国城乡之间存在着巨大的差异，教育资源的配置极不平衡，城市地区教育资源相对丰富，而农村地区的教育资源则相对缺乏。河南是一个人口大省，农业人口占有很大的比重，而农村居民文化程度相对较低，因此河南省的人均受教育状况较为落后。

河南省小学普通学校生师比17.42，高于全国人均小学普通生师比16.67；初中普通学校生师比13.87，高于全国人均初中普通学校生师比12.73。与河南省GDP相近的省份（如北京、江苏、山东、山西等地区）相比，生师比均高于这些地区，反映了河南省教师资源分配不足的问题,见表7-2。

表7-2 全国普通学校生师比(教师人数=1)

学校	全国	河南	北京	江苏	山西	山东
小学	16.67	17.42	14.01	16.79	13.98	16.36
初中	12.73	13.87	8.68	11.96	10.27	12.24

注:根据《中国统计年鉴2021》整理。

就河南省而言,城乡教育不平衡的问题依然严重。2016—2020年,河南省人民政府对农村地区的教育投入呈不断增长的态势,财政预算支出从2016年的18.42亿元增加到2020年的28.85亿元,增长了56.62%,但农村地区教育预算支出占总教育预算支出的比例均在1.28%~1.92%徘徊,较高年份也不足2%,见表7-3。因此,虽然政府用于农村地区的教育财政预算支出逐年有所增加,但所占比例依然很低。

表7-3 河南省农村教育预算支出情况(2016—2020年)

年份	教育总支出(亿元)	农村地区教育支出(亿元)	城市地区教育支出(亿元)	农村地区教育支出占总支出的比例(%)
2016年	1 343.76	18.42	1 325.34	1.37
2017年	1 493.11	25.64	1 467.47	1.72
2018年	1 664.67	32.00	1 632.67	1.92
2019年	1 810.71	23.24	1 787.47	1.28
2020年	1 882.56	28.85	1 853.71	1.53

注:根据《河南统计年鉴2017—2021》整理。

城市地区与农村地区教育财政预算支出对比如图7-2所示,2020年城市地区教育财政预算支出1 853.71亿元,农村地区教育财政预算支出为28.85亿元,城市地区教育财政预算支出是乡村地区的64.25倍。由于河南省人民政府对农村地区的教育投入较低,导致了城市和农村教育发展严重失衡。此外,由于河南省农村经济发展水平低下,不少乡村教师不愿意留在农村,教师大量外流,农村师资严重短缺,存在专业不对口、培训不到位现象。

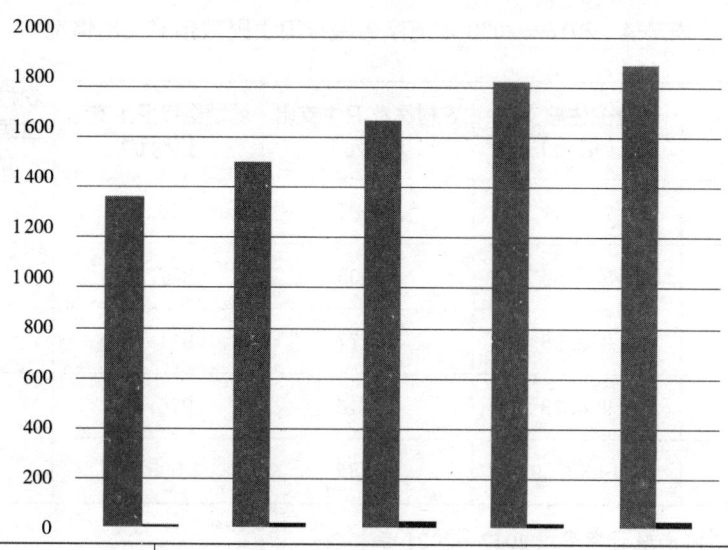

年份	教育支出	
	农村地区教育支出	城市地区教育支出
2016 年	1 325.34	18.42
2017 年	1 467.47	25.64
2018 年	1 632.47	32
2019 年	1 787.47	23.24
2020 年	1 853.71	28.85

图 7-2　2016—2020 年河南省城市与农村地区教育财政预算支出对比

三、农村医疗与公共卫生

　　河南省城乡医疗资源差别较大，主要以城镇为主，农村医疗资源相对匮乏。在医疗卫生方面，政府财政预算支出从 2016 年的 778.01 亿元增至 2020 年的 1 085.39 亿元；城镇医疗卫生财政预算支出也在逐年增长，2016 年为 760.14 亿元，2020 年达到 1 065.81 亿元，增加了 305.67 亿元；而农村地区的医疗卫生财政预算支出则呈现波动性增长，2020 年较 2016 年增长了 1.98 亿元，政府对农村医疗卫生的财政预算支出体上呈现上升趋势。然而，农村医疗卫生预算支出在政府总医疗卫生预算总支出中所占比重却呈下降趋势，从 2016 年的 2.3% 降低到 2020 年的 1.8%，说明政府用于农村地区的医疗卫生预算支出虽然有所增加，但支持力度偏弱，见表 7-4。

表 7-4 2016—2020 年河南省医疗卫生财政预算支出情况

年份	医疗卫生总支出（亿元）	农村医疗卫生支出（亿元）	城镇医疗卫生支出（亿元）	农村医疗卫生支出占医疗卫生总支出的比例（%）
2016 年	778.01	17.87	760.14	2.30
2017 年	836.66	19.05	817.61	2.28
2018 年	928.95	17.77	911.18	1.91
2019 年	986.78	16.16	970.62	1.64
2020 年	1 085.39	19.85	1 065.81	1.80

注：根据《河南统计年鉴》2017—2021 年整理。

如图 7-3 所示，2020 年，河南省人民政府在农村医疗卫生方面的财政投入仅占医疗卫生预算总支出的 1.8%，而在城镇医疗卫生方面的财政投入则占医疗卫生预算总支出的 98.2%。河南省人民政府对城镇医疗卫生方面的扶持要比对农村的多得多，农村居民不能享受与城市居民同等的医疗条件，两者存在着巨大的差距。要使农村医疗卫生事业进一步发展，需要政府加大对农村医疗卫生资金的投入。

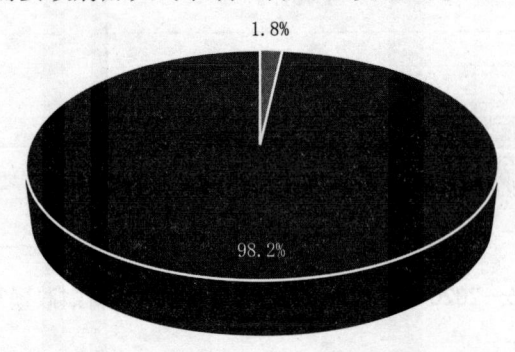

■ 农村医疗卫生财政预算支出总医疗财政预算占支出的比例
■ 城镇医疗卫生财政预算支出占医疗财政预算总支出的比例

图 7-3 河南省城乡医疗卫生财政预算支出占比情况

河南省农村医疗卫生与健康投入的资金不足，农村卫生条件和卫生技术人员配置也需要改善。截至 2020 年年底，河南省共有卫生技术人员 731 982 名，其中农村卫生技术人员 90 327 名，城镇卫生技术人员 641 655 名，城镇卫生技术人员是农村卫生技术人员的 7.1 倍。河南省城市常住人口中，平均每 1 000 人中有 11.65 名卫生技术人员，农村平均每 1 000 人中仅有 2.04 名卫生技术人员，前者是后者的 5.71 倍，见表 7-5。河南省现有的医疗机构可供患者使用的病床数量为 667 185 张，其中城市有 554 613 张，平均每 1 000 人可供使用的病床数量为 10.07 张，在农村地区，平均每 1 000 人可供使用的病床数为2.77张，城市平均每1 000人能够使用的床位是农村的3.64倍。

表7-5　2016—2020年河南省卫生人员城乡分布情况

年份	常住总人口（万人）		卫生技术人员（人）		每千人中包含的卫生技术人员（人）		
	农村	城市	农村	城市	农村	城市	平均
2016年	5 008	4 770	113 856	432 876	2.27	9.07	5.67
2017年	4 859	4 970	109 457	471 040	2.25	9.48	5.87
2018年	4 711	5 153	103 306	518 010	2.19	10.05	6.12
2019年	4 553	5 348	96 032	557 862	2.11	10.43	6.27
2020年	4 431	5 510	90 327	641 655	2.04	11.65	6.85

注：根据《河南统计年鉴》2017—2021年整理。

四、农村基本社会保险

社会保险是为失去劳动岗位或丧失劳动能力的人口提供收入或补偿的一种社会和经济制度。其主要内容包括养老保险、医疗保险、生育保险、失业保险、工伤保险等。农村社会保险是由政府组织实施的一项社会养老保险制度，是我国社会保险体系一个重要的组成部分。鉴于广大农村地区社会保险体系建设尚不完善，本文在此以河南省为例重点介绍农村基本养老保险与基本医疗保险的发展状况。

就农村的养老保险发展而言，河南省作为一个人老龄化问题十分突出的农业大省，完善农村养老保险体系建设意义重大。2012年，河南省城镇和农村居民基本养老保险的参保人数为4 719.68万人。2017年，河南省城镇和农村居民基本养老保险的参保人数达到了5 010.21万人，参保人数增长了290.53万人。其中，农民参加新型农村养老保险的人数从2012年的1 437.53万人增长到了2017年的1 524.59万人，增长了87.06万人，约占城乡新增参保人数的30%，如图7-4所示。

关于农村医疗卫生健康事业的发展，河南省和全国大部分地区一样，自2018年起实行新农合医保和城镇居民医保并轨，广大农民享有了与城镇居民同样的医疗保障。2017年，河南省农村地区的医保对象以新型农村合作医疗为主，参保新农合的农民人数为8 742万，较2012年的7 965万人增长了727万，见表7-6。农村居民参加新型农村合作医疗的人数比例虽然不太稳定，但整体上说每年都有增加，说明河南省医疗保障制度正在逐步向好发展。

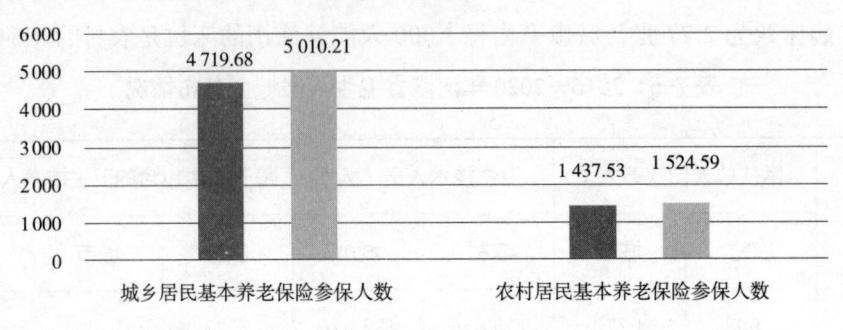

图 7-4　2012—2017 年河南省城乡居民基本养老保险参保人数对比

表 7-6　2012—2017 年河南省新型农村合作医疗的参保情况

项目	2012 年	2013 年	2014 年	2015 年	2016 年	2017 年
新农合参与人数（万人）	7 965	8 119	8 267	8 420	8 583	8 742
每年比上年增长的百分比（%）	2.06	1.93	1.82	1.85	1.93	1.85

我们还可以看到，河南省农村基本社会保险发展状况与城市相比差距还非常明显。2012 年在城乡居民基本养老保险参保人数中，农村居民占 30.46%，城镇居民占 69.54%。2017 年在城乡居民基本养老保险参保人数中，农村居民占比 38.90%，城镇居民占 61.10%。虽然农村居民所占的比重有所增加，但与城镇居民相比差距仍然明显。因此，要缩小城乡差距，农村基本社会保障还需要进一步发展。

五、农村基本社会服务

基本社会服务是指国家为保证一些特定人群和困难群体的基本生活权利，以及在社会发展中的平等参与权利而提供的物质和服务兜底保障。其内容包括了对特困人员的救助、最低生活保障、医疗救助、老年人福利补贴、退役军人安置等方面。本文从河南省农村选取了最低生活保障、农村特困人员集中供养、农村特困人员分散供养三个角度，对河南省农村基本公共服务状况进行分析研究。

2016—2020 年，河南省农村社会救助的情况：2016 年，河南省农村最低生活保障人数 3 280 238 人，2020 年减少至 2 924 552 人；河南省农村特困人员集中供养人数由 2016 年的 108 239 人减少至 2020 年的 82 520 人；农村特困人员分散供养人数从 2016 年的 371 245 人上升至 2020 年的 411 101 人。总体上，农村最低生活保障人数和农村特困人员集中供养人口均出现了明显的下降趋势，农村特困人员分散供养人数却呈现出上升趋势，见表7-7。

表7-7　2016—2020年河南省农村社会救助情况

年份	农村最低生活保障人数	农村特困人员集中供养人数	农村特困人员分散供养人数
2016年	3 280 238	108 239	371 245
2017年	2 880 515	76 955	411 694
2018年	2 577 942	77 084	419 293
2019年	2 725 942	73 372	418 781
2020年	2 924 552	82 520	411 101

注：根据《河南统计年鉴》2017—2021年整理。

2016—2018年，河南省农村低保人数呈逐年下降趋势，2018年以后呈逐年上升趋势，如图7-5所示。究其原因：一是养老观念出现了新的变化。过去受我国传统思想的影响，许多人不愿到养老院等集中供养场所居住，现在随着社会的发展进步，到养老院等集中供养场所集中养老被越来越多的人所接受。二是近年来农村居民外出务工人员增多，在经济状况得到较大改善的同时，没有更多时间照料老人，使得部分老人不得不接受到养老院等集中供养场所养老。三是国家对农村的社会救助资金支持的力度还不大，导致了接受保障的人数不多。

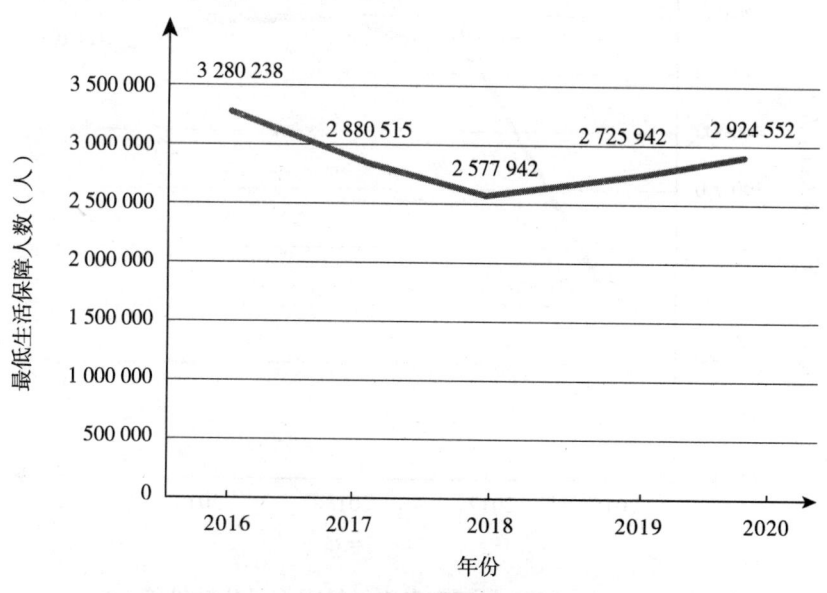

图7-5　2016—2020年河南省农村最低生活保障人数

2016—2020年，河南省的特困集中供养人口同样呈现先下降后上升趋势，如图7-6所示。河南省2016—2020年的特困人员分散供养人数增加较多，2019年后较为稳定，如图7-7所示。

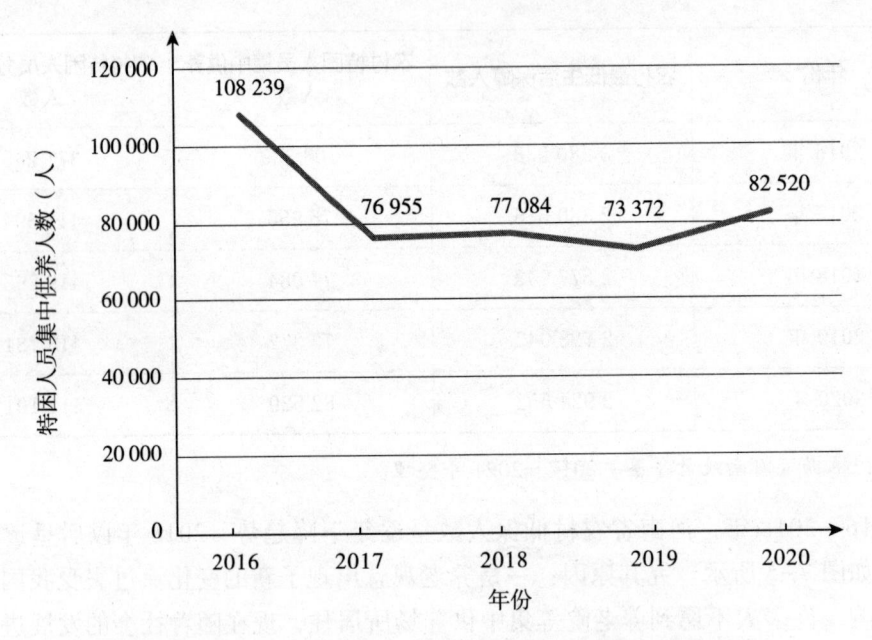

图 7-6　2016—2020 年河南省农村特困人员集中供养人数

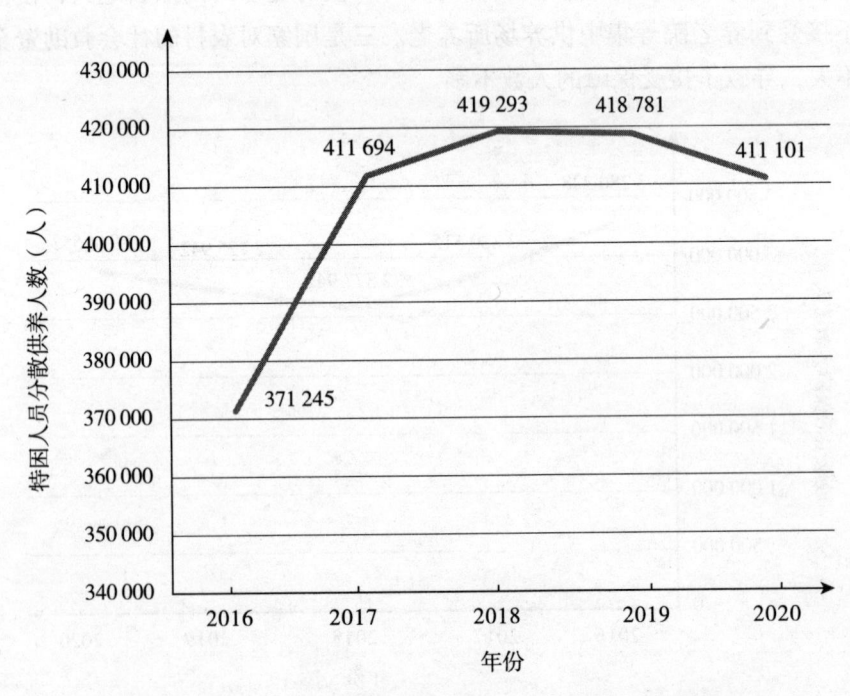

图 7-7　2016—2020 年河南省农村特困人员分散供养人数

第二节 乡村振兴背景下农村公共产品供给困境

一、农村公共产品供给不足

中国农村公共产品自身的本质特性决定了纯公共产品的主要供应者应该由公共部门承担,在我国现行体制下,各级政府自然是农村公共产品主要的承担主体,供给方式主要是通过政府的公共财政预算支出来实现。近年来,河南省财政投入不断增加,科技研发、教育发展、社会保障等方面的投入也逐年增加,但总体上还是比较薄弱的。

河南省各乡镇的公共财政投入在2016—2020年中持续增长,由2016年的479.94亿元增至2020年的725.04亿元,增长了51.07%。河南省乡镇公共财政投入占财政支出总额的比重,2016年为6.44%,2020年为7.52%,增长幅度不大。由此可见,河南省对农村的公共财政投入还是较小,对其扶持力度仍然不够,见表7-8。

表7-8　2016—2020年河南省城乡公共财政预算支出对比

年份	乡镇公共财政支出（亿元）	城市公共财政支出（亿元）	总支出（亿元）	乡镇支出占总支出的比例（%）
2016年	479.94	6 973.80	7 453.74	6.44
2017年	554.56	7 660.96	8 215.52	6.75
2018年	633.42	8 584.30	9 217.73	6.87
2019年	702.29	9 461.64	10 163.93	6.91
2020年	725.04	9 647.63	10 372.67	7.52

通过对2016—2020年河南省农村与城市公共财政支出进行比较,如图7-8所示,可以看出城镇公共财政支出明显高于乡村。2020年,乡镇公共财政支出为725.04亿元,城市公共财政支出为9 647.63亿元,是乡镇公共财政支出的13.31倍。我们从这一点

可以看出，河南省在农村公共产品供给上的政府财政投入比城市要低得多，从而导致了农村公共产品的供给不足。

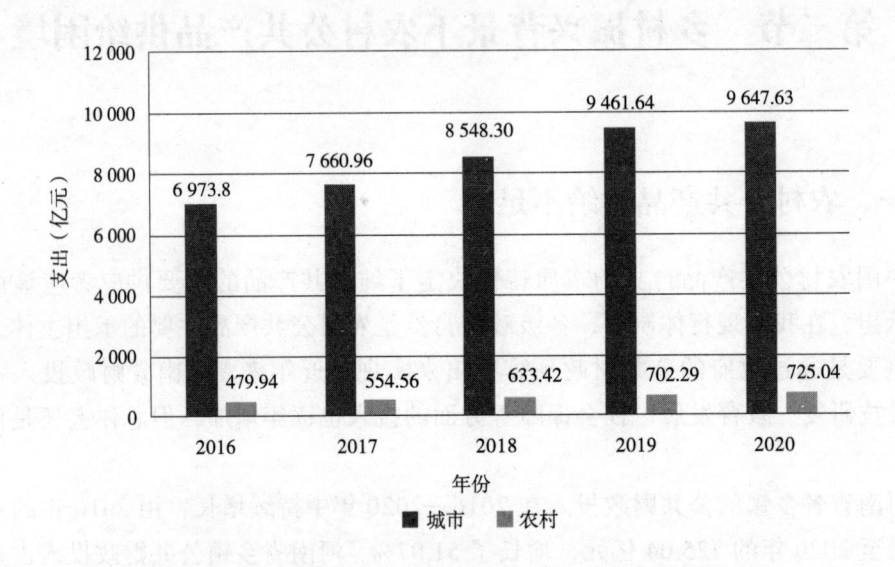

图 7-8　2016—2020 年河南省农村与城市公共财政支出对比

二、农村公共产品供给结构不平衡

增加政府对农村公共产品的财政投资，可以极大地推动农村公共产品供给，而单纯增加政府对农村公共产品的财政投资并不能保证其均衡发展。我国财政预算支出在农村公共产品的供给上投入相对较少，而且并未完全发挥其作用，存在着资金分配不平衡的问题。也就是说，政府提供的公共产品并非乡村所急需的。对农民而言，医疗、教育、社会保障是他们最迫切的需求。河南省 2016—2020 年乡镇公共财政支出统计数据，见表 7-9。

表 7-9　河南省乡镇公共财政支出（单位：亿元）

项目	2016 年	2017 年	2018 年	2019 年	2020 年
一般公共服务	189.68	210.9	250.76	283.09	278.36
公共安全	1.29	1.49	2.14	1.89	1.95

续表

项目	2016年	2017年	2018年	2019年	2020年
教育	18.43	25.64	32.00	23.24	28.85
科学技术	3.63	9.27	8.98	12.28	21.06
文化体育与传媒	3.83	4.04	4.76	6.05	6.82
社会保障和就业	33.68	26.51	26.03	29.64	28.77
医疗卫生	17.87	19.05	17.77	16.16	19.58
节能环保	9.17	15.17	21.58	24.34	26.99
城乡社区事务	80.44	116.07	123.79	143.61	138.12
农林水事务	96.35	108.07	122.63	138.01	150.56
交通运输	4.32	4.62	4.59	2.12	2.83

我们从表7-9可以看出，2016—2020年，河南省乡镇财政支出的重点是一般公共服务、城乡社区事务和农林水事务三大领域。一般公共服务是指由政府为基本公共行政、公共服务的支出，包括人大政协事务、政府办公厅及相关机构事务。城乡社区事务是指涉及城乡社区事务、城乡社区规划管理的城乡社区事务。而在医疗、教育、社会保障等与农民生活密切相关的方面，投资相对较少，这与农民的实际需求不符。2016—2020年，乡镇财政在社会保障、医疗、教育等领域的投入占比为14.5%、17.9%、16.8%、14.5%、12.8%。而在2016—2020年，乡镇一般公共服务与城乡社会服务支出占比为59.1%、55.30%、56.17%、56.28%、58.96%，均在50%～60%之间。

2020年，河南省乡镇财政开支很不平衡，一般公共服务开支278.36亿元，占比40.43%，医疗、教育、社会保障和就业开支分别为19.58亿元、28.85亿元、28.77亿元，占比分别是3.65%、4.92%、5.08%，总计13.65%，仅一般公共服务的开支就是医疗、教育、社会保障和就业三项之和的 2.96 倍，如图 7-9 所示。因此，河南省乡镇财政一般公共服务的支出占比较大，农村其他公共产品的支出占比较小，供给结构严重不均衡。

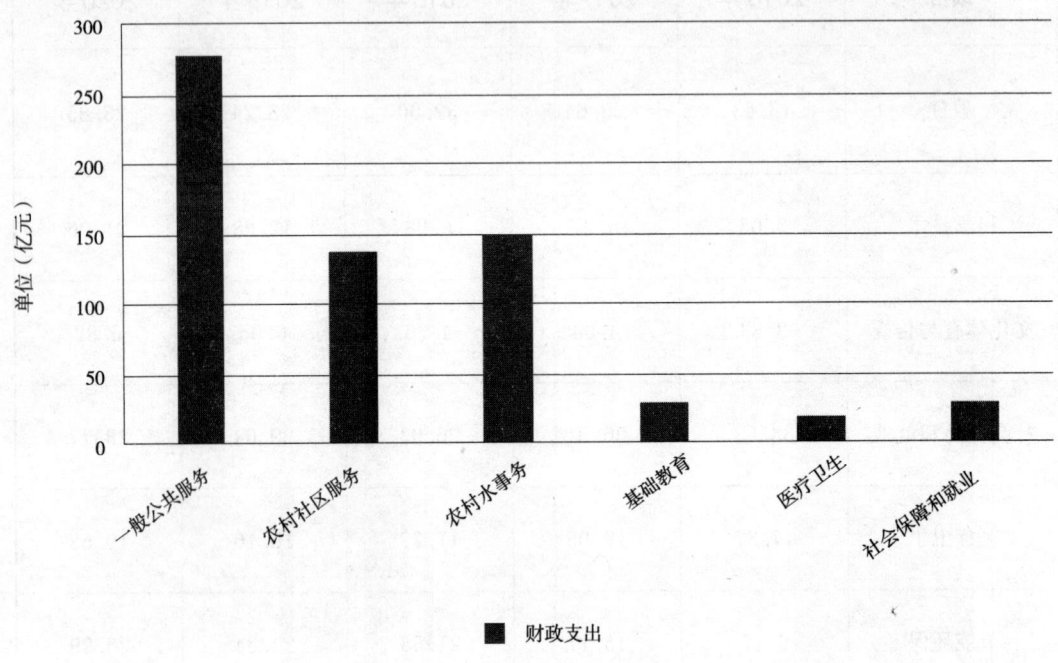

图 7-9　2020 年河南省乡镇财政支出分布

三、农村公共产品供给效率较低

农村公共产品的投资主体和资金使用主体之间的信息不完整、监督机制不健全、资金缺乏有效管理，导致各种资源的浪费以及农村公共产品的供给效率低下。河南各部门的公共开支在总开支中的比例，如图 7-10 所示，一般公共服务支出的比例很高，基本保持在 40% 左右，2020 年为 38.39%；城乡社区事务支出为第二位，为 10.05%；在社保、就业、医疗方面的投入比例相对较低，基本上没有超过财政预算支出的 5%。可见，河南省在一般公共服务和城乡社区事务方面的投入都很大，在教育、社会保障、就业、医疗等方面的投入却很少，也就是说，投入的资金主要集中在行政成本上，而不能有效地使用这些资源增加农村公共产品的供给。

如图 7-10 所示，河南省在 2016—2020 年的一般公共开支比重持续下降，从 39.52% 下降到 38.39%，但总体上仍占有很大比重；城乡社区事务的开支也一直保持较高比重；社会保障和就业方面，所占比重则由 7.02% 降至 3.97%，而教育、医疗等方面的财政预算支出则呈现上下波动，但总体呈下降趋势，并且比重相对较低。因此，政府的公共开支并未将大量的资金用于农民急需的地方，从而导致了对农民公共产品缺乏有效的供给或者是供给低效。

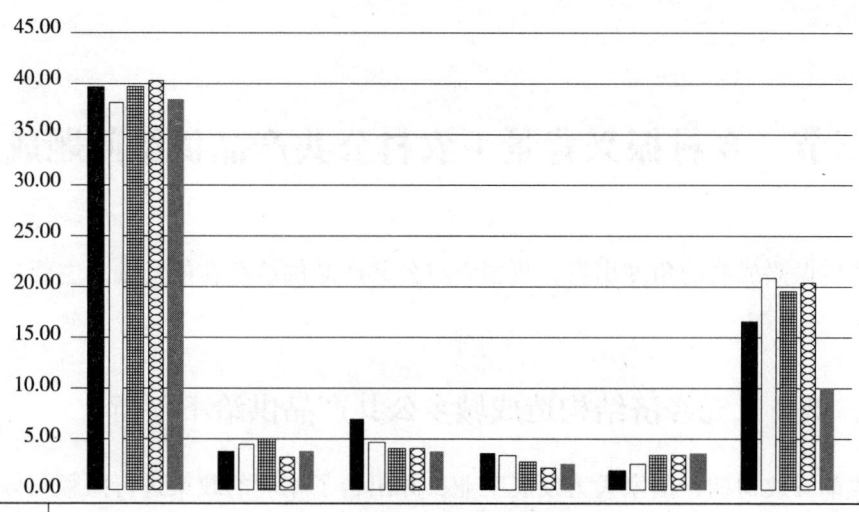

年份	河南省公共财政支出					
	一般公共服务	教育	社会保障和就业	医疗卫生	节能环保	城乡社区事务
2016 年	39.52%	3.84%	7.02%	3.72%	1.91%	16.76%
2017 年	38.03%	4.62%	4.78%	3.44%	2.74%	20.93%
2018 年	39.59%	5.05%	4.11%	2.81%	3.41%	19.54%
2019 年	40.31%	3.31%	4.22%	2.30%	3.47%	20.45%
2020 年	38.39%	3.98%	3.97%	2.70%	3.72%	10.05%

图 7-10　2013—2017 年河南省公共财政支出对比

我国农村公共产品供给效率低的现象，主要体现在三个方面：一是缺乏有效的资金监管。从筹资到使用，到最后的结果评估，缺乏一个独立的第三方对整个项目进行科学、高效的监控，为资金的浪费和低效的利用创造了环境。二是管理层级多导致工作效率低下。往往一个决策就需要很长一段时间，更不用说实施了。农村公共产品的供给往往需要耗费大量的时间来进行决策和信息传递，而且管理层次越高，管理费用就越高，对资金的消耗也越大，这就会在无形中增大公共产品供给的成本。三是地方各级政府忽视了农民的需求，导致农民对公共产品的需求无法得到有效的供给，从而出现农村公共产品供给的效率低下[1]。

---

[1] 刘其涛：《农村公共产品供给能力评价体系构建研究——以中原经济区为例》，改革与战略，2015，31（6）：111-114。

第三节 乡村振兴背景下农村公共产品供给问题成因

从乡村振兴战略的角度出发,我国农村公共产品供给存在的问题,主要包括以下几个方面。

一、城乡二元经济结构造成城乡公共产品供给不平衡

在改革开放初期,国家大力发展工业,并出台了相应的政策进行照顾与倾斜,使农业充分地辅助工业发展,也就是把农业生产的过剩产能用于工业生产,利用廉价且充足的劳动力和土地来发展工业。这种方法迅速地推动了工业的发展,在很短的时间里就形成了一个比较完善的工业体系。同时,城乡之间的差距也在逐步拉大,从而形成了一个二元的城乡经济格局。城乡二元经济结构是指在城镇中形成以社会化大生产为主、以小农户为主体的城镇经济体系。其具体表现为:城镇基本社会保险等覆盖范围较大、社会保障制度比较健全、农村居民基本社会保险覆盖面狭窄、基本社会救助体系发展相对滞后、农村地区的人均开支远低于城市。我国在改革之初的发展计划中,以工业为导向,导致了农业与工业之间的差距越来越大,因此城乡之间的公共产品供应标准也有很大的差别。由于国家对城市公共产品的扶持力度远大于乡村,农村公共产品的供应与城市相比,无论是从质上还是从量上来说,都有很大的差距,直到今天依然如此,这也是导致河南省目前农村公共产品供给中存在供给不足和供给结构失衡的主要原因。

河南省人民政府在城镇的医疗、教育、社会安全等方面的投入都比农村要高,城镇的财政投入都超过了三位数。农村医疗经费在 2016 年为 17.87 亿元,而在城市为 760.14 亿元,两者之间存在着很大的差距。到 2020 年,农村医疗支出达到 19.58 亿元,尽管与 2016 年相比增长了不少,但与城镇 1 065.81 亿元的差距并未缩小,而是进一步加大,见表 7-10。我国城乡公共产品供给存在着巨大的差距,这就是我国当前城乡差距较大的根源。

河南省人民政府 2017 年在医疗、教育和社会保障方面的不同资金投入情况如图 7-11 所示。

我们从图中可以看出,农村和城镇之间的投入差距很大。其中,在教育投入上,城镇是乡村的 55.23 倍;在卫生投入上,城镇是乡村的 42.92 倍;在社会保障和就业投入上,城镇是乡村的 42.77 倍。从这一点可以看出,河南政府在城市的扶持上要比在农村的力度大得多,城市的公共产品供给和农村有很大的不同。我国的城乡二元结构导致了我国乡村的经济发展十分落后,无论是在数量上,还是在质量上,都远远落

后于城镇。所以当务之急是利用城市的先发优势，带动农村发展，利用其所带来的剩余资源建设农村公共产品，实现共同富裕目标。

表 7-10　2016—2020 年河南省城乡公共产品支出对比表（单位：亿元）

年份	农村医疗支出	城镇医疗支出	农村地区教育支出	城镇地区教育支出	农村社会保障和就业支出	城镇社会保障和就业支出
2016	17.87	760.14	18.42	1 325.34	33.68	1 033.72
2017	19.05	817.61	25.64	1 467.47	26.51	1 133.72
2018	17.77	911.18	32.00	1 632.67	26.03	1 272.42
2019	16.16	970.62	23.24	1 787.47	29.64	1 427.50
2020	19.58	1 065.81	28.85	1 853.71	28.77	1 546.26

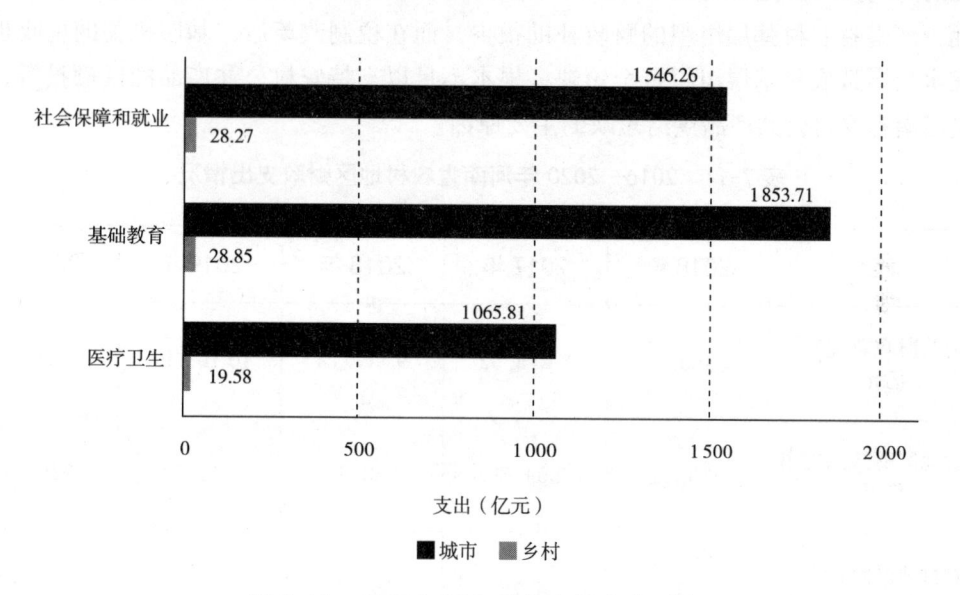

图 7-11　2017 年城乡公共产品支出对比

二、基层政府机构资金紧张

河南省农村基层政府财政资源的短缺，不但影响农村公共产品的供给，而且极大地影响农村公共产品的供给效率。造成基层财政困难的主要原因有三点：一是在实行分税制后，我国对中央和地方之间的税收收入进行了再分配。总体上，税收集中在中央，很少一部分给地方，从而降低了地方的税收，同时地方应该承担的责任不会减少。

中央和地方之间的权力还没有明确的界限，地方政府，尤其是基层组织，是农民最需要的部门，他们的资金投入不能及时到位，就会导致农村公共产品供给问题不能及时解决。2006年，我国全面废除了农业税，农民的负担大为减轻，但农村居民对农村公共产品的需求没有减少，而基层政府的收入受到了削减，这就造成了农村基层组织的财政困难。基层、地方、中央政府的权力划分不能与财政体制改革同步，相关的政策和措施也不能及时落实，这就造成基层财政收入与农村公共产品供给的差距很大。二是从以上的研究来看，我国政府在城乡投入了大量的公共财政开支，而对农村投入的比例却很低，这在一定程度上加剧了农村地区的财政投入与城市的差距逐渐拉大。三是基层政权制度问题比较突出。基层体制改革滞后于中央政府和地方，造成了人员冗余、素质不均衡、机构臃肿、管理混乱等问题，使原本就不多的财政经费大部分都用在了管理费用上，这种状况无疑加重了基层政府的负担，导致他们在农村公共产品上的投入减少。

从表7-11可知，2016—2020年，河南省农村地区财政支出从2016年的479.94亿元增至2020年的725.04亿元，但从农村地区财政支出占总支出的比例来看，农村地区的财政投入占比依然较低，2020年乡镇地区财政支出占总支出的比例只有6.99%。因此，河南省农村基层组织的财政补助很少，而在税制改革后，基层机关的税收也大幅缩水，导致农村基层组织资金短缺，根本不足以支持农村公共产品的巨额投资，这也是河南省农村公共产品供给短缺的主要原因。

表7-11　2016—2020年河南省农村地区财政支出情况

项目	2016年	2017年	2018年	2019年	2020年
公共财政总支出（亿元）	7 453.74	8 215.52	9 217.73	10 163.93	10 372.67
农村地区财政总支出（亿元）	479.94	554.56	633.43	702.29	725.04
农村地区财政支出占总支出的比例（%）	6.44	6.75	6.87	6.91	6.99

三、农村地区农民公共产品诉求表达机制不完善

河南省农村公共产品供给的有效性不高，很大程度上是因为政府不能充分理解农民的需要。在中华人民共和国成立初期，农村公共产品的供应主要是由政府来决定，农民只负责执行。农村公共产品供应的具体内容，无论其数量或类型，农民都不能参与或决定。农民作为公共产品的消费者和受益人，在接受公共产品时不能表达自己的

观点，也不能表达自己的需求，这样做虽然在环节上比较便利，但会导致政府的供应不能满足农民的需要，从而阻碍乡村的发展。农民生活、农业生产所需要的商品不能按时供应。"自上而下"的政策制定方法，使有限的资源不能得到最大程度的利用，导致了资源的浪费[1]。后来国家也逐渐参照了农民的需要，但"自下而上"的方式要综合考虑到农民的整体文化素质和信息采集的复杂性，这将极大地影响决策的准确性和效率。而在此过程中，农民的需求表达是必不可少的，只有农民表达需求，政府才能对其需求有精确的了解，而只有了解农民需求，政府才能了解农村的发展方向和农民的生活需求，才能做出正确的产品供给。我国政府始终在研究如何将政府决策与农民需求有机地结合起来，这样既能保证农民的需要，又能有效地促进农业生产的发展。因此，在此过程中，完善农村居民的公共产品需求传递机制是十分重要的一环。

四、供给主体单一，对民间组织或个人的投资吸引力不足

河南省的公共产品供应总量偏少、效益低下的一个重要因素就是供应主体多元化不足。一方面，公共产品自身的垄断属性与公共属性使得其大部分由政府负责提供；另一方面，政府对农村社会的扶持仍存在限制，如农业税收的废除等原因，使得政府的财政收入十分匮乏，造成政府对农村社会公共产品的投入存在巨大缺口，单靠政府投入大量的资金来建设农村的社会公益事业，是远远不够的。农村公共产品的供应是一个巨大的项目，只靠政府是不可能迅速、高效地提供全部社会资源的。有些具有一定影响力的机构或个体具有向农村公共产品供应的能力，但缺乏合适的机会和途径。而且，只有政府提供公共产品，而没有与之对应的市场竞争，这就导致了我国公共产品的供应效率不高。因此，我国必须尽快制定相关的激励措施，让有条件的民间组织、私营企业或个体参与到农村的公共产品供应中来。这种方式既能增强农村与国家之间的竞争性，也能有效地促进农村公共产品的供给，并能有效地解决农村公共产品供给不足的问题。而河南省虽然在引进其他社会力量参与社会公益事业，但缺乏相应的激励措施与政策。

---

[1] 潘经强：《差异需求下的河南农村公共产品供给绩效分析》，湖北农业科学，2013，52（18）：4543-4545，4558。

第八章 政策建议：乡村振兴战略背景下完善农村公共产品供给的对策

第一节 积极构建城乡一体化的公共产品供给体系

长期以来，我国的公共服务体系是政府主导，而在农村却是农民自给型的公共服务体系。城市所享有的公共产品，无论是在数量上还是在质量上，都远远超过乡村。我国目前存在着巨大的农村公共产品供应不足的缺口，无法满足农民日益增长的公共需求。要实现城乡一体化发展，促进农村经济和社会发展，关键在于实现城乡公共产品的供给平衡，实现城乡二元结构的转变。只有实现城乡基本公共产品供给的均衡，才能真正地促进社会和谐与经济的可持续发展，让更多的人，包括农民，共同分享发展的果实，才能真正实现国家的长治久安。政府要通过体制变革、政策调整、制度创新，逐步构建与社会主义市场经济相适应的城乡一体化，达成一种新型的均衡、公正和平等的公共产品供应制度。

第一，要加大对农业的支持，保证农业资金的规模和比例保持平稳，保证农村地区的支农资金增速不低于财政支出。我国要继续健全有关法律、法规，保障农业的基本地位，增加财政支持，把农村公共产品的供应纳入国家预算，增加政府对农村公共产品的投资。

第二，要构建统一的农村公共产品供应计划体系。我国要统筹公共产品供应，改变传统的"偏重""都市优先"的观念，包括城乡一体化建设、城乡统筹发展、城乡基础教育协调发展等。

第三，要对农村金融支持结构进行调整。我国要根据优先顺序、现实需求和财政的可负担性，对城乡公共产品进行合理、均衡地分配，从而减少历史原因导致的城乡居民享有公共产品与服务的巨大差距；加强对农村道路等基础设施的建设，把农村基础设施建设列入国家长远发展计划,持续提高农民的生产水平和居住水平;要健全农村义务教育制度,实行免费、强制、不分差别的义务教育,逐步缩小城乡义务教育的办学水平和教育水平的差距,确保农民工子女的入学机会,实施与城市的义务教育一样的政策。为广大农民提供基本的、保障的公共产品,可以有效地缩小城乡之间的差距,让农民享有同等的福利。

第二节 建立农民需求表达机制,实现需求导向的供给

要想真正地达到精准的公共产品供应投放,就需要构建精确的需求表达机制。没有以需求为基础的盲目供应造成了当前的供求不平衡,我们要想摆脱这种不平衡状况,达到国家设定的目标,就必须在农村公共产品的供应上进行变革,以保证政策的执行和精确的供应。基于农民实际需求的农村公共产品精准化供给流程如图 8-1 所示。

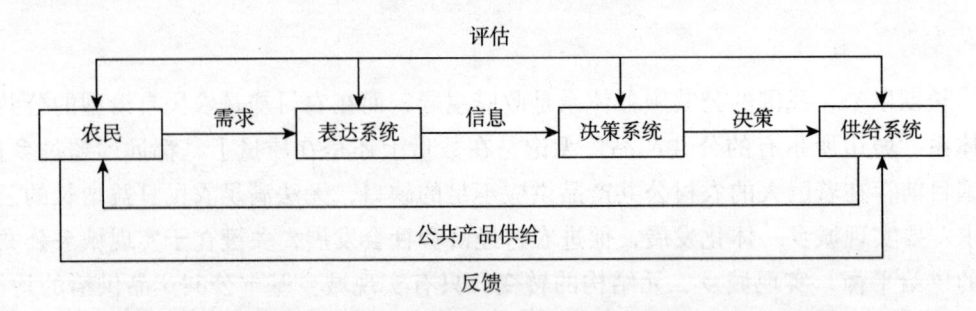

图 8-1 基于农民实际需求的农村公共产品精准化供给流程图

以农民的现实需为基础对农村公共产品进行精准供应,是指农民在特定的诉求体系下,由政府决策机构获得农民的需求,并完成政策的决策和通过供给系统适时地将农村公共产品供应到农民手中。在这个供应体系中,每个部门都应该对农民的需求进行评价,并且应该提供一个及时的信息反馈渠道,让农民能够及时地向政府提供信息,使农民对农村公共产品的需要与反馈的信息始终贯穿于政府采购的全过程。改进的诉求与决策方式能够有效地提高地方政府农村公共产品的供给水平。

一、完善农民表达需求的渠道

农民对公共产品的需求表达渠道有:①政府通过多种途径获取农户的需求。主要是由党政领导到基层组织开展座谈会,听取基层建议;②乡村基层组织间接地将信息传达给上级政府。农民需要购买公共产品的第一个选择是向村"两委"汇报,然后由村委会和上级政府联系,将村民需要的信息传递给政府;③实行人大代表、党代表与

政协委员的联络制度。农民向辖区内的"两代表一委员"提出诉求，并通过实地调研，将需求提交到决策系统中；④农民通过发布帖子、联系报刊媒体等途径，以曝光、公开的形式表达需求；⑤农民对农村公共产品的需要可以向上级信访机关反映。政府要改善农民的表达方式，从方向上改变需求渠道，由"供给"转向"需求"，也就是要实现"民本位"；健全群众的意见表达渠道，严格执行人大代表、党代表的建议制度，坚决杜绝会议"走过场"；通过网络技术的运用，积极发展电子政务，建设微信公众号，提高行政效能，缩短响应时间；建立透明的信息交流渠道，与农民进行直接的交流与反馈，这样能够对政策的执行情况进行评价，并做出相应的调整；通过对不同学历、不同职业、不同层次的农民进行调查，可以更好地挖掘出可以衡量其需求的途径和方式，从而为其提供决策基础。

二、完善需求表达激励机制

政府要实现对公共产品的精准供应，必须充分、精确地获得农民需求，从而激发农民的真正需求。这就需要有一个能使农民表达出全部信息，激发农民的需求表达并以低交易费用为代价的需求资讯机制来解决集体的非理性公共抉择难题。维克多·弗罗姆的预期理论认为，一个人会做出一种行动，是由于他认为这样的行动能够达到一定的效果，而且这个效果对他来说是值得的。动机水平依赖于人们对可获得成果的预期，以及人们判断他们的努力能否满足个体需求。所以，要想让农民的诉求表达机制更加完美，就必须让他们觉得可以实现他们的预期，能获得对他们自身有价值的成果。也就是说，农民可以通过反映自己对农村公共产品的需求而得到政府或者其他供应主体的响应，从而使他们的需求得以表达，为整个社会的发展带来一种幸福感。在解决农民的"冷漠"问题上，政府要改变服务观念，让农民从现有的公共产品中获得真正的利益，让农民认识到政府的责任是为人民服务，农民是服务对象，从而激发农民对公共产品的需求。在现有资源有限的条件下，政府使用这样的精确机制可以集中精力处理农民较多的需求，并加强效应的宣传。同时，在农民需求表达的过程中，强化需求表达的管理也是必要的。为了节省经营费用，政府要确保表达有序，必须完善表达规则和表达程序，以确保农民意愿表达的主体地位，明确他们的需要表达的内容、途径和方式。

三、加强政府对农民需求的回应

政府可以加速推进政务信息的建设，使得各种信息公开透明，并在乡镇党委政府、村委会和社区党委中都应有明确的承诺和兑现、村务公开和财务公开等方面的工作。由于公众对这种信息披露系统的重视程度较低，各个部门在信息披露的内容和时限上没有那么多要求。为此，各级政府、村委会等要加强服务观念，及时回应农民的要求，及时听取农民的意见，及时解决农民的问题。同时，要加强对各村、街道、社区"两委"响应情况的监管，并在一定时间和一定范围内，按规定及时做出正确答复，还应把村"两委"成员反映的问题纳入"两委"的考评和考核之中，其对问题的答复和解决也应一并纳入对党委领导班子的考察中。基于准确、快速、高效的要求，各级政府要根据农民的需求，及时、准确地答复，对不合理现象给出理由，及时做出适当的供应决定，防止市场反应的停滞，保障公共产品的供应。

第三节 凸显政府在农村公共产品供给中的主体作用

在构建多元的农村公共产品供应系统时，政府必须通过建立一种有利于农民利益分配的制度和政策氛围，使农民的积极性得到最大程度的发挥。

一、政府切实承担起在农村公共产品供给中的责任

由于公共产品的性质，政府自身的功能以及我国的实际情况，政府一直是公共产品的主要提供者。尤其是在我国的农村地区，由于其自身的发展水平较低，公共产品的供应必须由政府来承担。

（一）破除城乡公共产品二元供给体系

城市与农村的二元关系是一个制度性问题，也是目前我国农村社会管理面临的一个制度性问题。要彻底解决我国的农村社会保障问题，必须从根本上改变我国的城乡二元格局，并促进城乡一体化发展。①从公立教育入手，建立现代化的公立学校，进一步完善农村义务教育的管理与投入，切实将义务教育的主体责任从农民转向政府，彻底根治体制原因而导致的教育负担；②建立统一的现代公共服务制度，使农民和城市居民能够基本平等地享有政府提供的公共服务；③构建城乡统一的新型社会保障体系，着眼于覆盖全体公民的社会保障权利，统筹兼顾，让包括农民在内的全体公民平等地享受国家提供的社会保障；④建立城乡统一的公共财政制度。我国必须彻底打破二元的城乡公共产品供应格局，加速改革和健全社会保障体系，使之与社会主义市场经济相匹配，与世界接轨，实现城乡一体化。要想从源头上解决问题，必须建立起均衡、公平、公正、透明的新型现代公共产品供应体系。

（二）明确各级政府责任

农村公共产品的层次特性使得各个层次的国家对其承担的义务不尽相同，而目前我国的各级政府之间存在着权力上的混乱。因此，在农村公共产品供给方面，国家与

地方政府、村之间的责任要进行合理的界定,并确立一种清晰的责任划分制度。国家范围内的所有农村公共产品,包含了社会秩序、安全防暴、政府和乡村的行政工作、对农村的基本科学研究、治理河流、保护农村环境等,均由中央政府无偿提供,不再收取任何税费;对于地方性的公共产品,必须由地方政府负担,中央给予相应的支持。地方水利设施、区域防洪涝设施、消防、绿化、交通、文化场馆等公共产品,都是由地方政府或者中央和地方政府联合提供的。例如,农村电力设施建设、小流域防洪设施建设、农业科技成果的宣传、中介农村准公共产品(如农村职业教育、水利设施、乡村道路建设等)。乡镇政府的职责应该是维持农村社会治安、制定乡镇发展规划、进行乡镇基础设施建设和为农民、乡镇企业提供咨询、培训等服务,村集体组织可以通过筹资提供村范围内的道路建设、公共农用固定资产、运输设备、村集体福利等本区域内的公共产品。

(三)增加对农村公共产品的财政投入

根据各国的实践,我国农村公共产品的供给必须依靠国家财政的全面投入。在我国,尽管近年来政府加大了对农村的支持,长期积累下来的财政赤字却没有得到立刻改善。

要从根本上解决当前的农村公共产品供应问题,就需要继续加大政府对农村公共产品的投入,特别是中央政府对农村公共产品的财政供给,以及健全农村公共产品的转移支付体系。中央和地方各级财政要通过转移支付来解决资金短缺问题,从而真正实现乡镇政府填补资金缺口,同时要注意做好以下几点:一是从各个渠道统筹安排支农资金,突出重点,集中运用。政府要按照财政支农的目标、重点,逐步转变财政支农资金来源多、分类不合理的现状,适当整合和调整支农资金,突出支农资金的公共性;根据合理的归并基金类别,整合现有的财政支持基金。二是实行中央直接支付,确保资金足额、安全、按时到位。以金融机构为纽带,建立"财政—金融—农户"的资金运作路线,有效防止从地方到乡镇各部门截留、挤占、挪用支农资金。三是增加农业基金的收益[1]。要健全农村支农资金的管理和运作机制,就要把所有的资金都集中起来,优化投资结构,统一使用,把重点放在最薄弱、最急需的地方,提高农民的资金利用率。

二、充分发挥市场的作用

政府在对乡村的公共产品供给中不能拒绝外来竞争者,要充分发挥市场作用,引入"鲶鱼"。但在加强供给速度与效能的同时,制定好市场规则,避免恶性竞争。

---

[1]《新农村建设资金从哪里来?——访国务院发展研究中心农村部部长韩俊》,华夏星火,2008(4):18-19。

（一）明晰产权关系

私营企业的资本是一种趋利化的社会资源，它不仅可以确保私营企业在公共产品的生产方式中获取利益，还可以建立私有财产。只有拥有明确的所有权，使人们能够进行恰当的贸易和协商，才能处理好外部问题。也就是说，如果不能从政策上明确私有财产，那么个人对社会提供的动力就会消失，从而降低公共产品的供应效果。私有企业不可能对财产权进行定义，而必须由拥有"超常的经济权力"的国家来定义。不管民间资金通过什么途径流向乡村公益事业，都要从体制上进行改革，明确企业和农民的利益关系。政府要确保农民对农村公共产品拥有所有权和对其经营收益的支配权，这不仅是保证建设完成的公共产品系统能够继续运行的基础，而且对于维护私营企业的投资热情至关重要❶。

（二）建立健全市场准入制度

政府从一些公共服务部门中撤出，并引进市场导向的供应机构时，应当制定如下政策：准入条件、准入数量、准入程序、进入者承担的权利和义务，以及是否为一切实体提供同等的条件和机遇。尤其是最后一条，如果没有这条规定，很可能会导致对某些潜在的私营企业产生政策上的歧视，进而对多元供应的形成产生不利的影响。

（三）制定激励政策

农村公共产品中绝大部分为准公共产品，相对于其他私有物品而言，它具有更强的外部性和更低的盈利能力。因此，政府要通过对不同的供给主体给予适当的补偿或优惠，间接地支持、引导各类供给主体参与到农村公共产品的供应中，以降低其自身的利益损失，从而使私营企业在公共产品中进行投资；可以实行一些税收激励措施，对农村公共产品的投资，可以获得一定比例的税收减免，从而降低各类供应主体的运营成本，降低投资风险，从而使更多的市场主体参与；可以通过政府的财政补助或对其进行代付，以增加公共产品的供给效益；在农村公共产品的融资保障方面，在私营企业存在资金不足的情况下，政府要承担起融资担保人的责任，确保其投资的可持续性；通过冠名权、立碑书传等形式来激励企业。

（四）对市场的负外部性加以必要规制

根据"经济人"心理学分析，私营企业会对农村的制度环境、生态环境和市场环境产生一些损害。特别是在私有财产获得所有权之后，可能会形成一定的垄断地位，而私有企业则可以利用这一垄断地位增加对公共产品的购买，另外也存在向顾客隐瞒完整的资料以蒙蔽顾客的风险。一些社会公益物品在资本利用中也会造成一些负面的

---

❶ 矫晓明：《关于农村公共产品供给困境分析》，农家参谋，2017（21）：11。

外在影响，如环境的污染等。为了解决这些问题，政府必须加强对私营企业的监督和约束，从而有效地保障农民利益；要通过对农村进行全方位的宣传，及时向农民进行政策建议，防止信息不对称；向一些易受伤害的人提供补贴，以便他们能够使用具有普遍性的公共产品。

三、培育和发展第三部门力量

在当今的公共服务观念下，行政主体具有多样性，第三部门也加入提供公共产品的行列。而政府和第三部门的关系不应是压迫或恶性竞争，而是要进行合理的分工。目前我国政府正处在转型时期，应当大力培养和发展民间团体，利用民间团体的力量解决目前社会上出现的诸多问题和供给公共产品的困境。

（一）完善关于第三部门发展的法律法规

政府要积极发展第三部门，必须出台相关的政策和法规，对其进行制度上的保障。在我国，有关第三部门的管理法律法规还不够完善，一些法律条文的内容太陈旧，条款太抽象，缺乏可操作性。其中，政府与第三部门之间的角色关系，第三部门的责任、权力、义务等方面仍有诸多的模糊性表述。在我国，由于缺乏健全的法制保障，第三部门的发展受到了很大的阻碍，并且很多第三部门都会主动地向政府机关靠拢。要解决上述问题，政府要做到两点：一方面，尽快出台一套完善的法规来规范和制约第三部门的行为；另一方面，完善现有的有关法规，排除影响第三部门发展的因素。只有如此，第三部门的合法权益才能得到保障，并使其在法律上得到规范，从而推动第三方部门的良性发展。

（二）激励企事业单位进行义务捐赠

当前，企事业单位是我国农村公益物品无偿捐献的一支新生力量，它们不仅掌握了大量的资金，而且能够在一定程度上起到积极的推动作用；而企业要实现自己的长期发展，就必须打造自己的品牌形象。奥尔森的"选择分析"说，即"人们通过获取特定的私有物品或有选择的奖励来推动公众的积极的非营利行为"，所以通过一些激励措施来激励提供方自愿捐赠可以取得良好的结果。主要激励措施有：一是政府在税收和政策上给予捐赠的公司一定的支持，为其发展创造多种有利的环境。二是政府通过新闻媒介对企事业单位进行表彰和宣传，激励它们的行为并产生榜样作用。三是我国政府可以参考韩国"一村一社"的扶贫模式，鼓励各大公司和乡村建立帮扶关系。山东省也有这样的模式，而且取得了良好的成效；长春的慈善"双日捐"活动也是如此。四是政府可以利用福利彩票的形式募集经费。

（三）对第三部门行为进行必要的监督

我国的第三部门起步较晚，运行不够规范，缺少公信力。所以，必须对其有效监管。建立第三部门责任制度是政府监督第三部门的有效途径。建立问责制，既要做到公开、透明，又要对企业的经营行为实行全方位的问责。建立健全的监督机制和问责机制，要对违规的第三部门严肃处理，并承担法律责任。同时，政府要完善第三部门的信息透明机制，使其能够更好地接受各方的监督。

（四）规范地方公共组织行为

我国目前存在不少的农村公共产品供应问题，其中，由于政府资源有限，分配难免存在纰漏，对农村公共产品供给存在着一定的制约。从政治契约观上看，当地政府机构是当地民众的公共管理机构，为民众利益而工作，是民众的责任人。如果政府无法获取个人（当地）对社会公共产品的需求，则可以考虑采取其他方式，如市场供应和第三部门供应。所以，对地方政府机构职能进行改革，以促进和导向公共产品的非赢利性供应，是提高其供应水平的需要。在此基础上，有关部门应加强对当地政府机关和公职人员的监管，增强他们为人民服务的观念；加强农村居民自治，推广农村居民的公开选举机制，构建农村新的管理体制，有效地降低农村居民代理的对政治生态的破坏行为。

四、引导农民进行自主供给

（一）完善制度化的帮扶机制

如果没有财政和政策的帮助，农村的公共产品供应不能完全依靠自身的力量来实现。政府可以通过立法来构建乡村建设的制度化支持体系，从而促进村民的民主管理，增强乡村治理的能力。政府在农村公共产品供应中的主要职责有：一是政策投资（制度建设与监督），二是财政投资。政策与财政可以结合起来，推动农村自我投资。农村公共产品的供应，应由政府制定具体的资金扶持政策，具体包括农村公益金的设立、农村的资金支持、农村各种福利的获取方式等。

（二）建立健全农民的利益诉求表达机制

目前，我国在农村公共产品供应中普遍采用"自上而下"的方式，即由供货商根据自身供给需求来供应，因而所供应的公共产品数量较小，精确度较差，无法真正地适应农民的需求。所以，政府必须通过构建和健全由下至上的利益表达方式，充分了解农民的需求，从而防止其盲目供应。例如，韩国政府非常重视农民的主体性，在乡村建设过程中，通过构建公共选择制度和畅通的民意表达渠道，引导农民积极参加乡村建设。我国政府应当通过设立"农民顾问"或"村民代表会"等方式，使广大农民能够积极地参加政府的决策和政策制定，激发其对社会公共产品的自我提供积极性。

（三）加强对村委会开展"一事一议"的指导

从当前一些农村实际情况来看，要确保"一事一议"工作的顺利进行，必须加强对群众的思想政治工作的宣传和教育。政府除了要规范村民自治的议事流程，还要强化对村民自治"一事一议"工作的引导和扶持。首先，只有在"一事一议"的基础上，在农村才可以进行集体经营；对于集资活动，每个人的集款数额必须经过全体村民的一致决议，或者有一个最高限额。其次，农村基层党组织要按照农村的具体情况制订方案，做到一年一检，让群众实实在在地了解。最后，相关部门要强化对转移支付的管理、审计和监督，防止出现监守自盗、挪用转移支付等情况。

（四）推进村民自治

农民作为一个处于社会底层的弱势群体，在政治上，缺乏真正意义上的代表农民的利益的政治组织或团体。为此，政府必须强化农村基层的民主意识，健全农村居民的自治体系；深化农村居民自治，实行民主选举，开展民主政策，采取完善和系统化的民主管理和民主监督。从韩国政府协助农民建立农社的实践来看，我们还可以通过建立农民的各类社团，让他们充当代表自己的非政府机构，不断地改进和探索村民自治的各种实现方式，增强他们的吸收、共识、协调、表达、整合利益再分配等机制的建设，充分激发农民在农村公共产品供给中的积极性、主动性和创造性，使农民真正成为农村公共产品供应中的参与者、受益者、监督者和管理者，从而走上农村公共产品供应的正确道路。

第四节 科学安排农村公共产品供给的优先顺序

提高农村公共产品的整体供应，是目前我国行政工作中的一个重大课题。通过前文对外国农村公共产品供应的实证分析，我们可以看出，国家提供的农村公共产品的类型与数量都会因国家的经济发展和财政资源的不同而发生改变，这使得国家提供的农村公共产品具有一定的时间性。随着社会发展和国家财政资源的不断丰富，我国的农村公共产品完成了从低级到高级的进化。然而在社会发展初期，政府提供的第一批公共产品需要保证基本的农业生产需要，包括公路和桥梁、水利设施、电力、大型农具等。在社会发展的同时，我国也逐步增加了对农村公共产品的需求，包括治安、医疗、教育、娱乐、社会保障等。从现实的角度来看，国家财政的制约特别是地方财政的制约，以及城乡和区域发展的不平衡，使得不同发展阶段、不同地区的农村公共产品供给存在着不同的优先次序。要提高我国的农村公共产品供应，必须认识到我国经济发展的客观实际和不同需要，分阶段、分区域量力而行，稳妥有序地进行，不能要求一步到位。

一、合理构建我国农村公共产品供给的分步策略

从全局看，我国的农村公共产品供应体系要与国家实际、全面建成小康社会的目标以及社会主义市场经济的需要相匹配。做到实现公正和效益统一，保障农户享有国家福利，实现农业从"零收益"的、没有相对优势的薄弱产业转变为匀质的、经济的高质量工业。中国的农村公共产品供给根据社会发展规律、国民经验、发展的历史和发展战略的目的，大致可划分为以下三个时期。

第一个时期，在 2010 年前后，我国基本建成了一个能够促进城乡协调发展的生产公共产品供应体系。政府不断加大对农民多给予、少索取、减轻负担的政策扶持，并在一定程度上改变了偏向于非农行业的发展策略（其中包含了对工业的发展战略）和制度，从而逐渐形成了一个稳定的发展体系。

第二个时期，2020 年前后，在中央财政的支持下，政府逐步完善和健全城乡社会保障体系，实现"以农促农"的目标；构成城市带动乡村发展的经济与社会体系；打破城市和农村二元结构的桎梏，可以在不同地区按照现实情况来界定不同的区域；各区域具有其独特的社会公共产品供给水平、供给内容和供给方式。

第三个时期，2030 年前后，我国大部分地方在实现城乡一体化的前提下，要构建一个与社会主义市场经济和世界通行做法相适应的城乡一体化；构建公平、公正、合理的新型公共产品供应体系。

二、根据农民的需求确定农村公共产品的供给内容

根据我国目前的农村布局和人口分布，实现公共财政覆盖农村，不仅要花费大量的资金，加重政府的负担，而且人民不能全面享受到实惠。所以，政府要统筹安排好农村公共产品的供给，明确优先次序，并根据区域需求的不同，在公共产品供给的内容上要有重点。

高、中收入地区总体上已经实现了小康目标，基本生活需求得到了满足，而农村公共产品的供给则以改善农民的生活品质和增加发展公共产品的投资为目标。在经济发展水平较低，公共产品供给的内容主要应保障农村和农民的基本需求。财政部农业司"农村公共财政覆盖"专题小组通过对四川、陕西、浙江、河南的调查，发现了目前我国农村公共财政覆盖的基本顺序情况。东部地区的重点是：①建立农村公共卫生系统，建立农村大病医疗保障体系；②强化农村义务教育，突出农村学校设施建设，培养教师；③逐步建立和健全农村的社会保障体系。中西部地区的重点是：①要保证

基层组织的正常运行,即编制内部人员的工资、公共资金的开支,是搞好农村工作的最根本条件;②切实落实好农村义务教育的各项政策,当前的重点是改造学校危房,配置必要的教学设备,增加教学经费的投入,加强教师的培养;③为农村公路、农村清洁饮水等重点项目提供资金支持;④加强农村公共卫生与医疗卫生体系建设,目前主要关注农村公共卫生体系建设、农村大病医疗救助、改善农村公共卫生条件;⑤逐步完善农村保障体系,目前的重点是农村最低生活保障、农村养老保险试点;⑥加强农业基础设施建设和农业科技的发展,以中部地区为中心,加强农业信息系统、农业科研项目建设以及科技推广项目、农民就业技能培训。

三、目前我国农村公共产品供给的重点和优先领域

在分析了发达国家和发展中国家农村公共产品供给特点的基础上,针对我国自身的功能和特征,并结合当前实际情况,本书提出了我国农村公共产品优先供给的重点方向主要表现在以下几个方面。

(一)加快建设农村公共基础设施

1. 公路和桥梁

农村公路、桥梁等属于"半公共产品",从受益对象的角度来看,以农村居民为主体,但也存在着一定程度的外溢。国家提供了一些财政预算,农民可以工代资,出一定劳动力,以彻底解决农民出行问题。

2. 生活、牲畜的饮用水

我国部分偏远山区及个别居住分散的地方仍有人、畜的用水问题。水资源供应具有准公共产品属性,为了保证农民的基本生活,政府必须加大对其投入力度,确保饮用水的安全。

3. 农田水利基础设施

水利既是我国农业生产的生命线,也是我国粮食安全的命脉。因此,政府必须继续加大对农田水利基础设施的投入力度,大力发展节水灌溉。在对河流进行管理的同时,政府应该把小规模的水利工程作为准公共产品,并将其列入农村公共产品供应的范畴。

4. 通信与信息网络

信息网络的构建与提供是一种公共产品,它的外在效果比较显著,而个人为之服务的意愿不高。然而,农村信息化建设与信息化服务对农村经济发展有着重要的作用。发展和提高农民收入,必须加强农村信息化服务(尤其是针对农产品供需的信息

网络）；加强对农业公开信息的投入，包括价格信息、人才需求信息、人才培训信息、农业技术信息和需求信息。

5. 电力

电力是一种基本的公共产品。长期以来，我国对农村供电设备投入不够，电力企业也因为投入过高缺乏动力去提供电力设施。因此，"集资办电"是解决农民用电需要的主要途径，但因为其造价高昂，且不具备规模效益，导致了农村电费偏高。政府可以通过对农村电网建设的补助来解决农民的用电问题。

（二）促进教育均衡发展，提高农村基础教育质量

基础教育不但是发展人才的最根本的工作，而且能够极大地促进教育质量和农业工作，增加农业的劳动生产力，降低技术资料的获取和利用成本，以及提高农村对市场环境和技术发展的适应能力，这些都是农民提高收入的根本保证。这种教育不仅造福农村，也造福人民。

农村义务教育作为一种公共产品，关系到国民的整体水平，必须在国家特别是中央财政和地方财政的支持下进行。当前，虽然我国义务教育实现了完全的无偿供应，但义务教育的成绩仍需进一步巩固。例如，政府要继续推进"两基"和农村学校现代化远程教育项目，完善农村义务教育资金保障体系，不断完善农村学校的办学环境，不断地提高农村义务教育的保障水平，加强农村教师队伍的建设，培养和引进高素质的教师充实到农村，加大城镇教师支援农村教育的力度，促进城乡义务教育均衡发展等。

（三）提高农村职业技术教育水平，培养农业人才

在我国的经济发展过程中，随着乡村、社会和社会环境的变化以及科学技术的飞速发展，新的农业专业应运而生，对劳动者也提出了更高的要求，但现有的劳动者无论是在数量上还是在素质上都无法适应新的要求。要转变这一现状，就需要政府加强农村职业教育培训力度，大力发展各类农业专业人才，新建、扩建和改建农村高职高专院校，向高职院校输送先进的教学设备、教师和实践场所，大力推进新型科技和新型教学方式的应用。

实行"定向招生、定向培养"，通过"绿色证书"工程、青年农民科技教育工程、百县一千万农民项目等形式，组织"乡土人才"在全国学习，为农民技术人员提供科技知识和技术，为乡村发展提供各种高精尖专业人才和中、初级技术人才。同时，政府开展远程农业技术培训可以突破空间和时间的限制，促进科技成果的分享，减少高职院校的投入资金，提高农村居民的素质，同时提高农民的就业率、创业激情和"造血能力"，使他们在未来的市场中不会处于不利地位。

（四）加强农业科研工作，广泛推广应用先进农业技术

科技是农业发展的重要力量，未来的农业、乡村建设要以科技进步为根本。大多数发达国家的农业教育体系都是比较稳定和健全的。政府要组织研究与推广科学技术，并推动农业技术的深入与广泛应用，确保最新的科学技术成果可以用于农业；要加强农业科技推广，转变扶持模式，把增量资金用于项目研发、技术推广，以减少农民获得农用技术的费用。

对于具有全局战略意义的推广计划，国家要起到带头作用，加大投入力度，同时要积极地吸引其他投资机构参加，健全农业技术推广体系，使科研、生产一体化，科研成果尽快转化为生产力，真正推动农业现代化。民间投资的领域多为具有较高的物化程度、较大的市场潜力和较强的市场竞争力的科技，而政府投入将逐步转向公益性、基础性的农业技术推广。政府要建立灵活的人才引进机制，每年从各级行政部门、各类高校、科研单位等机构选派一批科研人员到农村地区，推广科学技术，提供科学服务，并建立常态化机制使科研人员和农业生产机构紧密结合，达到产能最大化，并鼓励农业企业开展校企结合，建立博士后流动站。

（五）大力发展农村医疗卫生事业

我国医疗卫生事业目前存在着一种半公共产品属性，需要国家和地方政府分别投资。要想提高乡村医疗卫生服务质量，政府必须从三个方面入手：一是要把目前的乡镇卫生院建设为具备一定的规模、高水准的卫生机构，解决老百姓的就医困难问题；二是要完善农村合作医疗制度，大力提升农村地区的财政补贴水平，强化农村医疗卫生基础设施，完善农村三级医疗卫生和医疗救助系统，打造与农民收入相适应的农村药品采集和购买系统；三是对地方高发的人畜传染病加强防治，提高对医疗人才的培养资金，逐渐缩小城乡医疗资源不均衡的差距，使农民看病更加便利、更加便宜。

（六）建立健全农村社会保障体系

我国目前的社会保障体系以社会保险为主，还有社会救济等，涉及农民基本生存、生产、医疗、养老等各个领域。所以，农村社会保障体系的构建关系到全国70%的居民，有助于构建和谐社会，推动社会的发展。当前，我国的农村经济发展水平较低，还没有形成完善的社会保障体系。由于我国财政资源的匮乏和庞大的农民数量，构建和健全农村社会保险制度绝非一朝一夕之功，也不能不顾及区域差别，实行"一刀切"。要想健全农村社会保障制度，政府就要逐步提高对农村社会保障制度的投资力度，积极研究并建立与农村社会发展水平相符的农村社会保障制度，完善最低农村生活保障制度、农村社会养老保障制度和医疗卫生保障制度，逐步完善农村特困户供养、特困户生活救助、灾民救助等救济制度，满足农民的基本生活，建立全覆盖的农村保障体系制度。

（七）构建先进的农业信息网络

农村信息化能够有效地将农村的资源进行整合，加快农村经济转型，有效地提升农业的转化效率，提高农村整体经济发展水平，推动农村的生态环境，推动农村经济的可持续发展，建立节约型社会，促进农产品的流通，增强农产品的国际竞争力和增加农民收入。通信网络公用设施及资讯服务的建构具有社会功利性，属于社会公益项目，需要大量的资金投入，在广大的乡村地区，单凭农户是无法完成的。因此，各级政府必须把农村的主要通信站点建设列入基础设施建设中去，而财政拨款则需维持站点运营和提供信息的补贴。同时，国家要大力推进企事业单位改革，以集体、个体、私营等多种所有制工商企业、科研单位、中介组织等形式组建农资中介组织，引进市场化运作模式，建立农村信息化平台，并积极开展有偿和无偿的工作。在农业信息系统的构建过程中，政府要充分发挥自身的最优功能，承担起组织、领导和推动农村信息服务的关键任务，加强农村信息网络的建设，加快建成相对完整的国家、省、地（市）、县、乡（镇）五级农业信息网络体系，并利用网络辐射，结合传统媒体（如电视、电话和广播），解决为农民信息服务"最后一公里"的传输问题，通过多种媒体畅通信息服务渠道、扩大信息服务覆盖面。目前，农村信息化建设的关键在于构建新型农村电子商务平台，实现农村、专业人才、农产品批发市场、中介组织和农民合作社的一体化。政府通过建设农业信息服务平台，对农业概况、农业资源、名优农产品等进行全方位的宣传和展示，为广大农村群众提供政策法规、实用技术、市场行情等方面的信息。

（八）重视农村生态环境保护

目前，全球各个国家的农业环境状况都有不同程度的问题。随着我国经济的不断发展，水资源、森林资源等方面的环保研究也越来越受到重视。目前，我国的土地资源受到了较大的损害，因此，国家应该在农业生产中逐步加大环保力度，减少污染的排放，开发和推广低毒、无毒农药与生物农药，严格控制水土流失，确保农业的可持续发展。国家要加快建立健全农业环境法律制度，依法治理农业环境，纠正一系列破坏生态环境的行为，如毁林、毁草、围湖造田等。同时，我国要逐步转变目前依靠农药和化肥来提高农作物产量的高投入型农业，使其向"优质、高产、高效、生态、安全"的方向发展。

第五节 加大财政投入力度，完善公共财政转移支付制度

一、加大对"三农"的财政投入力度

进入21世纪，特别是2004年以后，我国的农业投资虽然有了很大增加，但是在整个国民经济中所占有的比例仍然处于历史低位，与农村发展的融资需求相差很大。本书的第四章指出，当前财政对农业投入远远不足以适应新农村的发展和城乡发展的需要，单纯依靠发展经济和增加财政收入来提升其供给水平，需要一段时期的努力，而不可能在短期之内解决这一问题。要想在最短时间内扭转我国农村公共产品供应滞后的局面，就需要采取更加直观的手段，如通过扩大支农经费，增加支农支出的比重，保证国家增加的财政支持，增加对农业县的转移支付，在未来的数年里，将财政支农经费投入一万亿元以上。

二、建立健全财政转移支付制度，疏通和规范农村公共产品供给主渠道

在我国经济发展过程中，各级财政转移支付已成为我国农村公共产品供给的重要渠道，财政转移对改善我国农村公共产品的供给水平起着很大的促进作用。当前，我国正处于一个新的发展阶段，即以工业反哺农业，城市带动农村。同时，为了支持县、乡政府发展经济，城市财政应该让农民共享发展的果实，推动社会的全面发展。

转移支付是实现国家政策意图、平衡地方财力、缓解基层财政困境的一种有效手段，它的作用是解决基层财政收入短缺、供给基础公共产品和服务短缺的问题，同时要确保不同发展程度的县、乡镇、村在享有基本公共产品的能力上实现平等。农业税的废除，使农民的负担得到了缓解，但也使农村的财政收入下降。没有中央和省级财政的转移支付，很大一部分的县、乡财政将面临更大困难。因此，构建农村基层财政转移支付机制显得尤为重要。目前和未来，我国应当确立规范、科学的转移支付体系，加大中央、省级财政对县、乡的转移支付，纠正目前存在的不均衡现象，减轻县、乡财政的负担。

（一）规范各级政府间的纵向财政转移支付

在县级和乡镇机构改革与简化相结合的基础上，中央和省级政府的转移支付，确保县级和乡镇的正常运转；加强财政的支持，尤其是要切实承担起农村义务教育的责

任、农村公共医疗体系建设与农村社会保障体系建设。对此项资金的使用，应当以专项资金的方式进行，并要加强对其的监管，防止其被挪用或侵吞。在具体实施上，根据实际情况，各有侧重：东部地区因农村比较发达，收支差距较小，可以由省级政府自己安排；中部和西部地区的省会和地级市也可以在省财政的基础上进行统筹；将农村地区纳入中央财政转移支付范围，科学合理安排。中央向地方，尤其是中西部地区的县、乡转移支付是一种比较均衡的分配方式，应当明确中央财政的转移支付比重和增速，并逐步扩大。省级财政在分配中央财政对地方的转移支付时，要把更多的利益放在基层，使辖区内公平、公正、公开，把解决财政困难的问题作为主要工作，从而有效地缓解县级财政的困境。

（二）发展同级政府间的横向财政转移支付

当前，我国的财政转移支付方式多为上下级之间的，而在同一级别的政府间则很少见。实际上，在我国的发展过程中，存在着一种不平衡的现象，在东部沿海发达的区域，其快速发展离不开中西部。原因在于，在发展的过程中，沿海发达区域从中西部吸收了很多优秀的资源，如优秀的人才、经费等，使中西部与东部沿海的经济发展水平拉开了距离；随着我国沿海地区扩大到了相当大的规模，其发展依靠的是我国的中西部和乡村。所以，发达地区的财政转移，应适当支持经济欠发达的省份，特别是支持农村的非营利农业和文化事业，既是合乎逻辑的，又是双赢的。另外，在一个省份的范围内，也有城市、县和乡村之间的收入和开支不平衡的情况。合理的财政拨款是十分重要的，这也是国家提出的"统筹地区发展、统筹城乡发展"思想的具体表现。在具体的体制上，可以采取以下措施：一是适度减少中央（省）政府税收收入的比重，提高地区（尤其是欠发达的地区）的财政资源；二是要在各省和地方实行水平的财政转移。在人均财政收入高于平均水平的地区，要制定统一、规范的计算办法，从中央（省）财政管理下统筹协调发展资金，按中央（省）财政统筹安排，按每人平均财力计算出平均财力，平均财力高的地区要向平均财力低的地区做一定转移，同时建立增收节支奖励机制。

（三）尝试跨级财政转移支付

在完善我国的转移支付体系方面，中央可以采取跨越省、市两级的方式完成财政倾斜，还可建立省、县乡转移支付，绕过市一级。这种方式可以有效地降低政府间的资金外泄，提高政府间的透明度，使国家和地方政府在财政上的平衡作用得到最大程度的体现，也可以加大对欠发达地区的帮扶力度。

（四）用法律法规保证农村公共产品供应资金的稳定来源

一是必须坚定地将政府财政从竞争的范围内撤出，财政不参与具有竞争力的行业，从而保证政府的资金能够投入公共产品的建设和制造中。二是对部分公共产品的转移进行规范,如在我国的中西部欠发达地区,尤其是广大乡村、乡镇基本都属于"吃饭财政",对公共产品供给能力不足。

为此,必须加强政府的高端金融,尤其是中央政府对中西部欠发达地区的财政资金的投入,并不断完善转移支付体系。中央财政要着力于对农村义务教育、农民基本生活状况的提高,特别是农村贫困学生上学、农村教师的待遇、农村危楼的改建,农村电力、交通、通信、人、牲畜等问题的解决。最后,要避免中央财政资金被层层克扣挪用,要强化对农村公共产品供应的监督,切实提升"三农"资金的利用效益,贫富差距得到缩小[1]。

第六节 完善我国农村公共产品有效供给的监督保障措施

一、以法律法规保障农村公共产品的供给

近几年,尽管国家十分重视"三农"问题,但是"三农"问题仍然没有得到很好的改善。这就需要通过对我国农村公共产品供给的制度规范化、法治化,实现农村公共产品的供给的稳定与安全。

第一,要严格落实现行有关的国家法律法规。《中华人民共和国乡村振兴促进法》作为我国"三农"问题的基本法,通过明确的立法导向,以明确规范保障乡村振兴过程中各类事物发展趋势。此外,《中华人民共和国乡村振兴促进法》作为促进类型的法律,以引导、鼓励、扶持为主要保障方向,明确发展红线,规范利益主体和引导主体规范化发展,构建新发展格局,立足于乡村产业、人才、文化、生态、组织振兴法治保障顶层设计,为今后乡村振兴稳根基、明底线、长发展提供了根本遵循。

第二,要对不符合新情况的法规进行修订,并对有关的法律、规章进行进一步的细化和改进。同时,有关的新的法律和条例也正在制定和实施。在乡村开展的公益服务项目、内容、程序、目标和资金保证等方面,政府要强化监管,使其更加公开、透明、阳光。同时,要尽早制定和实施农村公共卫生条例、农村义务教育、农村土地承包法、农村最低生活保障等法律法规,明确农村公共产品供应的法律规定,从而降低政策变化的随意性,保证农村公共产品供应的稳定性和长期性,防止一蹴而就、朝令夕改;既可以更好地激励其他提供机构参与,又可以防止公共产品供应过程中出现的某些利益矛盾,防止相互抵触和恶意竞争。

---

[1] 李云才:《社会主义新农村建设的关键是什么》,长沙,湖南人民出版社,2006。

二、加强对农村公共产品供给财权事权的监督

为预防政府的官僚主义、限制理性等对农村公共产品供给产生不利影响,同时为了应对在我国现行的政府采购制度中存在的许多问题,政府应通过构建和健全我国的农村公共产品的产权监管体系加以监督。各级人民政府对农村公共产品的权利和财产进行了明确的界定,并需在适当的时候举行一次公开的听证,对其进行分类和说明。同时,政府将农村公共产品供应职责纳入政府绩效评价中,对于不合理的权力和财力配置,应当进行官方的解释,并由相关单位进行审核。各级政府在将财权、职责下放给基层政府后,要持续强化对财权行使和财权运用的督导,并将有关财权的运用、财政工作的进展和完成状况等信息向公众公开。政府要对谎报、隐瞒有关情况的单位和单位负责人进行严肃处理,并将其记录在册。

三、加强对农村公共产品供给资金的监管

有效地化解"三农"问题,不仅要加大农村的财政投入,更要有效地利用好政府财政投入,以达到更好的效果。政府要加强对农村公共产品供给的监管,避免在供给过程中出现权力的腐败,从而有效地促进农村公共产品的利用。

第一,政府要完善农村公共产品财政资金的事前监督。要提高农村公共产品专项财政资金管理的透明度。县级政府和乡镇政府要建立健全财政预算体系,县级、乡级所有的收入和开支都应纳入政府的预算中。每一项农村公共产品财政资金的设立、审批和分配都要坚持公开、公正、透明、效率的原则。除要求保密的外,政府要适时公布财政项目资金管理办法,做到公开、透明。同时,农村公共产品供给的财政政策,其决策过程是一个"公共选择"的过程,应由政府有关部门根据相关法律,在实地调查和科学论证的基础上,提出计划或方案,交由人大讨论,并经人大代表决通过。农村公共产品预算编制与管理都应纳入各级人大的有效监督。

第二,政府应加强农村公共产品供给资金的事中监督,坚决制止权力的腐败与寻租。要从重点的、专项的、事后突击性的监管,向经常性、全过程的监管模式转移,以财务监管为基础,提高资金使用和流转的透明性。以关注整个财政活动全过程为重点,通过对财务的日常监管,及时地找出问题,实现监督与管理的统一。在农业项目管理上,实施招投标、项目预算、集中支付、政府采购、报账制、公告制、专家或中介评估等措施,并通过对财政资金使用效果进行调查、追踪、反馈、监督和考评,以确保其用于农村公共产品的供给,防止资金被截留、挪用或贪占,提高资金的使用率。

第三,政府应强化农村公共产品财政资金转移支付的事后监督,建立健全相应的责任追究机制,引入问责制和公示制,借助媒体将农村公共产品财政资金转移支付运行的整个过程向社会公开,接受社会大众的舆论监督,对没有按规定执行的地方政府

和主要负责人,给予相应的问责[1]。

四、发挥农民对公共产品供给过程的监督作用

公共财政收益原则是指由公民向政府购买的公共产品所产生费用,会以税费和其他政府收费的形式来呈现。因此,在公共产品的供给和利用上,乡镇政府和农民是一种平等的交换关系,而非支配和被支配的关系。但是,这一平等只能因为农村集体力量的强大而产生,因而保障农民权利是保障农民利益的先决条件。然而,农村人口分布较分散、生产方式相对封闭、社交活动受限、思想观念相对落后、没有形成严密的利益团体、数量上的优势被组织程度的松散所抵消,导致了集体力量的弱小,无法对公共产品供给进行有效的监督。为此,政府必须尽快引导农民成立常设机构,保障农民的集体协商和正常的渠道,还要通过合法渠道与乡镇政府进行沟通,以实现农民的利益诉求,使农民能够主动参与到公共产品的供应中,并对其进行监督,使农民享受到同等的国家福利,从而降低政府官员滥用职权、乱收费、乱摊派,侵犯农民合法权益的现象。

五、运用传媒对公共产品供给进行舆论监督

作为一种社会监督力量,新闻媒体应当是一种有效的公共舆论渠道。腐败产生的根源在于信息不对称,这是因为政府官员对权力的追求和对权力的制约的不足。信息不对称是指政府掌握公共不知情信息的有利条件:①由于其自身的保密性质,缺少法律法规的约束和公众的监督,某些官员产生了抗拒的心理;②某些政府官员往往依靠自己的权力优势,利用大众不知情的特定状况,将民众置于"无知"的境地;③民众数量众多,分布广泛,个体总是存在"搭便车"的心理与行为,缺乏团结一致的集体行动,因而处于信息匮乏的不利地位。美国"扒粪运动"正是借助新闻媒体的推动,才有效地遏制了腐败的蔓延,推动了美国社会的进步,为美国的防贪污行为带来了全新的面貌。进一步地说,在新农村建设的背景下,要实现社会的稳定和健康发展,必须充分发挥新闻媒体的力量,运用"天下之公器"这个强大的监督手段,采取科学、公正的态度,注重证据、注重事实,对农村公共产品供应中的贪污、腐败现象进行曝光,让公共资金在阳光下运行,保障农村公共产品的有效供应。

---

[1] 杨海生:《试论农村公共产品转移支付制度的改革取向》,江苏大学学报(社会科学版),2011(1):89-92。

参考文献

[1] 中央党校采访实录编辑室.习近平的七年知青岁月[M].北京：中共中央党校出版社，2017.

[2] 郑晓燕.中国公共服务供给主体多元发展研究[M].上海：上海人民出版社，2012.

[3] 张馨，杨志勇.当代财政与财政学主流[M].沈阳：东北财经大学出版社，2000.

[4] 曼瑟尔·奥尔森，集体行动的逻辑[M].陈郁，郭宇峰，李宗新，译.上海：格致出版社，2014.

[5] 洪银兴.新编社会主义政治经济学教程[M].北京：人民出版社，2018.

[6] 谭春兰，张金鹏，姜旻燚，等.农村公共产品不同供给主体的绩效比较研究——基于重庆市北碚区3镇26村520户的调查[J].商讯，2019（10）：6-7.

[7] 严宏，田红宇，祝志勇.农村公共产品供给主体多元化：一个新政治经济学的分析视角[J].农村经济，2017（2）：25-31.

[8] 李燕凌，王健，彭媛媛.双层多方博弈视角下农村公共产品多元合作机制研究——基于5省93个样本村调查的实证分析[J].农业经济问题，2017，38（6）：45-55.

[9] 丰存斌，刘素仙.论农村公共产品供给体系多元化与第三部门参与[J].福建论坛（人文社会科学版），2011（5）：160-163.

[10] 崔俊敏.基于第三部门视角下的农村公共产品供给分析[J].江西行政学院学报，2009，11（3）：16-18.

[11] 陈俊，黎成.浅谈基于三方合作供给机制下的我国农村公共产品供给体制[J].安康学院学报，2008（3）：35-37.

[12] 张要杰.农村公共产品供给：主体选择、融资决策与投资序列[J].软科学，2008（1）：86-90.

[13] 纪江明，陈心米.基于DEA模型的农村公共产品供给效率研究——以浙江省15个县（市、区）为案例的实证研究[J].华东经济管理，2019，33（12）：42-48.

[14] 涂圣伟. 农民主动接触、需求偏好表达与农村公共产品供给效率改进[J]. 农业技术经济, 2010（3）: 32-41.

[15] 张金冲. 服务型政府理论视角下农村公共产品供给路径探讨[J]. 现代交际, 2019（1）: 240-241.

[16] 邓蒙芝. 农村公共产品供给模式及其决定因素分析——基于100个行政村的跟踪调查数据[J]. 农业技术经济, 2014（3）: 16-25.

[17] 谭琪. 摆脱农村公共产品供给的制度困境: 新农村视野中基层党组织的功能审视与制度建构——基于河北安新的实践调研[J]. 中共四川省委党校学报, 2008（2）: 66-70.

[18] 袁文全, 邵海. 新农村建设背景下农村公共产品供给制度发展的选择[J]. 云南大学学报（社会科学版）, 2010, 9（5）: 48-54.

[19] 孙翠清, 林万龙. 农户对农村公共服务的需求意愿分析——基于一项全国范围农户调查的实证研究[J]. 中国农业大学学报（社会科学版）, 2008（3）: 134-143.

[20] 李娟. 新型城镇化视阈下的中国乡村文化及其产业化问题研究[J]. 学术交流, 2014（11）: 123-128.

[21] 胡元聪. 国外农业基础地位立法的特点及对我国的启示[J]. 现代经济探讨, 2010（5）: 14-18.

[22] 廖红丰, 尹效良. 国外农村公共产品供给的经验借鉴与启示[J]. 广东农业科学, 2006（4）: 97-100.

[23] 王春红. 新农村建设背景下农业经济管理优化路径探究[J]. 经济管理文摘, 2021（12）: 2.

[24] 矫晓明. 关于农村公共产品供给困境分析[J]. 农家参谋, 2017（21）: 11.

[25] 彭正波, 王凡凡. 农村制度变迁、公共产品供给演变与农村社会组织发展[J]. 农业经济, 2018（2）: 12-14.

[26] 杜华. 中华人民共和国农村公共产品供给的制度变迁探析[J]. 旅游纵览（行业版）, 2012（10）: 80-81.

[27] 张礼建, 练威. 重庆市农村公共产品供给路径研究——基于制度变迁视角[J]. 重庆邮电大学学报（社会科学版）, 2011, 23（5）: 61-65.

[28] 彭伟, 陶叡. 基于乡村振兴的农村公共产品供给研究[J]. 现代农机, 2021（5）: 25-26.

[29] 张向阳, 任爱胜. 乡村振兴背景下河北省农村公共产品供给优化研究[J]. 经济研究导刊, 2021（10）: 21-24.

[30] 崔博, 刘伟伟, 黄英龙. 乡村振兴背景下农村公共产品供给质量提升路径研究[J]. 农业经济, 2019（11）: 31-32.

[31] 熊兴，余兴厚，黄玲. 乡村振兴战略视域下农村公共产品减贫效应的结构性分析[J]. 统计与信息论坛，2019，34（3）：76-85.

[32] 陈涛. 乡村振兴背景下农村公共产品供给研究[J]. 绥化学院学报，2018，38（9）：28-31.

[33] 张辉. 农村公共产品供给效率国外经验借鉴和启示[J]. 现代商贸工业，2015，36（2）：48-49.

[34] 李海舰. 国外农村社区公共产品供给特征及对我国的启示[J]. 天中学刊，2013，28（5）：29-32.

[35] 孙磊，陈端颖. 国外农村公共产品供给：借鉴与启示[J]. 农业部管理干部学院学报，2013（2）：48-52.

[36] 冯进昆，李东菊. 国外农村公共产品供给的经验分析及借鉴[J]. 商业文化（下半月），2011（12）：105-106.

[37] 潘经强. 农村公共产品供给经济效益分析——基于河南省的实证检验[J]. 商业经济研究，2015（30）：55-57.

[38] 刘其涛. 农村公共产品供给能力评价体系构建研究——以中原经济区为例[J]. 改革与战略，2015，31（6）：111-114.

[39] 潘经强. 差异需求下的河南农村公共产品供给绩效分析[J]. 湖北农业科学，2013，52（18）：4543-4545，4558.

[40] 李海舰. 河南农村社区公共产品供给效率分析——农民消费支出视角[J]. 学习论坛，2013，29（8）：60-62.

[41] 樊岸青，肖振涛. 河南省农村公共产品供给路径完善研究[J]. 传承，2010（15）：38-39，49.

[42] 李昊，闫纪红. 乡村振兴背景下湖南省农村公共文化产品供给现状与优化对策研究[J]. 山西农经，2021（19）：93-95.

[43] 阚子祥. 乡村振兴战略背景下农村公共产品供给存在的问题及对策研究——以安徽省滁州市Y镇为例[J]. 乡村科技，2021，12（23）：14-16.

[44] 王婷. 乡村振兴视角下农村公共服务供给问题与对策[J]. 安徽农学通报，2021，27（14）：10-11.

[45] 王瑞雪，刘宏宇. 乡村振兴战略背景下农村公共服务精准化供给对策研究——基于聊城市的15个乡镇的调查[J]. 中国集体经济，2021（8）：8-10.

[46] 仲德涛. 农村公共产品供给研究[D]. 北京：中共中央党校，2019.

[47] 宋佳. 河南省农村公共产品供给问题研究[D]. 昆明：云南师范大学，2019.

[48] 张学升. 乡村产业振兴视角下农村公共产品有效供给研究[D]. 北京：中国财政科学研究院，2019.

[49] 张雪平. 我国农村公共产品供给现状及对策研究 [D]. 济南：山东师范大学，2014.

[50] 于淑会. 乡村振兴战略背景下农村公共产品供给问题研究 [D]. 长春：长春工业大学，2021.

[51] 杨海生. 试论农村公共产品转移支付制度的改革取向 [J]. 江苏大学学报（社会科学版），2011（1）：89-92.